新文科背景下经管类专业系列教材

金融科技
风险管理

▶ 主　编◎陈小辉
▶ 副主编◎李文红
▶ 参　编◎章铖红　苗宝方
　　　　　　杨倩茜　陈亚兰

西南财经大学出版社

中国·成都

图书在版编目(CIP)数据

金融科技风险管理/陈小辉主编;李文红副主编.—成都:西南财经大学出版社,2023.1

ISBN 978-7-5504-5648-8

Ⅰ.①金… Ⅱ.①陈…②李… Ⅲ.①金融—科学技术—风险管理—高等学校—教材 Ⅳ.①F830

中国版本图书馆 CIP 数据核字(2022)第 224847 号

金融科技风险管理

JINRONG KEJI FENGXIAN GUANLI

主　编　陈小辉

副主编　李文红

策划编辑:陈何真璐

责任编辑:王青杰

责任校对:金欣蕾

封面设计:墨创文化

责任印制:朱曼丽

出版发行	西南财经大学出版社(四川省成都市光华村街55号)
网　　址	http://cbs.swufe.edu.cn
电子邮件	bookcj@swufe.edu.cn
邮政编码	610074
电　　话	028-87353785
照　　排	四川胜翔数码印务设计有限公司
印　　刷	郫县犀浦印刷厂
成品尺寸	185mm×260mm
印　　张	15.5
字　　数	371 千字
版　　次	2023 年 1 月第 1 版
印　　次	2023 年 1 月第 1 次印刷
书　　号	ISBN 978-7-5504-5648-8
定　　价	42.80 元

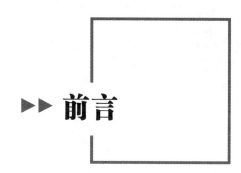

▶▶ 前言

2008 年全球金融危机后，金融与科技的深度融合产生了金融科技（Fintech）。作为人工智能、区块链、云计算、大数据和物联网等数字技术驱动的金融创新，金融科技不但使传统金融风险发生了变异，还产生了诸多新的风险。如何有效管理金融科技风险成为当前及以后相当长一段时间内不得不面对的问题。

本书在对主要金融科技风险进行分析的基础上，探讨管理措施。本书分为上、下两篇，共十一章内容。上篇是风险类型，结合金融科技的几种常见业态，较为详尽地讨论金融科技的信用风险、操作风险、合规风险、流动性风险和市场风险等风险的含义、特征和风险事项等内容。下篇是风险管理，主要讲解金融科技从业机构的全面风险管理，金融监管机构的监管沙盒和监管科技。本书既可作为高等院校数字经济相关课程用书，也可作为数字经济相关教学人员和研究人员的参考用书。

在本书编写过程中，陈小辉负责统筹安排，李文红负责内容审核和质量把控。具体安排如下：陈小辉主要负责撰写第 1~3 章，章铖红主要负责撰写第 4~6 章，陈亚兰主要负责撰写第 7 章，李文红主要负责撰写第 8~9 章，苗宝方主要负责撰写第 10 章，杨倩茜主要负责撰写第 11 章。

因编者水平有限，本书不妥之处在所难免，欢迎读者批评。

编者

2022 年 12 月

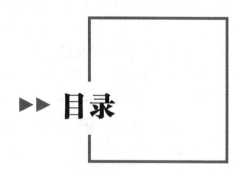

▶▶ 目录

上篇　风险类型

下篇　风险管理

上篇　风险类型

中国人民银行认为，金融科技（Fintech）是技术驱动的金融创新，旨在运用现代科技成果改造或创新金融产品、经营模式、业务流程等，推动金融发展提质增效。在新一轮科技革命和产业变革的背景下，金融科技蓬勃发展，人工智能、大数据、云计算、区块链、物联网等信息技术与金融业务深度融合，为金融发展提供源源不断的创新活力。坚持创新驱动发展，加快金融科技战略部署与安全应用，已成为深化金融供给侧结构性改革、增强金融服务实体经济能力、打好防范化解金融风险攻坚战的内在需要和重要选择。

金融科技企业是指将金融科技应用于自身金融业务（且该公司只经营金融业务）或对外合作，以更高效的科技手段抢占市场、提升金融服务效率以及更好地管理风险的一类企业。金融科技企业包括传统金融机构（比如银行、证券、保险、信托等）和新兴金融机构（比如互联网支付机构、小额贷款机构、担保机构、金融租赁机构等），本教材中提到的金融科技企业主要是指新兴金融机构。金融科技企业一方面通过运用新技术和新工具，在传统金融机构的业务领域进行拓展与变革，另一方面形成新兴金融业态，优化金融业的业务形态和管理流程，为传统金融提供支持与补充。

传统金融机构的业务领域主要包括支付结算、存贷款与资本筹集、投资管理和财富管理等。新兴金融机构的业态主要包括互联网小额贷款、互联网消费金融、互联网支付、互联网保险、互联网征信等领域。

新事物的发展往往具有两面性，金融科技也是如此。一方面，金融科技通过新技术应用创新金融业务模式，简化交易流程，降低金融服务成本，弥补传统金融业务空白，提升金融服务的便利性和普惠性，全面改善客户的体验；另一方面，金融科技的发展模糊了金融与科技的虚实边界，面临多重风险，呈现出各异的风险特征。在未来相当长的时期内，应持续给予金融科技的风险高度的关注。

上篇，教材首先结合金融科技的几种常见业态，较为详尽地讨论融科技的信用风险、操作风险、合规风险、流动性风险和市场风险等风险的含义、特征和风险事项等内容。下篇，教材将就轻量级从业机构这一现实基础，讨论全面风险管理问题。

第一章

风险概述

随着金融科技在业态、规模和从业机构数量等方面的蓬勃发展，金融科技相关的风险也在不断增加。由金融科技的发展阶段可知，互联网金融视为金融科技的前期发展过程，在前期互联网金融整治结束后，金融科技行业将逐渐规范，在行业层面和从业机构层面实施全面风险管理势在必行。

为更好实施全面风险管理，本教材从本章开始结合金融科技的几种常见业态，对相关风险进行梳理。在对风险进行梳理的基础上，再讨论全面风险管理相关问题。本教材论及的互联网小额贷款机构指获得网络小额贷款业务资质的小额贷款公司；互联网消费金融机构主要指获得消费金融牌照并在互联网上开展消费金融业务的消费金融公司，有时也包括开展赊销等类似业务的公司；传统的金融科技结构包括量化交易、智能投顾、智能风控等；互联网支付机构指具有互联网支付牌照的支付机构，鉴于部分获得互联网支付牌照的支付机构同时具有预付卡发行与受理、银行卡收单等业务资质，我们在讨论时也会涉及后两类业务；互联网保险机构具体包括在互联网上开展保险业务的保险公司、保险专业中介机构以及与前两者合作开展互联网保险业务的第三方网络平台公司；互联网征信机构主要指通过互联网开展征信业务的具有相关资质的征信公司，有时也包括实质开展类似业务的公司。

第一节　风险概念

一、各种定义

关于什么是风险，可谓众说纷纭。自 19 世纪西方古典经济学派（马歇尔）提出风险概念以来，国内外学者和机构对风险的含义进行了大量的探讨。奈特（1921）认为风险是可测定的不确定性；J. S. Rosenbloom（1972）认为风险是损失的不确定性；F. G. Crane（1984）认为风险意味着未来损失的不确定性；C. A. Williams（1985）认为风险是在给定的条件和某一特定的时期，未来结果的变动；March 和 Shapira 认为风险是事物可能结果的不确定性，可由收益分布的方差测度；Brnmiley 认为风险是公司收入流的不确定性；Markowitz 和 Sharp 等将证券投资的风险定义为该证券资产的各种可能收益率的变动程度，并用收益率的方差来度量证券投资的风险，通过量化风险的概念改变了投资大众对风险的认识。日本学者武井勋（1993）认为风险包括三要素：风险与不确定性有差异，风险是客观存在的，风险可以被测量。

国务院国资委认为：企业风险，指未来的不确定性对企业实现其经营目标的影响。以能否为企业带来盈利等机会为标志，将风险分为纯粹风险（只有带来损失一种可能性）和机会风险（带来损失和盈利的可能性并存）。国际权威机构全美反舞弊性财务报告委员会发起组织（Committee of Sponsoring Organizations of the Treadway Commission, COSO 委员会）认为，风险是一个事项将会发生并给目标实现带来负面影响的可能性；机会是一个事项将会发生并给目标实现带来正面影响的可能性。

从前述定义可以看出，学者的定义相对比较学术化，而国务院国资委和 COSO 委员会的定义更具有实际操作性和现实指导意义。就国务院国资委和 COSO 委员会对风险的定义而言，两者在本质属性、着力对象、构成要件和消极范围方面具有共通之处，但在积极范围、逻辑严密性和侧重点方面存在细微差别。具体如下：

1. 共通之处

（1）本质属性

不确定性是诸多学者对风险强调的核心要素，不确定性可谓风险的本质属性。国务院国资委认为，风险是一种未来的不确定性；COSO 委员会认为，风险是事项的可能性。可见，国务院国资委和 COSO 委员会均强调风险是一种不确定性。

（2）着力对象

国务院国资委认为，风险会对企业经营目标的实现产生影响；COSO 委员会认为，风险会给目标实现带来影响。国务院国资委和 COSO 委员会均强调风险对目标的影响，两者的着力对象相同。

（3）构成要件

国务院国资委的风险定义包含不确定性、影响和经营目标三个要件，COSO 委员会的风险定义包括可能性、影响和目标三个要件。不确定性对应于可能性、经营目标对应于目标。可见，国务院国资委和 COSO 委员会两者对风险定义的构成要件是相同的。

（4）消极范围

国务院国资委明确将只带来盈利的情况排除在风险的外延之外；COSO 委员会认为，带来正面影响的事项为机会，将带来正面影响的事项排除在风险的外延之外。两者在风险外延的消极范围上是重叠的。

2. 不同点

（1）积极范围

国务院国资委认为，风险会给企业经营目标的实现带来损失或同时带来损失和收益；COSO 委员会认为，风险会给目标实现带来负面影响。国务院国资委在风险的积极外延方面比 COSO 委员会要广。

（2）逻辑严密性

国务院国资委明确指出，风险包括仅带来损失的情况、既带来损失又带来盈利的情况两种情况；但 COSO 委员会认为，带来负面影响的为风险，带来正面影响的为机会，仅从定义上分析，对于同时带来负面影响和正面影响的情况，未予以明确。国务院国资委的定义在逻辑上比 COSO 委员会要严密。

（3）侧重点

尽管国务院国资委和 COSO 委员会对风险的定义均包含了不确定性/可能性、影响、经营目标/目标三要件，但国务院国资委的定义，其中心语为"影响"，而 COSO 委员会的定义，其中心语为"可能性"。显然，两者的侧重点是相异的。

二、本书的定义

鉴于国务院国资委和 COSO 委员会的权威性，两者对风险定义的可操作性和实践指导意义，本教材将后续讨论中的风险定义为

定义 1-1 风险是不确定事项给企业经营目标带来的不利影响（含损失和收益并存的情况）。

在风险的外延上，本书采用了国务院国资委的意见，包含损失、损失和收益并存两种情况（简称"风险影响"或"影响"）。一是由于目前传统的金融机构监管较为完善，运营受到监管；而金融科技企业为新兴金融业态，该类企业在运营过程中面临的不确定事项，除了仅带来损失的事项外，损失和收益并存的情况比较常见；二是金融科技作为新兴事物，尚处于发展初期，其规范性比较欠缺，明确风险的较大外延，可促使金融科技企业积极应对，有利于整个行业的健康发展；三是《中央企业全面风险管理指引》发布已有十多年，有比较大的影响力，在风险外延上与国务院国资委对风险的定义等同，有利于金融科技企业积极参考成熟企业的成功经验。

在风险的诱因方面，本书综合了国务院国资委和 COSO 委员会的意见，将其表述为不确定性事项（简称"风险事项"），既突出不确定性又明确其为事项。一是将其确定为事项，更容易理解，尽量避免过于学术化，从而更符合金融科技企业从业人员的实际操作需要。二是将其界定为事项。风险识别的过程就是识别、收集事项的过程，因此能更好地引导金融科技从业人员进行风险识别。

在着力对象方面，本书采用了国务院国资委的意见，将其明确为经营目标。一是经营目标的表述更能体现风险面临的主体为企业。二是《中华人民共和国公司法》（以下简称《公司法》）等相关法律对经营目标的设定有相关规定，更容易明确制度依据。三是企业治理层和管理层往往都关注经营目标，更符合企业（尤其是金融科技企业）的治理习惯。

在侧重点方面，本书采用了国务院国资委的意见，中心语为"影响"。一是将风险的中心语确定为影响更符合我们中国人的习惯，将其表示为"可能性"过于学术化。二是传统金融机构运营稳定，而在金融科技行业风险频发、影响较大的背景下，强调突出"影响"更符合行业当下实情。三是将其表述为"影响"，更希望金融科技企业三会一层〔股东（大）会、董事会、监事会和管理层〕和所有人员对风险爆发的影响予以密切关注，进而对风险怀有足够的敬畏。

由风险的定义，可以得出关于风险的几个结论。

结论 1-1 过去的事项不是风险事项。

过去的事项，其确定已经发生或确定不会发生，不具有不确定性，不是不确定事项，因此，过去的事项不是风险事项。

【例1-1】某金融科技企业（甲方）在增资扩股中与投资者（乙方）约定，"甲方在合同签订之日起一年内，加入中国互联网金融协会的，乙方增资金额为人民币1亿元，否则增资金额为人民币5 000万元"。但在签订合同之前1日，该金融科技企业收到了中国互联网金融协会正式入会成为会员的通知。则"在合同签订之日起一年内，加入中国互联网金融协会"这一事项，并非风险事项。

结论1-2　未来确定不发生的事项也不是风险事项。

未来确定不发生的事项，其确定不会发生，也不具有不确定性，不是不确定事项，因此，未来确定不发生的事项也不是风险事项。

【例1-2】出借人（甲方）向借款人（乙方）出借资金5 000元，并在借款合同中约定"本合同成立后，乙方应按甲方要求向甲方提供本人裸体照片3张，甲方在收到乙方前述照片后1个工作日内向乙方发放借款，同时合同生效"。甲方要求乙方提供裸体照片违反公序良俗，按照《中华人民共和国民法典》等相关法律的规定，该约定无效（确定无效、当然无效、自始无效）。合同生效这一事项为未来确定不发生的事项，因此不是风险事项。当然，提供裸照这一事项导致相关方受到不利影响存在不确定性，为风险事项。

结论1-3　风险事项发生的可能性大于0小于1。

由于确定发生的事项（发生可能性为1）和确定不发生的事项（发生可能性为0）均不是不确定事项，均不是风险事项。同时，由于风险事项发生的可能性为一种概率，概率大于等于0，小于等于1。所以，风险事项发生的可能性大于0，小于1。

结论1-4　仅带来收益的事项不是风险事项。

给企业实现经营目标带来损失或同时带来损失和收益的事项，才是风险事项，仅带来收益不带来损失的事项不可能是风险事项。

【例1-3】某金融科技企业（甲方）在增资扩股中与投资者（乙方）约定，"甲乙双方确认，乙方向甲方增资人民币1亿元，甲方在本合同签订之日起1个月内与银行签订资金存管协议的，乙方在本合同签订之日起35日内向甲方支付人民币1亿元；否则乙方在本合同签订之日起35日内向甲方支付人民币5 000万元，在本合同签订之日起满1年再向甲方支付人民币5 000万元"。若该金融科技企业资金比较充足，当年度经营目标为用户数量和交易规模，引入投资者的目的在于长期品牌效应，是否引入该投资者对其当年度经营目标并无影响，则"与银行签订资金存管协议"这一事项仅带来收益，因此不是风险事项。当然，若该金融科技企业将经营目标扩展至战略目标（期限较长），则"与银行签订资金存管协议"这一事项会带来不利影响，该事项为风险事项。

结论1-5　一个事项是否为风险事项与企业的经营目标高度相关。

一个事项是否为风险事项，取决于其是否会影响企业的经营目标，是否会给企业实现经营目标产生不利影响。因此，经营目标设定得越多，通常情况下风险事项就越多；同时，经营目标涵盖的期间越长，通常情况下风险事项也越多。【例1-3】便是如此。如，金融科技企业（互联网金融企业）在互联网思维的影响下，在企业设立初期大多可能未将盈利作为其经营目标，往往将用户数、有效用户数、交易规模等作为经营目标。显然，这类金融科技企业的风险事项与传统金融企业的风险事项存在较大差异。同时，由于相关业务规则缺失，加之部分金融科技企业合规意识欠缺，导致这类金融科技企业可能未设定合规相关的经营目标，往往将合规相关的事项排除在风险事项之外，近期金融科技行业爆发的诸多风险事件或许正是一种例证。

专栏1

    按目标涵盖期间的长短，可将企业经营目标划分为年度经营目标（年度计划）和战略目标（中长期目标）。年度经营目标的期限为一年，战略目标通常为3~5年甚至更长期限。战略目标包含在公司经营方针中，年度经营目标包含在经营计划中。按照《公司法》的规定，股东（大）会"决定公司的经营方针"，董事会"决定公司的经营计划"，经理"组织实施公司年度经营计划"。因此，战略目标通常由股东（大）会决定，董事会进行具体细化分解为年度经营计划形成经营计划。由此可见，风险定义提及的经营目标是由股东（大）会和董事会决定的，因此风险管理必须要有股东（大）会和董事会参与，并对相关目标（比如合规目标）承担重要责任。

在实务中，不管是战略目标还是年度经营目标，有的金融科技企业未必严格按照《公司法》的相关规定来制定。在集团公司下属子公司开展金融科技业务的情况下，其子公司的战略目标和年度经营目标可能是集团公司人力资源部牵头拟定，报经集团相关领导批准后下达。

结论1-6 带来的损失为0的事项视为风险事项。

在极端情况下，一个风险事项可能给企业带来损失，但其损失可能为0。对于这种情况，出于审慎考虑，本书仍将其视为风险事项。一是损失往往是事后确定的，事前只能估计，估计必然出现偏差。二是事后确定该事项的损失为0，企业可以在风险应对策略中选择风险承受，仅增加识别等相关工作的成本。当然，是否将其视为风险事项，最终取决于企业治理层的决策。实际工作中，可以将损失小于一定金额的事项视为损失为0的事项，该一定金额建议由企业治理层决定。

为更准确地描述风险这一概念，本书在此给出形式化定义，在后续章节中结合该形式化定义进行讨论，并且在后续章节中也会视情况给出相关概念的形式化定义，以期提升准确性和逻辑性，不感兴趣的读者可以跳过，不影响后续阅读。

定义1-2 风险 R 可描述为一个7元组的动态系统，即

$$R = (E, V_t, T_t, P_t, S_t, F_t, G_t)$$

其中，E 表示研究的企业实体，这里指金融科技企业，如互联网支付机构等。V_t 表示时刻 t 时企业 E 面临的风险事项的集合。T_t 表示时刻 t 时企业 E 治理层设定的经营目标的集合。P_t 表示时刻 t 时企业 E 评估的 V_t 风险事项中每个风险事项发生的概率。S_t 表示时刻 t 时企业 E 评估的 V_t 风险事项中每个风险事项发生后的不利影响的大小。F_t 表示时刻 t 时企业 E 对 V_t 风险事项中每个风险事项发生概率进行估计时采用的方法或模型。G_t 表示时刻 t 时企业 E 对 V_t 风险事项中每个风险事项发生后的不利影响进行估计时采用的方法或模型。

$$V_t = (v_i \mid v_i \text{ 为 } E \text{ 实现经营目标产生不利影响}, 1 \leq i \leq N_v)$$

v_i 为企业 E 的第 i 个风险事项。一方面，由于风险具有普遍性，任何企业均面临风

险，因此 $i \geqslant 1$。另一方面，企业出于成本效率考虑，不可能应对其面临的所有风险事项，即企业实际应对的风险事项具有上限，因此 $i \leqslant N_V$。风险事项对于不同企业来说，根据其治理层风险偏好不同，其已识别和应对的风险事项数量不同，因此各个企业的 N_V 的具体值的大小也就不同。就不同企业而言，在治理层经营理念相同的情况下，因其业务性质不同，其风险事项集合的大小也往往不同。就同类企业而言，通常情况下，其治理层经营理念越保守，其 N_V 值越大，经营理念越激进，其 N_V 值越小。

$$T_t = (t_i \mid t_i \text{ 为 E 设定的经营目标}, 1 \leqslant i \leqslant N_T)$$

t_i 由企业 E 的董事会或执行董事设定，并由企业 E 的管理层完成。企业通常至少有一个经营目标，故 $i \geqslant 1$。通常情况下，N_T 越大，则影响其实现的事项就可能越多，因此 N_V 也就越大。即 N_T 与 N_V 呈正相关关系。对于金融科技企业而言，在互联网思维的指导下，在企业成立的前几年通常将用户数和交易量作为其经营目标，而收入、利润等财务类指标最多是次要类经营目标，甚至有的金融科技企业并不将其作为经营目标。从监管机构和行业协会的角度看，为促进金融科技行业的健康发展，应当采取正向激励和反向处罚等措施，积极引导金融科技企业的治理层将用户投诉率、用户资金损失率、不平账发生率、客户备付金规模等与社会公众密切相关的指标列入其经营目标，以便扩大事项集 N_V，并进而促使金融科技企业应对相关风险，维护公众利益，促进行业的健康发展。

$$P_t = (p_i \mid p_i \text{ 为} v_i \text{ 发生的概率} 0 < p_i < 1, 1 \leqslant i \leqslant N_p)$$

P_t 为对经营目标集 T 中某个或某几个经营目标产生不利影响的事项 v_i 发生的概率的集合。在事项 v_i 和事项 v_j 相关时，若事项 v_i 发生可能导致事项 v_j 发生，将增大事项 v_j 对应的 p_i。按风险的定义，确定发生和确定不发生的事项均不被视为风险事项，因此 $0 < p_i < 1$。理想情况下，每个 v_i 均对应一个 p_i，因此有如下等式：

$$N_V = N_P \tag{1-1}$$

在实务中，企业出于成本效益考虑，可能只对重要的 v_i 测算其 p_i，对其他 v_i 只进行定性测算或评估其等级。

$$S_t = (s_i \mid s_i \text{ 为} v_i \text{ 发生后给 E 带来的损失} 0 \leqslant s_i < \infty, 1 \leqslant i \leqslant N_s)$$

S_t 为事项 v_i 发生后给企业 E 带来的损失，其具有单位，通常为货币单位。由于不产生损失的事项不能诱发风险，但本书将损失为 0 的仍视为风险事项，故，$0 \leqslant s_i$。不同的事项 v_i，其对应的 s_i 可能不相同。理想情况下，每个 v_i 均对应一个 S_i，因此有如下等式：

$$N_V = N_P = N_S \tag{1-2}$$

在实务中，企业出于成本效益考虑，可能只对重要的 v_i 测算其 S_i，对其他 v_i 只进行定性测算或评估其等级。

$$F_t = (f_i \mid f_i(v_j) = p_j, 1 \leqslant i \leqslant N_F, 1 \leqslant j \leqslant N_i)$$

$f_i(v_j) = p_j$ 为企业在评估风险事项 v_j 发生的概率时采用的方法，既是各金融科技企业核心竞争力所在，也是全球众多风险管理公司的竞争所在。一个方法可以同时评估多个风险事项发生的概率，所以 $1 \leqslant j \leqslant N_i$。同时，企业几乎不可能对每个风险事项都采用不同的评估方法，因此 $N_F \ll N_V$。当前业界通常采用 logistics 模型、决策树模型、层次分析法等数学模型计算部分 v_i 对应的 p_i。同时，基于大数据计量 v_i 对应的 p_i 正成为当下的热门。就金融科技企业而言，由于成立时间短、积累的样本少，往往很难借助于 logistics 模型等数学模型计算部分 v_i 对应的 p_i，更谈不上基于大数据计量 v_i 对应的 p_i。采用层次分析法计算部分 v_i 对应的 p_i 不失为一种选择。当然，也可在专业公司的支持下，按"别人的数据，我的模型"的原则，构建计量 v_i 对应的 p_i 的模型，但不免存在偏差。

$$G_t = (g_i \mid g_i(v_j) = s_j,\ 1 \leq i \leq N_G,\ 1 \leq j \leq N_i)$$

$g_i(v_j) = s_j$ 为企业在评估风险事项 v_j 发生后带来的不利影响大小时采用的方法，基于 f_i 同样的道理，$1 \leq j \leq N_i$，$N_F \ll N_V$。实务中，有的事项 v_i 对应的 s_i 容易计量：在互联网支付机构按 T+0 到账规则为客户提供支付服务的情况下，互联网支付机构因客户资金未到账导致客户备付金缺口事项对应的损失通常容易计量。有的事项 v_i 对应的 s_i 很难计量：在互联网支付机构按 T+1 到账规则为客户提供支付服务的情况下，互联网支付机构因客户资金未到账事项对应的损失通常为声誉方面的损失，通常很难计量。

结论 1-7 风险具有时间属性，具有可变性。

V_t，T_t，P_t，S_t，F_t，G_t 均带有下标 t，表明风险事项、经营目标、风险事项发生的概率、风险事项发生后带来的不利影响大小、风险事项发生概率评估方法和不利影响评估方法均具有时间属性，具有可变性，进而表明风险 R 是一个动态系统。

第二节　风险分类

一、诱因

按风险发生的诱因不同，可将风险划分为战略风险、信用风险、操作风险、流动性风险、市场风险、合规风险、洗钱风险和声誉风险等风险。

就互联网支付机构而言，严格按照《非金融机构支付服务管理办法》《非金融机构支付服务管理办法实施细则》《支付机构客户备付金存管办法》和《非银行支付机构网络支付业务管理办法》开展业务的互联网支付机构通常面临战略风险、操作风险、市场风险、合规风险、洗钱风险和声誉风险；开展了"宝宝"类业务的互联网支付机构，通常还面临流动性风险；未严格按照前述管理规定开展业务的互联网支付机构通常还面临信用风险。

就互联网征信机构而言，通常面临战略风险、操作风险、市场风险、合规风险和声誉风险，若互联网征信机构以担保形式对外提供数据服务或信用评级服务，则还面临信用风险、流动性风险等风险。与传统征信机构相比，由于其业务对互联网的依赖很大，互联网上的安全威胁问题比较突出，互联网信息传播迅速且面广。因此，互联网征信机构面临的由信息科技系统诱发的操作风险、技术人员诱发的操作风险和数据存取相关业务流程诱发的操作风险、声誉风险等尤其突出。

就互联网保险机构而言，若其属于《互联网保险业务监督暂行办法》所述的"第三方网络平台"，则其通常面临战略风险、操作风险、市场风险、合规风险和声誉风险。若其属于《互联网保险业务监督暂行办法》所述的"保险专业中介机构"，则其通常面临战略风险、操作风险、流动性风险、市场风险、合规风险和声誉风险。与传统保险专业中介机构相比，其技术人员和信息科技系统诱发的操作风险、技术系统管理相关的业务流程诱发的操作风险以及声誉风险尤其突出。若其属于《互联网保险业务监督暂行办法》所述的"保险公司"，则其通常面临战略风险、操作风险、信用风险、流动性风险、市场风险、合规风险、洗钱风险和声誉风险。若保险公司开展"万能险"业务，则其流动性风险尤其值得关注。与互联网征信机构同样的道理，与传统保险公司相比，开展互联网保险业务的保险公司，其技术人员和信息科技系统诱发的操作风险、技术系统管理相关的业务流程诱发的操作风险和声誉风险尤其突出。

就互联网消费金融机构和互联网小额贷款机构而言，其通常面临战略风险、信用风险、操作风险、市场风险、合规风险、洗钱风险和声誉风险，流动性风险为其次要风险。与互联网征信机构同样的道理，与传统消费金融公司和传统小额贷款公司相比，开展互联网消费金融业务的消费金融公司和开展网络小额贷款的小额贷款公司，其技术人员和信息科技系统诱发的操作风险、技术系统管理相关的业务流程诱发的操作风险和声誉风险尤其突出。

这样分类的意义在于：一是避免误区。大家在论及风险管理时，往往自觉不自觉地将风险理解为信用风险，将风险管理理解为信用风险管理，本书专门做此分类，并对主要金融科技企业可能面临的风险进行概述，以期消除误区。二是倡议全面风险管理。本书做此分类，并专门概述主要金融科技企业可能面临的风险，除消除误区外，另一个目的便是希望金融科技企业治理层对其企业面临的诸多风险有比较全面的认识，以便开展全面风险管理。三是形成共识，当前关于风险的分类不尽相同，银保监会和国务院国资委对风险的分类也存在差异，在此本书先做此分类，以便形成共识，便于后续讨论。

对于各类风险的具体含义和各个金融科技业态从业机构的具体风险，后续章节将详细叙述。随着分析的深入，各业态从业机构的风险类型将与前述分析存在一定差异。

二、策略

按照企业对风险采取的应对策略，可将风险划分为规避类风险、降低类风险、分担类风险和承受类风险。

《企业内部控制基本规范》明确界定了规避、降低、分担和承受四类风险应对策略，具体如下：

规避即企业对超出风险承受度的风险，通常放弃或停止与该风险相关的业务活动以避免和减轻损失的策略。

降低即企业在权衡成本效益之后，准备采取适当的控制措施降低风险或者减轻损失，将风险控制在风险承受度范围之内的策略。互联网小额贷款机构、互联网消费金融机构要求借款人提供担保或对借款人进行信用评分，其采用的风险应对策略便是降低策略。

分担即企业准备借助他人力量，采取业务分包、购买保险等方式和适当的控制措施，将风险控制在风险承受度之内的策略。

承受即企业对风险承受度之内的风险，在权衡成本效益之后，不准备采取控制措施降低风险或者减轻损失的策略。

就互联网支付机构而言，最好将部分信用风险、部分流动性风险（如"宝宝"类产品诱发的流动性风险）和部分声誉风险（如T+0到账诱发的声誉风险）列为规避类风险，将战略风险、绝大多数操作风险、部分流动性风险、合规风险、洗钱风险列为降低类风险，将部分操作风险（遭受网络攻击）和部分声誉风险（如T+0到账诱发的声誉风险）列为分担类风险，将极少部分操作风险列为承受类风险。

当然，究竟将哪些风险列为规避类风险，哪些风险列为降低类风险，哪些风险列为分担类风险，哪些风险列为承受类风险，最终取决于各个机构治理层确定的风险承受度和风险对应的 P_i、S_i 的大小。对于互联网保险机构、互联网征信机构、互联网消费金融机构和互联网小额贷款机构，不再赘述。

这一分类的意义在于：一是提示企业治理层将企业风险划分为四个类别，对不同类别风险做到心中有数，摸清家底，尤其对于降低类风险和分担类风险，须密切关注防范措施落实情况。二是提示企业治理层尤其关注承受类风险，该类风险是企业未采取任何措施应对的风险，属于企业的"剩余风险"，根据结论1-7，风险具有可变性，承受类风险可能向其他类风险转换，企业治理层须密切关注。三是提示企业治理层密切关注类型转换，根据结论1-7，企业四个类别的风险可能转换类型，企业治理层应当定期进行监测，抓住机会，防范风险。

思考题

1. 金融科技是指什么？
2. 风险的定义是什么？
3. 由风险的定义，我们可以得出哪些关于风险的结论？请详细阐述。
4. 按风险发生的诱因不同，可将风险划分为哪些类型？
5. 按照企业对风险采取的应对策略，可将风险划分为哪些类型？并详细阐述。

第二章

信用风险

第一节 概念

一、定义

关于信用风险的定义，有多种说法。巴塞尔委员会认为，"信用风险，指受信方拒绝或无力按时、全额支付所欠债务时，给信用提供方带来的潜在损失"。百度百科给出的定义为，"信用风险（credit risk）又称违约风险，是指交易对手未能履行约定契约中的义务而造成经济损失的风险，即受信人不能履行还本付息的责任而使授信人的预期收益与实际收益发生偏离的可能性，它是金融风险的主要类型"。MBA 智库百科认为，"信用风险是银行贷款或投资债券中发生的一种风险，也即借款者违约的风险。信用风险是借款人因各种原因未能及时、足额偿还债务或银行贷款而违约的可能性。发生违约时，债权人或银行必将因为未能得到预期的收益而承担财务上的损失"。

巴塞尔委员会面向银行机构对信用风险进行定义，并就此给出了相关计量与管理规则。该定义对银行机构传统业务很专业，难以覆盖新近出现的金融科技机构开展的相关业务。百度百科对信用风险的定义，强调不履行，不够全面。MBA 智库百科也基于银行机构定义信用风险，难以覆盖金融科技相关业务。金融科技业务中信用风险的债权人往往不是银行，至少主要不是银行，其产品也不是银行贷款，因此，有必要对金融科技业务中的信用风险予以特别界定。

定义 2-1 信用风险是指债务人未按约定或法律规定履行还款义务给企业经营目标带来的不利影响。本书将此类信用风险称为自有信用风险。

信用风险的通常含义是债务人未按约定或法律规定履行还款义务给企业经营目标带来的不利影响。

二、特征

（一）信用风险基于债之法律关系

按民法理论，债发生的原因通常有合同、侵权行为、不当得利和无因管理四种情形。从定义 2-1 可知，信用风险所涉债之发生的原因既包括合同（定义所述"约定"），也包括侵权行为、不当得利和无因管理（定义所述"法律规定"）。可见，合同、侵权行为、不当得利和无因管理产生之债均为信用风险的基础法律关系。

【例 2-1】甲企业在业务活动中未经乙企业同意，使用乙企业拥有知识产权的一款手机 APP 软件，侵犯了乙企业的知识产权，乙企业的侵权行为将产生赔偿义务，甲企业有权请求乙企业支付赔偿金，进而在甲乙企业之间产生债，甲企业为债权人，乙企业为债务人。按定义 2-1，若乙企业不按人民法院的生效判决或仲裁机构的仲裁决定向甲企业支付赔偿金，也会产生信用风险。

【例 2-2】甲企业在开展支付业务过程中，由于系统故障等原因将本应向用户乙支付的人民币 50 万元错误地先后支付了两次（重复清算问题）。甲企业向用户乙支付的第二个人民币 50 万元缺乏法律上的原因，用户乙为非债清偿型不当得利。甲企业有权请求用户乙支付第二个 50 万元，进而在甲乙之间产生债。按定义 2-1，若用户乙不向甲支付第二个 50 万元，也会产生信用风险。

侵权行为、不当得利和无因管理对部分金融科技企业而言，发生的频率往往很低，但对于部分金融科技企业而言（例如互联网支付机构），前三者可能是其信用风险的主要基础法律关系之一，所以将其包含在信用风险的考虑范围之内。例如互联网支付机构发生重复清算，如前所述，为典型的"非债清偿型"不当得利。若某企业发生侵权行为、不当得利和无因管理的可能性确实很低或企业治理层相对激进，也可以将其排除在信用风险的考虑范围之外。

（二）信用风险基于金钱之债

按照民法理论，债的标的为债务人的行为，包括交付财物、转移权利、支付金钱、提供劳务、提交成果、提供资源、不作为等。若债的标的为支付金钱，则该债称为金钱之债。按定义 2-1 提及"债务人不按约定或法律规定履行还款义务"，即债的标的为支付金钱，因此信用风险基于金钱之债。非金钱之债并非信用风险的考虑范围。

【例 2-3】甲企业为互联网小额贷款机构，乙企业为某小微企业，乙企业以其所有的自有房产为抵押，通过互联网向甲企业申请贷款 50 万元，甲乙企业签订了相关借款合同和抵押合同，并至房管部门办理了抵押登记。贷款到期后，乙企业按借款合同归还了本息。甲企业应当按抵押合同约定为乙企业办理解除抵押登记手续，从而在甲乙之间产生债。按定义 2-1，甲乙之间的债并非金钱之债，若甲企业违反抵押合同约定，不按合同约定办理解除抵押手续，并不产生信用风险。

（三）信用风险强调不履行和完全履行

按照民法理论，债务人应当向债权人全面履行、如实履行。从定义 2-1 可以看出，信用风险关注的是债务人不按约定或法律规定履行，即债务人的履行并不全面、如实。债务人的不履行、部分履行、提前履行和延期履行均构成信用风险。不履行即债务人未按合同约定支付任何本金或利息。部分履行即债务人未按合同约定全额支付本金和/

或利息，仅支付部分本金和/或利息。提前履行即债务人在合同约定的履行期限届满前向债权人支付本金和/或利息。延期履行即债务人在合同约定的履行期限届满后向债权人支付本金和/或利息。值得注意的是，按照定义 2-1，提前履行也会导致信用风险，原因在于在市场利率走低的情况下，提前履行可能导致债权人受到损失。

专栏　瑕疵履行构成信用风险吗？

瑕疵履行即债务人的履行侵害债权人合法权益的行为。瑕疵履行时，债的标的通常出现在转移权利、提供劳务、提交成果、提供资源等场合。对于金钱之债，一种情况可能构成瑕疵履行，即债务人交付的金钱为"黑钱"。按民法理论，货币作为一种特殊物，自交付之时起所有权发生转移，因此，只要债务人按约定或法律规定履行了交付义务，债权人即取得货币的所有权。但在其交付的金钱为"黑钱"的情况下，可能导致债权人产生配合公安部门或检察部门侦查等义务，"黑钱"也存在被追回的可能，债权人为配合公安部门或检察部门侦查工作，还得付出相当的人力、财力，进而给债权人的经营目标带来不利影响。那么，债务人的瑕疵履行即不按约定或法律规定履行还款义务是否构成信用风险呢？本书认为，若"黑钱"最终未被追回，债权人遭受的损失较小，考虑不将其视为信用风险。但若"黑钱"最终被追回，则债权人遭受的损失较大，着实是信用风险。

（四）信用风险尤其关注给付不能

按照民法理论，债的标的为债务人的行为，也称给付。我国台湾地区著名法学家王泽鉴先生认为：按给付不能成立时点为标准，给付不能可分为自始不能和嗣后不能。凡给付于订立契约时已属不能，为自始不能；反之，于订立契约后成为不能，为嗣后不能。按是否基于债务人个人事由为标准，给付不能可分为客观不能和主观不能。凡给付因债务人个人事由而不能者，为主观不能；反之，给付为任何人所不能提出者，为客观不能。本书认为，主观不能按个人事由尚可进一步划分为主观意愿主观不能和非主观意愿主观不能，凡由债务人主观意愿个人事由导致的不能者，为主观意愿主观不能；反之，由债务人非主观意愿个人事由导致的不能者，为非主观意愿主观不能。

在此，本书结合信用风险逐一讨论四种给付不能的情况：首先，就自始不能而言，确实存在债务人在订立借款合同之前就不具有按合同履行还本付息义务的情况（骗贷便是其中一例）。这种情况下，债务人在借款合同成立之时，已经确定不会按合同约定履行还本付息义务，"不按约定履行还款义务"事项发生的概率为1，按照定义 1-1，自始不能这一事项不属于风险事项，自始不能之债不是信用风险的基础。在实务中，若出借人风险管理能力足够强大，能够识别出这类借款人，将其排除在信用风险之外，但往往借款人很难全部排除，往往是事后发生不能时才发觉，因此在实务中，自始不能之债也可能为信用风险的基础。其次，就嗣后不能而言，债务人在订立借款合同时具有按合同约定还本付息的能力，但合同订立后，由于各种原因导致其丧失了按合同约定还本付息的能力或改变了按合同约定还本付息的意愿。嗣后不能并非确定发生，也非确定不发生，按照定义 1-1，嗣后不能这一事项属于风险事项，嗣后不能之债是信用风险的基础。实务中，嗣后不能最为常见，嗣后不能之债是信用风险管理的重点。再次，就主观不能而言，正如前面所述，信用风险基于金钱之债，货币为种类物而非特定物，不存在给付标的灭失等非个人事由，因此，债务人不按合同约定履行还本付息义务，为其个人事由导致，为主观不能。主观不能通常并非确定发生，也非确定不发生，按照定义 1-1，主观不能这一事项为风险事项，主观不能之债是信用风险的基础。最后，就客观不能而言，正如前面所述，信用风险基于金钱之债，金钱之给付不存在"给付为任何人不能提出者"，因此，信用风险基于的债不存在"客观不能"。值得注意的是此处的客观不能，并非客观原因导致的不能，而是对所有人而言均不能。比如甲向乙购买丙画家所画的唯一一幅山水画，甲乙购买合同成立交付前后，该幅山水画在一场火灾中灭失，此时，任何人均无法交付该幅山水画，乙的给付不能为客观不能。

专栏　欺诈属于信用风险的风险事项吗?

　　不管是互联网小额贷款机构还是互联网消费金融机构，在实际运营中通常都会遇到借款人欺诈现象：借款人积极主动采取各种非法手段，逃避出借人的防范措施，伪装成具有真实借款需求、适格还款能力和还款意愿的借款人借款，其本身自始便不曾想按合同约定履行还款义务。显然，在借款合同订立之前，借款人就不打算归还借款，其给付不能属于自始不能，理论上，其不属于信用风险的风险事项，但如前所述，实务中往往仍将其视为信用风险进行管理。另一个角度看，欺诈之给付不能为主观意愿主观不能，为信用风险管理范畴。综上，本书认为，欺诈属于信用风险的风险事项。

　　定义 2-2　信用风险 CR 可描述为一个 7 元组的动态系统，即

$$CR = (CE, CV_t, CT_t, CP_t, CS_t, CF_t, CG_t)$$

其中，CE 为金融科技机构；CV_t 为信用风险的风险事项集合；CT_t 为信用风险的相关的经营目标集合（如逾期率）；CP_t 为信用风险的概率集合，即每个信用风险事项发生的概率的集合；CS_t 为信用风险的损失集合，即每个信用风险事项发生后的估计损失的集合；CF_t 为评估每个信用风险事项发生的概率的方法集合；CG_t 为评估每个信用风险事项发生后的损失大小的方法集合。

　　对于同一机构而言，结合定义 1-2，存在如下关系：

$$E = CE \tag{2-1}$$
$$CV_t \subset V_t \tag{2-2}$$
$$CT_t \subset T_t \tag{2-3}$$
$$CP_t \subset P_t \tag{2-4}$$
$$CS_t \subset S_t \tag{2-5}$$
$$CF_t \subset F_t \tag{2-6}$$
$$CG_t \subset G_t \tag{2-7}$$

　　因金融科技企业不仅只有信用风险，必然存在其他风险，如操作风险，所以式（2-2）成立。正常情况下，金融科技企业除了设定与信用风险相关的经营目标外，还应当设定其他风险相关的经营目标，因此，本书建议金融科技企业的治理层务必促使式（2-3）成立，也是监管机构和行业协会在实施业务监管和行业自律时努力的方向。理论上，信用风险事项发生的概率可以布满 0~1，与企业面临的所有风险发生的概率完全重叠，因此式（2-4）成立。理论上，信用风险造成的损失大小可以布满 0 到无穷大，与企业面临的所有风险发生的损失的范围重叠，故式（2-5）成立。评估信用风险事项发生的概率和发生后损失大小的方法，往往难以用于其他类型的风险，所以

（2-6）和（2-7）成立。

当前，对金融科技企业而言：风险事项 CV_t 相对容易构建，但由于从业机构水平参差不齐，从业人员素质也各有差异，CV_t 构建的完备性存在较大隐忧。CT_t 的构建取决于金融科技企业的治理层，其治理层往往深谙互联网思维而对信用风险未予以足够重视，CT_t 的构建中可能很难设定信用风险相关的经营目标。CP_t 的构建，即使是传统金融机构也比较困难，往往需要借助于专业公司和专业人员实现，对于金融科技企业而言，正如信用评分专家兰伟博士所言，大多处于"缺 X 少 Y"阶段（金融科技企业缺乏训练模型的样本数据），构建难度更大。协助金融科技企业构建可用的 CP_t 或许是行业协会实施行业自律、促进行业健康发展的方向。不管是之前的互联网金融企业还是传统金融机构，CS_t 的构建相对容易，关键在于投入适格人员。如前所述，CF_t 的构建通常需要借助于专业公司和专业人员，新近出现的大数据方法也不失为一种有益探索。CG_t 的构建也相对容易。

第二节　风险事项

从定义 2-1 可知，信用风险的风险事项即债务人不按约定或法律规定履行还款义务。按履行状态，可将风险事项划分为不履行、部分履行、提前履行、延期履行四种类型。同时，由于信用风险基于的债不可能客观不能，因此，后续讨论中若无特别说明，提及不能均指主观不能。按债之原因，风险事项可划分为合同类风险事项、无因管理类风险事项、不当得利类风险事项和侵权行为类风险事项。按债之关系，可将风险事项划分为主债权类风险事项和从债权类风险事项。按主体范围，可将风险事项划分为宏观风险事项和微观风险事项。按评估基础，可将风险事项划分为模型相关类风险事项和模型无关类风险事项。

一、履行状态

（一）不履行

从另一个角度看，债务人"能与不能"取决于借款人的还款意愿和还款能力。债务人有还款意愿无还款能力且在债权人可接受的未来期限内不可能恢复，给付不能，可称为能力型不能；债务人无还款意愿有还款能力，给付不能，可称为意愿型不能；债务人既无还款意愿也无还款能力且还款能力在债权人可接受的未来期限内不可能恢复，给付不能，可称为混合型不能。

这样，不履行细化为自始意愿型不能（欺诈之一）、自始能力型不能（欺诈之二）、自始混合型不能（欺诈之三）、嗣后意愿型不能、嗣后能力型不能、嗣后混合型不能。区分这六种不能，意义在于对各种不能，其风险管理策略和详细风险管理措施不同。比如，对于自始意愿型不能，应当采取风险规避策略，直接拒绝；对于嗣后意愿型不能，借助信用评分模型根据评分结果采取风险规避、风险分担等策略；对于嗣后能力型不能，则可采用借款人或第三人担保措施等风险降低、风险分担策略。

当然，不履行风险事项细化为六类风险事项，仍然很粗略。

（二）部分履行

债务人按约定或法律规定全额归还应还金额为全面履行，并不产生信用风险损失。债务人根本不按约定或法律规定履行还款义务，为不履行，其产生的信用风险损失最大。债务人既不是根本不按约定或法律规定履行还款义务，也不是全面履行，而是按一定比例履行还款义务，则为典型的部分履行。

根据债务人履行部分是否足以抵偿本金，可将其划分为蚀本型部分履行和非蚀本型部分履行。蚀本型部分履行即债务人部分履行的金额小于出借人实际出借的本金的情况。非蚀本型部分履行即债务人部分履行的金额大于等于出借人实际出借的本金但小于本息和的情况。此处强调实际出借的本金主要考虑出借人采用"砍头息"的情况下，实际出借的本金应为出借本金扣减出借时扣减的利息。

区分蚀本型部分履行和非蚀本型部分履行的意义在于，对出借人而言，首先关注的是本金安全，非蚀本型部分履行对出借人的影响较小，而蚀本型部分履行对债权人的影响较大。

（三）提前履行

提前履行即债务人在还款日到来之前，向债权人归还本金和/或利息的情况。总体而言，提前履行给债权人带来的损失较少，甚至可能带来收益。根据提前履行给债权人带来的影响，可将提前履行划分为机会型提前履行和损失型提前履行。机会型提前履行即既可能给债权人带来收益，也可能给债务人带来损失的提前履行。机会型提前履行往往发生在利率呈上升趋势的情况下：债务人提前履行，在债权人能及时获得投资机会时，利率上升则给债权人带来收益；若债权人不能及时获得投资机会，则会给债权人带来损失。损失型提前履行即可能给债权人带来损失的提前履行。损失型提前履行往往发生在利率不变甚至利率呈下降趋势的情况下：债务人提前履行，债权人能立即获得投资机会且利率不变，则债权人没有损失；若债权人不能立即获得投资机会或者立即获得投资机会但利率下降，则会给债权人带来损失。

区分机会型提前履行和损失型提前履行的意义在于：一是机会型提前履行为一种典型的损失和收益并存的风险事项；二是金融科技企业可以根据自身对利率走势的预测和投资机会的掌控程度，有针对性地设计产品，以提升产品竞争能力。

（四）延迟履行

延迟履行债务人在合同约定或法律规定的还款日并未履行还款义务，但其仍有还款意愿，但缺乏还款能力但在债权人可接受的未来期限内还款能力可恢复的情况，这种情况往往是债务人发生了流动性风险所致。在合同约定或法律规定的还款日债务人缺乏还款能力，原因较多，教材可将其简单划分为速动型延迟履行、流动型延迟履行、长期型延迟履行。速动型延迟履行即债务人在合同约定的还款日，其现金不足以偿还应归还款项，但速动资产（包括货币资金、交易性金融资产、应收票据、应收账款、其他应收款）足以偿还归还款项的情况。流动型延迟履行即债务人在合同约定或法律规定的还款日，其速动资产不足以归还应归还款项，但流动资产（包括速动资产、存货、债权人可接受的未来期限内到期的非流动资产以及其他流动资产，不包括待摊费用、预付款项，原因在于其待摊费用无法变现、预付款项变现的可能性较小）足以偿还应归还款项的情况。长期型延迟履行即债务人在合同约定或法律规定的还款日，其流动资产不足以归还应归还款项，但在债权人可接受的未来期限内能变现的其他长期资产（如车辆）和流动资产之和足以偿还应归还款项的情况。

将延迟履行划分为速动型延迟履行、流动型延迟履行和长期型延迟履行，意义在于：一是变现期限和难度不同。速动型延迟履行，债务人具有足够的速动资产且变现速动快，债务延迟期限可以较短。流动型延迟履行，债务人可以在债权人可接受的期限内变现资产，其变现难度相对较大，其延迟期限相对较长。长期型延迟履行，在债权人可接受的未来期限内能变现的其他长期资产变现通常对债务人的影响较大，其变现难度也相对较大。二是个人和小微企业涵盖的种类不同。对于持有股票、债券和车辆的个人借款人，可能发生速动型延迟履行和长期型延迟履行（在此，教材将个人持有的股票、债券等视为交易性金融资产，个人持有的车辆视为长期资产），但不存在流动型延迟履行。小微企业则三种延迟履行均有可能。

·18·

专栏　可接受未来期限

在讨论不履行和延迟履行时，本书提及了"债权人可接受的未来期限"。银行通常有逾期30天、60天和90天之说。那么，金融科技企业应该如何确定可接受未来期限呢？本书认为，期限的长短取决于不同类型的金融科技企业、同业态不同金融科技企业、同一金融科技企业的不同时期等。对于互联网小额贷款机构、互联网消费金融机构、承担信用风险的互联网征信机构，因其兑付不涉公众、实力相对雄厚，往往可以确定较长的期限；而其他机构，可能需要确定较短的期限。对于同类型的金融科技企业，特别是重视及时兑付的企业，往往得将期限设置较短些，反之，可设置得较长些。对于同一金融科技企业，在资金比较充裕的期间，可将期限设置得长些，反之可设置得短些。

二、债之原因

如前所述，按债之原因，信用风险的风险事项可划分为合同之债类风险事项、侵权行为类风险事项、不当得利类风险事项和无因管理类风险事项。

（一）合同之债

按照我国《民法典》的规定，"合同是民事主体之间设立、变更、终止民事法律关系的协议。婚姻、收养、监护等有关身份关系的协议，适用有关该身份关系的法律规定；没有规定的，可以根据其性质参照适用本编规定"。按《民法典》对合同的界定，合同的主体包括自然人、法人和非法人组织。在实务中，不同业态的金融科技企业，其合同主体存在较大差异。

合同之债类风险事项指基于合同产生之债，合同有效、无效、效力待定和可变更可撤销等的不确定性，给从业机构带来的不利影响。该类风险事项，教材将在合规风险的效力类风险事项中详细讨论，其意义在于合同有效与其他三种类型情形，存在较大区别，前者债务人应当按照合同约定履行还款义务，后者按法律规定履行还款义务。

（二）不当得利

《民法典》规定"得利人没有法律根据取得不当利益的，受损失的人可以请求得利人返还取得的利益"。该规定即我国法律对不当得利做出的专门规定。在不当得利法律关系中，受到损失的一方为债权人，负返还义务的一方为债务人。就金融科技企业而言，如前所述，不当得利之债时有发生，除前述互联网支付机构的重复清算外，入金失败仍代为支付也是一种不当得利：互联网支付机构的客户向互联网支付机构充值失败，并委托其向商户付款，互联网支付机构为其实施了委托付款工作；互联网支付机构与客户之间便产生了不当得利之债。

不当得利类风险事项指从业机构与其客户之间、从业机构客户之间发生不当得利的不确定性，给从业机构带来不利影响的情形。不当得利类风险事项的意义在于对于不当得利之债产生较为频繁的从业机构，应当对可能产生不当得利的情形进行详细分析（风险识别），进而确定相应的管理措施，以便不当得利之债产生时，积极主张债权或协助相关方主张债权。

（三）无因管理

《民法典》规定"没有法定的或者约定的义务，为避免他人利益受损失进行管理的人，有权请求受益人偿还由此支出的必要费用"。该项规定即我国法律对无因管理作出的专门规定。在无因管理法律关系中，提供管理或服务的一方为债权人，受益人一方为债务人。

无因管理类风险事项指构成无因管理，但受益人不予认可，给从业机构带来不利影响的情形。该类风险事项的意义在于，对于可能产生无因管理之债的从业机构，尽量在服务协议等相关协议中对无因管理所生之债做出明确规定，一来避免争议，二来减少损失。

（四）侵权行为

我国《民法典》规定"民事权益受到侵害的，被侵权人有权请求侵权人承担侵权责任。"在被侵权人请求侵权人按返还财产（金钱类财产）或赔偿损失时，被侵权人为金钱之债的债权人，侵权人为金钱之债的债务人，侵权人和被侵权人之间便会因侵权之债产生信用风险。

就金融科技各业态从业机构而言，侵权行为之债可能发生在隐私权、担保物权等权益受到侵犯的场合。

侵权行为类风险事项指投资人或第三人发生侵权行为，产生其与融资人之间的侵权之债的不确定性，进而给从业机构带来不利影响的情形。侵权行为类风险事项的意义在于，从业机构应当密切关注可能产生的侵权之债，尽量避免因侵权之债纠纷，尤其是侵权之债产生信用风险，波及从业机构自身。

三、债之关系

如前所述，按债之关系，风险事项可划分为主债权风险事项和从债权风险事项。在信用风险基于的债存在担保的情形下，其基于的债权为主债权，而基于担保产生的债权为从债权。主债权债务关系存在于债权人与债务人之间，从债权债务关系存在于债权人与担保人之间，在从债权债务关系中，担保人为从债务人。

（一）主债权类风险事项

主债权类风险事项即主债权的债务人不按约定或法律规定履行还款义务，给从业机构带来不利影响的情形。关于履行状态的几种风险事项类型，便是主要围绕主债权类风险事项展开讨论的。在论及信用风险时，其基础法律关系通常为主债权债务法律关系，巴塞尔委员会对信用风险的定义，更是直接基于主债权债务关系进行的。

主债权类法律风险事项的意义在于，对于信用风险之债，主债权债务关系必然存在，而从债权债务关系可能存在，也可能不存在。

（二）从债权类风险事项

从债权类风险事项即从债权的债务人不按约定或法律规定履行还款义务，给从业机构带来不利影响的情形。按从债权的种类不同，可进一步将从债权类风险划分为保证类风险事项、抵押类风险事项、质押类风险事项等常见风险事项。留置和定金等担保方式通常不适合金融科技从业机构，故略去不论。

1. 保证类风险事项

保证类风险事项按其效力，还可划分为有效保证型风险事项和无效保证型风险事项。有效保证型风险事项即保证合同有效的情形下，产生的风险事项。无效保证型风险事项，即保证合同无效导致不利影响的情形。按照《民法典》的规定，企业法人的职能部门提供保证的，保证合同无效。关于无效保证型风险事项，本书将在合规风险的效力类风险事项部分做详细分析，在此暂且不论。有效保证型风险事项，可分为担保公司类风险事项、小贷公司类风险事项、普通企业类风险事项和自然人类风险事项。

（1）担保公司类风险事项

担保公司类风险事项是指，在保证合同有效的情形下，因担保公司经营不善等，导致其代偿能力不足或丧失，给从业机构带来不利影响的情形。在宏观经济形势运行平稳时，融资性担保公司代偿能力强，资金流动性好，与融资人提供的物保相比，能更好地满足投资人的代偿期限要求。但在宏观经济下行时，融资人经营普遍恶化，其代偿能力必然面临巨大挑战，甚至导致其丧失代偿能力。在融资性担保公司代偿能力不足甚至丧失代偿能力的情形下，投资人的信用风险发生的可能性必然加大，甚至成为必然。

（2）小贷公司类风险事项

小贷公司这类接力贷业务，为投资人提供了安全保障，降低了投资人的风险，满足了融资人的需求，具有积极意义。

小贷公司类风险事项指由于小贷公司资产流动性不足等，而不能按约定向借款人发放贷款用于归还投资人时，产生不利影响的情形或小贷公司代偿能力不足甚至丧失，不能按约定向投资人履行代偿义务，产生不利影响的情形。与担保公司提供担保类似，小贷公司在接力贷中发挥的作用类似于担保；对于以担保人身份提供担保，则与担保公司相同。

（3）普通企业类风险事项

普通企业类风险事项指普通企业的资产流动性不足、代偿能力不够甚至丧失等，不能按约定履行回购或代偿义务，产生不利影响的情形。当然，普通企业提供担保除信用风险外，若其以担保为主业，还涉及合规风险等问题。

（4）自然人类风险事项

自然人类风险事项指自然人提供担保时，由于其代偿能力不足，不能按约定履行回购或代偿义务，产生不利影响的情形。与普通企业担保一样，还可能涉及合规风险问题。

这四类风险事项的意义在于，由于担保人以保证形式提供担保，为人保而非物保，与物保相比，按物权优于债权的原则，其保障力度相对较小。

2. 抵押类风险事项

在抵押过程中，通常会发生抵押权不确定、抵押品估值过高、抵押品价值不足、抵押品急速贬值、抵押品灭失等情形，这些情形均可能导致从债权的债务人无法按约定履行还款义务，给从业机构、投资人和从业机构带来不利影响。

（1）抵押权不确定

按照《民法典》等法律的规定，不动产抵押以登记为生效要件，车辆等动产抵押以登记为对抗要件。抵押权登记对抗与登记生效问题，本书将在合规风险的效力类风险事项部分再做讨论。抵押权不确定风险事项指抵押权未经登记为生效，或虽然生效但不具有对抗善意第三人效力，给从业机构带来不利影响的情形。

（2）抵押品估值过高

抵押品估值过高指互联网小额贷款机构等从业机构，对抵押品的价值估值明显高于市场价值，导致部分主债权缺乏足够从债权支撑，从债务人发生"部分履行"，债权人无法全额收回款项的情形。对于互联网小额贷款机构而言，出于自身债权安全的考虑，除非发生员工舞弊、误操作等操作风险事件，该风险事项发生的可能性较小。

（3）抵押品价值不足

与抵押品估值过高不同，抵押品价值不足指抵押品的价值估值合理，但其价值低于主债权金额：一种情况是从业机构管理层受到业绩压力等影响，采取激进的经营策略，明知抵押品价值不足以覆盖主债权价值及实现抵押权的相关费用，仍然为融资人提供贷款或将其融资需求推荐给业务平台投资人；另一种情况是在抵押品已经抵押的情形下，从业机构开展第二顺位（甚至第三顺位）抵押融资业务，这种顺位抵押业务，由于信息不对称，则可能发生员工方面的操作风险，导致第二顺位抵押权价值不足以覆盖主债权价值及实现抵押权的相关费用。

（4）抵押品急速贬值

抵押品急速贬值指抵押权成立后，由于市场行情变动等，发生抵押品价值贬值超出从业机构预计范围，导致从债务人"部分履行"，主债权人无法全额收回款项的情形。在抵押品估值、贷款金额审批过程中，从业机构均会对抵押品的贬值进行预估，并将预计的贬值考虑在贷款金额之内。但即使这样，也难以避免抵押品急速贬值风险。例如宏观经济形势急剧恶化，导致不动产价值迅速下跌。

（5）抵押品灭失

抵押品灭失指因人为原因或不可抗力等外部原因，导致抵押品发生损毁或灭失，致使从债务人不能履行还款义务，主债权人无法全额收回款项的情形。在抵押品因第三人等人为原因导致损毁或灭失的情形下，通常会产生"侵权之债"，但由于在发放贷款或推荐融资需求时，并未对侵权之债的债务人的资信状况和还款能力等进行评估，侵权之债的债务人不按法律规定履行还款义务的不确定性较大。若抵押品附加了财产保险等措施，则情况将明显好转，但势必增加融资人的融资成本。在因不可抗力等外部原因（例如地震、水灾导致房产等不动产损毁或灭失）导致抵押品损毁或灭失时，除非附加了财产保险等措施，否则从债务人很难履行还款义务。

抵押类风险事项的意义在于，从业机构务必加强对抵押品的贷前贷后管理。

3. 质押类风险事项

与不动产或动产抵押相似，互联网小额贷款机构等从业机构，通常会开展质押融资业务：融资人或第三人基于自有动产或权利（股权、债权、票据等）为融资人融资行为提供质押担保。与抵押类风险事项相似，在质押过程中，也会发生质权不确定、质押品估值过高、质押品急速贬值、质押品灭失等情形，这些类型的风险事项与抵押类风险事项相同，不再重复。质押品管理不善为一种比较常见且特有的风险事项，在此做简要讨论。

与抵押权不同，动产质押以转移占有为生效要件。因此，互联网小额贷款机构须自行管理质押品。若质押品因从业机构原因发生损毁或灭失，则从业机构须自行承担责任。

质押类风险事项的意义在于，涉及社会公众的从业机构除比照抵押权向投资人披露质押品及其估值等情况外，还应当向投资人披露质押品管理情况，并就抵押品的后续情况进行持续披露。另外，为保障质押品因意外原因发生损毁灭失，从业机构有必要根据实际情况，对质押品管理场所等采取购买保险等措施，以增强抗风险能力。

四、主体范围

如前所述，按主体范围不同，风险事项可划分为宏观风险事项和微观风险事项。

（一）宏观风险事项

宏观风险事项指因国内外宏观经济形势、产业政策、财政政策、货币政策等影响所有企业或同一行业内企业的因素，导致债务人无法按约定或法律规定履行还款义务，给从业机构带来不利影响的情形。宏观风险事项影响面广，涉及企业众多，无论是对从业机构还是对债务人均是巨大挑战。前期因互联网金融整治，出现互联网支付机构"二清"商户卷款私逃的现象，除从业机构本身经营管理等因素外，宏观经济下行导致融资人和"二清"商户出现资金链断裂，也是重要诱因之一。

（二）微观风险事项

微观风险事项指因融资人或从业机构自身经营管理不善、公司战略出现问题、公司执行力弱化、项目实施发生严重偏差等，导致债务人无法按约定或法律规定履行还款义务，给从业机构带来不利影响的情形。与宏观风险事项不同，微观风险事项通常只影响融资人或从业机构个别企业，其本身可以避免或分散。

宏观风险事项与微观风险事项的区别在于，从业机构的管控力度和管控方式明显不同。

五、评估基础

如前所述，按评估基础，风险事项可划分为模型相关类风险事项和模型无关类风险事项。

（一）模型相关类风险事项

模型相关类风险事项指对融资人的还款意愿和还款能力进行量化评估的评估模型在设计和运行过程中发生偏差，对不适格融资人提供贷款或向投资人推荐融资需求，给从业机构带来不利影响的情形。其具体分为模型设计不科学、参数配置不恰当、模型结果被误用和模型被穿透等情形。如前所述，信用评分处于"缺 X 少 Y"状态，从业机构对融资人进行信用评估时，评估模型设计很难做到科学合理，基于层次分析法等方法构建的评估模型，总体而言，其科学性也有待提升。因此，评估模型不科学便是一种较为常见的模型相关类风险事项。在评估模型设计科学合理的情况下，若管理层受到经营绩效压力影响，可能配置激进参数，提升风险容忍度，导致不适格融资人频现、债务人不按约定履行还款义务的概率剧增，这类风险事项便是参数配置不恰当类风险事项。在模型设计科学、参数配置恰当的情形下，评估模型输出了无偏差结果，若相关人员因舞弊或误操作等错误采集了输出结果，将不适格融资人当作适格融资人时，便会发生模型结果被误用风险事件，该情形便是模型结果被误用风险事项。另外，在模型运行过程中，若模型重要参数（如评分标准）被市场人员等人员获悉，其在经营业绩压力或诱惑下，通过与融资人共谋等修改模型输入数据，使不适格融资人被模型判断为适格融资人，此种情形便是模型被穿透类风险事项。

（二）模型无关类风险事项

模型无关类风险事项是指在对融资人的融资需求进行决策时，非模型方面的原因导致将不适格的融资人当作适格融资人，给从业机构带来不利影响的情形，主要包括决策程序设计不当、决策程序未得到执行、决策程序被凌驾等情形。决策程序设计不当指对融资需求进行决策的内部流程设计不恰当，诱发操作风险事件，进而导致发生不适格融资人被接纳的情形。决策程序未得到执行即对融资需求进行审批的内部流程未得到执行，不适格融资人被接纳的情形。此种情形实际上也是从业机构发生操作风险所致，例如前例中达到一定金额以上的融资需求未进行实质审查，导致还款能力不足的融资人被接纳。决策程序被凌驾指因管理层受到经营业绩压力影响等，使其凌驾于决策程序之上，规避决策程序，直接对不适格融资人予以放行。当然，前述宏观风险事项也是一类更广义的模型无关类风险事项。

第三节　影响

在对信用风险的风险事项进行细化之后，在此，教材对各类风险事项的影响进行逐一定性分析。

一、履行状态

（一）不履行

如前所述，不履行可细分为六种情况，其影响如下：

1. 自始意愿型不能

这类信用风险事项的不利影响较大。一是其主观恶性较大。债务人在订立融资合同之前就不打算还款，为典型的"骗子"。二是行业破坏性影响较大。这类债务人往往以骗贷为职业，为整个金融科技行业的"天敌"，对金融科技行业的破坏性最大。尤其是以团伙形式出现的情况下，更是如此。三是损失率较大。债务人在融资合同成立之前，就笃定不归还借款，若能采取有效措施进行催收，则债权人的损失率（损失金额/应归还金额）可小于100%。

2. 自始能力型不能

这类信用风险事项的不利影响相对较大。一是主观恶性较小。与意愿型不能相比，债务人缺乏还款能力，有还款意愿。这类债务人可能确实处于走投无路状态。二是行业破坏性影响相对较大。这类债务人往往不以骗贷为职业，对整个金融科技行业的破坏性相对较大。三是损失率大。由于债务人缺乏还款能力，债权人的损失率往往为100%。

3. 自始混合型不能

这类信用风险事项的不利影响最大。一是主观恶性最大。债务人在订立融资合同之前，既无还款意愿也无还款能力，在主观上不打算还款，在客观上也没有还款能力。二是行业破坏性影响最大。这类债务人以团伙作案、惯常作案为特征，对整个金融科技行业的破坏性影响最大。三是损失率最大。这类债务人既无还款意愿，也无还款能力，即使催收也于事无补，债权人的损失率通常为100%。

4. 嗣后意愿型不能

这类信用风险事项的不利影响最小。一是主观恶性较大。债务人在订立融资合同之时有还款意愿，但订立合同后丧失还款意愿，主观恶性较大。二是行业破坏性较小。这类债务人通常不以骗贷为职业，也不以团伙作案、惯常作案形式存在，对整个金融科技行业的破坏性影响较小。三是损失率较小。这类债务人在融资合同订立后缺乏还款意愿，若能采取有效催收，债权人的损失率通常可以小于100%。

5. 嗣后能力型不能

这类信用风险事项的不利影响较大。一是主观恶性较小。债务人在订立融资合同前后，均未丧失还款意愿，其主观恶性较小。二是行业破坏性影响较小。这类债务人不以骗贷为职业，也不以团伙作案、惯常作案形式存在，对整个金融科技行业的破坏性影响较小。三是损失率大。这类债务人在融资合同订立后缺乏还款能力，债权人的损失率通常可达100%。

6. 嗣后混合型不能

这类信用风险事项的不利影响较大。一是主观恶性较小。债务人在订立融资合同之后丧失还款意愿，主观恶性相对较小。二是行业破坏性影响较小。这类债务人通常不以骗贷为职业，也不以团伙作案、惯常作案形式存在，对整个金融科技行业的破坏性影响较小。三是损失率大。这类债务人在融资合同订立后缺乏还款能力，债权人的损失率通常可达100%。

（二）部分履行

如前所述，部分履行可划分为蚀本型部分履行和非蚀本型部分履行。

1. 蚀本型部分履行

这类信用风险事项的不利影响很大。一是社会不良影响很大。二是损失金额很大。这类信用风险事项一旦发生，债权人不但损失利息，而且损失部分本金（若损失全部本金，则为不履行），损失的最小金额为利息+1元，最大金额为利息+本金-1元。三是对打破刚性兑付的意义较小。从业机构迫于社会压力，很难打破刚性兑付。比如某综合类平台曾经试图打破这类刚性兑付，最终迫于社会压力，以代偿平息事态。

2. 非蚀本型部分履行

这类信用风险事项的不利影响相对较小。一是社会不良影响较小。二是损失金额较小。这类信用风险事项一旦发生，债权人损失的最大金额为所有利息，最小损失为1元。总体而言，损失金额较小。三是对打破刚性兑付的意义较大。

（三）提前履行

如前所述，提前履行可划分为机会型提前履行和损失型提前履行。

1. 机会型提前履行

这类信用风险事项的不利影响很小。一是社会不良影响可以忽略。二是即使损失，金额也不大。这类信用风险事项既可能产生损失，也可能产生收益，即使损失，其损失的仅是再投资利率下滑带来的损失，其金额往往不大。三是行业影响为中性。由于这类信用风险事项带来的影响为收益和损失并存，往往不存在债务人损害债权人利益的情形，对行业的健康发展是中性的。

2. 损失型提前履行

这类信用风险事项的不利影响小。一是社会不良影响基本可以忽略。二是损失金额也不大。与机会型信用风险事项不同，该类信用风险事项只会带来损失，其金额往往不大。三是行业影响偏负面。这类信用风险事项往往损害债权人利益，在债务人有意为之的情况下，对行业的健康发展呈负面影响。

（四）延迟履行

如前所述，延迟履行可细分为速动型延迟履行、流动型延迟履行和长期型延迟履行。

1. 速动型延迟履行

这类信用风险事项的不利影响较小。一是延迟期限较短。速动型延迟履行的债务人，尽管货币资金不足以还款，但速动资产足以还款，由于速动资产的变现能力很强，因此，其延迟期限通常较短。二是损失金额较小。由于延迟期限较短，债权人的损失金额较小。三是对打破刚性兑付意义较大。就涉及社会公众利益的从业机构而言，由于速动资产变现快、债务人延迟履行期限短，可尝试打破刚性兑付，对行业的健康发展不无裨益。

2. 流动型延迟履行

这类信用风险事项的不利影响较大。一是延迟期限较长。流动型延迟履行的债务人，除变现其速动资产外，尚需变现其他流动资产，方可全面履行还款义务。由于其他流动资产的变现能力相对较弱，因此延迟期限较长，尤其是存货，可能因存货种类不同，其变现期限差异较大。二是损失金额较大。由于延迟期限较长，债权人的损失金额较大。三是对打破刚性兑付意义较小。就涉及社会公众利益的从业机构而言，由于其他流动资产变现速度慢，不到万不得已，往往不会尝试打破刚性兑付，因此，对打破刚性兑付，促进行业的健康发展意义较小。

3. 长期型延迟履行

这类信用风险事项的不利影响最大。一是延迟期限通常很长。长期型延迟履行的债务人，除变现其包含速动资产在内的流动资产外，尚需变现其变现能力较强的长期资产，方可全面履行还款义务。其延迟期限至少不短于流动型延迟履行，当然对于特殊的长期资产（如车辆），其变现期限可能较短，甚至短于除速动资产外的其他流动资产。二是损失金额通常很大。由于延迟期限通常很长，债权人的损失金额通常很大。三是对打破刚性兑付的意义通常很小。就涉及社会公众利益的从业机构而言，由于长期资产变现速度通常很慢，通常不会尝试打破刚性兑付，因此，对打破刚性兑付，促进行业的健康发展意义通常很小。

二、债之原因

（一）合同之债

合同之债风险事项的不利影响大。一是合同之债为互联网小额贷款机构等从业机构信用风险的主要基础法律关系，涉及从业机构较多，涉及面较广。二是合同之债通常涉及互联网小额贷款等机构的客户利益，社会影响较大。三是合同之债涉及的金额通常较大。

（二）不当得利

不当得利风险事项的不利影响较小。一是对于互联网支付机构而言，发生不当得利的情形较多，可能性较大。二是发生不当得利时，其涉及的人员通常较少。

（三）无因管理

无因管理风险事项的不利影响小。一是无因管理发生的情形较少。二是从业机构的损失往往可以从其他途径获得间接弥补。

（四）侵权行为

侵权行为风险事项的不利影响较大。一是侵权行为的发生往往涉及社会公众利益，涉及面较广。二是发生侵犯隐私权等侵权行为时，其传播速度极快，传播面极广。例如"裸条"事件，其传播速度和传播面可见一斑。三是侵权行为发生的可能性较小。

三、债之关系

（一）主债权类风险事项

主债权类风险事项的不利影响大。一是主债权类风险事项避免为信用风险的首要保障，主债务人为第一还款责任人。二是按照《民法典》的规定，主合同无效，担保合同无效，主债权风险事项具有基础支撑作用。

（二）从债权类风险事项

1. 保证类风险事项

（1）担保公司类风险事项

担保公司类风险事项的不利影响大。一是担保公司基于杠杆开展业务，其杠杆越大，代偿能力不足或丧失的概率越大。二是从本轮经济下行，部分担保公司几近丧失代偿能力的实际情况看，其代偿能力明显不足。

（2）小贷公司类风险事项

小贷公司类风险事项的不利影响较大。一是小贷公司的杠杆总体偏小，抗风险能力相对较强。二是经济下行过程中，部分小贷公司出现流动性紧缺，资产质量严重下降，表明其总体风险较大。

（3）普通企业类风险事项

普通企业类风险事项的不利影响较大。一是普通企业通常缺乏信用风险管理经验，难以准确评估和管控融资企业的信用风险。二是普通企业与融资企业存在关联关系的情况下，其风险分散能力较弱。

（4）自然人类风险事项

自然人类风险事项的不利影响较大。一是与普通企业相比，自然人通常更缺乏信用风险管理经验。二是自然人与融资企业之间的高度关联关系，对风险的分散效应极弱。三是自然人本身的代偿能力和抗风险能力总体偏弱。

2. 抵押类风险事项

抵押类风险事项的不利影响较大。一是与保证相比，抵押权的保障力度更大，债权人具有更强的控制力。二是抵押品的流动性、价值等决定了从债务人履行其担保义务的时效和额度，抵押品价值错误、损毁、灭失对主债权人的影响极大。三是从实际情况看，在经济下行期，抵押品流动性和价值贬损的不利影响较大。

3. 质押类风险事项

质押类风险事项的不利影响较大。一是与抵押权相比，主债权人对质押品的管控力度最大。二是质权人对质押品的管控丧失时，其质押权往往随着丧失，质押品管理相关的风险较大。三是部分质押品（如车辆）的贬值速度较快，损失可能性较大。

四、主体范围

（一）宏观风险事项

宏观风险事项的不利影响大。一是宏观风险事项影响范围广，同行业或全体行业的企业均受到影响。二是宏观风险事项造成的损失较大，其发生时，融资企业经营业绩和流动性等均会受到不同程度的重创。三是宏观风险事项还会影响从债务人履行其担保义务，主债权人往往很难全额收回款项。

（二）微观风险事项

微观风险事项的不利影响较大。一是其影响范围通常仅及于个别融资人、从业机构等，范围较小。二是从业机构的微观风险事项发生时，往往波及从业机构的所有客户，涉及面较广。三是前期互联网金融整治后，部分从业机构跑路，其中不乏微观风险事项所致，影响不可小觑。

五、评估基础

（一）模型相关类风险事项

模型相关类风险事项的不利影响较大。一是模型具有一贯性，其发生异常时的影响面较大。二是评估模型专业性极强，其发生异常往往很难发现。三是采用评估模型的从业机构相对较少，对行业影响较小。

（二）模型无关类风险事项

模型无关类风险事项的不利影响大。一是从业机构（包括建立了评估模型的从业机构）均面临该风险事项。二是模型无关类风险事项为一类操作风险事项，其涉及面较广，防范难度较大。三是部分诱因需要董事、监事甚至股东参与方可防范，部分从业机构的董事、监事和股东往往难以胜任。四是宏观因素相关的模型无关类风险事项不利影响大。

思考题

1. 信用风险的定义是什么？
2. 请阐述信用风险具备哪些特征。
3. 什么是信用风险的风险事项？
4. 概括合同之债类风险事项的含义。
5. 请阐述"自始意愿型不能"信用风险事项的影响。

第三章

操作风险

第一节　概念

一、定义

关于操作风险的内涵，各种界定相对一致。英国银行家协会（British Banker Association，BBA，1997）最早对操作风险进行了定义，"操作风险与人为失误、不完备的程序控制、欺诈和犯罪活动相联系，它是由技术缺陷和系统崩溃引起的"。1998年5月，IBM（英国）公司设立操作风险论坛，对操作风险进行了更为具体的定义，"操作风险是遭受潜在损失的可能，是指由于客户、设计不当的控制体系、控制系统失灵以及不可控事件导致的各类风险"。在此基础上，巴塞尔委员会进一步将操作风险定义为：操作风险是指由于不完善或者有问题的内部操作过程、人员、系统或者外部事件而导致的直接或间接损失的风险。这一定义包含了法律风险，但是不包含策略性风险和声誉风险。我国银保监会将操作风险定义为："操作风险是指由不完善或有问题的内部程序、员工和信息科技系统，以及外部事件所造成损失的风险。本定义所指操作风险包括法律风险，但不包括策略风险和声誉风险。"

巴塞尔委员会和银保监会对操作风险的定义，在基本要素、涵盖范围和总体不足等方面相同，在损失、系统和人员等表述上略微不同，具体如下：

一是基本要素相同。巴塞尔委员会和银保监会的定义，均包括了内部操作过程/内部程序、人员/员工、系统/信息科技系统和外部事件四个基本要素，也即操作风险的四类风险事项。

二是涵盖范围相同。巴塞尔委员会和银保监会的定义，除了从积极方面强调四个基本要素外，均专门指出包括法律风险，并在消极方面排除了策略风险和声誉风险。两者在积极方面和消极方面的范围相同。

三是总体不足相同。塞尔委员会和银保监会的定义，均存在仅强调内部程序而忽略内外部协作程序之不足，均存在仅强调程序设计的合理性（不完善或有问题的）而忽略完善且无问题但执行存在偏差之不足。

四是"损失"表述不同。巴塞尔委员会明确提及操作风险造成的损失包括直接损失，也包括间接损失；而银保监会仅提及损失，并未明确表明是否包括间接损失。相比而言，巴塞尔委员会的界定更明确。

五是"系统"表述不同。巴塞尔委员会认为，系统是操作风险事项之一；而银保监会认为，信息科技系统是操作风险事项之一。相比而言，银保监会的界定更准确。

六是"人员"表述不同。巴塞尔委员会认为，人员是操作风险事项之一；而银保监会认为，员工是操作风险事项之一。相比而言，巴塞尔委员会的界定更宽泛。

根据巴塞尔委员会和银保监会对操作风险定义的异同，结合金融科技行业风险现状和特征以及教材对风险的定义，对操作风险的定义如下：

定义3-1 操作风险指内部人员、制度流程、信息科技系统和外部事件等方面的因素给企业实现其经营目标带来的不利影响，不包括法律风险、策略性风险和声誉风险。

这里"内部人员"而非"员工"，主要考虑"人员"的含义更宽泛，足以涵盖自然人股东、董事、监事、高级管理人员和普通员工，而"员工"可能被理解为普通员工。同时，"人员"还包括外部合作伙伴的员工、外部非合作的自然人等人员，因此，使用"内部人员"，外部人员相关行为归入"外部事件"中。

采用"制度流程"而非"内部操作过程"和"内部程序"，主要基于金融科技企业的内控现状、业务逻辑考虑。在内控现状方面，金融科技企业大多不像传统金融机构（如银行机构等）那样构建了完备合理的内部控制制度和规范合理的业务流程，本书试图引导金融科技企业建立完备合理的内部控制制度和规范高效的业务操作流程，故表述为"制度流程"。在业务逻辑方面，金融科技企业的业务开展往往需要相关合作机构共同配合完成，其业务操作已突破了内部界限，故本书淡化了"内部"，仅将其表示为"制度流程"。

采用"信息科技系统"而非"系统"，主要是考虑准确性和习惯性。一是如前所述，本书采用银保监会的"信息科技系统"，更符合金融科技企业基于互联网等科技的特点，而"系统"一词过于宽泛。二是当前诸多银行等传统金融机构的从业人员纷纷投身金融科技行业，其对银保监会的表述（银保监会专门发布了《商业银行信息科技风险管理指引》）早已烂熟于胸，采用银保监会的表述更符合从业人员的习惯。

本书将法律风险排除在操作风险之外，后续将会将其并入"合规风险"，主要是基于金融科技行业现状考虑。目前，金融科技行业风险较大，且缺乏足够的法律规范，待金融科技整治结束后，相关法律将陆续出台，金融科技企业必将迎来合规高峰，将法律风险并入合规风险，一来更突出法律风险，二来更顺理成章。

二、特征

（一）操作风险具有涉他性

操作风险的涉他性表现在损失主体涉他方面。即对于互联网支付机构等涉及公众的金融科技企业来说，操作风险事项发生后，其损失主体既可能是从业机构，也可能是从业机构的客户（投资人、融资人、账户所有人或商户），而且比如信用风险，对从业机构的客户造成损失的金额可能大于从业机构本身的损失金额。如互联网支付机构发生用户敏感数据（如用户名、密码或银行账号等）泄露风险事项，可能导致平台的客户受到损失。

（二）操作风险最具损失性

与信用风险等其他风险不同，操作风险的风险事项发生通常只会给企业带来损失，不会给企业带来收益。外部人员欺诈，内部员工误操作，业务流程存在缺陷，内控制度存在漏洞，信息科技系统诱发重复清算、系统崩溃，业务服务器受到黑客攻击等，通常均只能给企业带来损失，很少给企业带来收益。当然，操作风险事项的发生，极其特殊的情况下也会给企业带来收益。同时，个别企业甘冒操作风险，以减少风险应对成本，则另当别论。

（三）操作风险最具普遍性

操作风险的风险事项包括内部人员、制度流程、信息科技系统和外部事件事项，任何企业的运营均离不开内部人员，均需要遵循一定的制度和流程操作，均需要在一定的社会环境和自然环境下经营，因此，任何企业至少具有内部人员、制度流程和外部事件三个风险事项。对于大多数企业而言，其业务开展还需依赖于信息科技系统（至少其收银系统是信息科技系统），可见，大多数企业还具有信息科技系统风险事项。任何企业均有内部人员、制度流程和外部事件三类操作风险事项，绝大多数企业还具有信息科技系统风险事项，可见操作风险最具普遍性。而信用风险、合规风险、洗钱风险等其他风险，则并非所有企业都会面临。

（四）操作风险评估难

操作风险事项，不管是其发生的概率还是发生后的损失金额，通常都难以进行事前估计。对于信用风险，目前国内外有诸多专业公司和专业人员通过数学模型对其发生的概率进行评估且总体效果较好；也可以通过数学模型对其损失的金额进行比较准确的评估。但对于操作风险，由于发生频率低、数据收集难、诱发因素多样化等，很难评估其概率和损失金额的大小。

（五）操作风险具有强传导性

操作风险的强传导性表现在对内传导和对外传导两个方面。对内方面，操作风险发生后往往向信用风险等风险传导。比如互联网支付机构的信息科技系统故障导致重复清算会向信用风险传导。对外方面，金融科技企业与合作机构之间的操作风险可能相互传导。比如中间渠道技术系统故障导致互联网支付机构出现单边账的情况。

（六）操作风险具有外部化倾向

当前金融科技企业信息科技系统往往由第三方服务商批量开发，部分甚至全部运营在第三方软硬件平台之上，且信息科技系统往往容易受到网络攻击。第三方服务商批量开发导致一旦该服务商软件被攻破，则诸多购买同一软件的金融科技企业均暴露在攻击之下，"承受"负外部性。信息科技系统运营在第三方软硬件平台上，则该第三方软硬件平台上的某一企业受到攻击时，其他金融科技企业也会受到不同程度的影响，同样"承受"负外部性。同时，网络攻击本身绝大多数来自金融科技企业外部，该类风险事项即具有外部性。

定义 3-2 操作风险 OR 可描述为一个 7 元组的动态系统，即

$$OR = (OE, OV_t, OT_t, OP_t, OS_t, OF_t, OG_t)$$

其中，OE 为金融科技机构。OV_t 为操作风险的风险事项集合；OT_t 为操作风险的相关的经营目标集合（如平均无故障时间、不平账发生率）；OP_t 为操作风险等级的集合，由于操作风险事项发生的概率难以评估，故对风险事项发生可能性以发生等级的形式进行定性评估；OS_t 为操作风险的损失集合，即每个操作风险事项发生后的估计损失的集合；OF_t 为评估每个操作风险事项发生的等级的方法集合；OG_t 为评估每个操作风险事项发生后的损失的方法集合。

当前，对金融科技企业而言：风险事项 OV_t 相对较难构建，一来要构建比较完备的操作风险事项，需要从业人员同时具备技术、法律、财务和审计等方面的知识，适格人才相对缺乏；二来从业机构水平参差不齐，大多数从业人员均缺乏系统性培训，即使是银行风控人员，也需要经过专门的培训方可胜任。OT_t 的构建取决于金融科技企业的治理层，这就需要治理层人员对操作风险比较熟悉，但当前金融科技企业大多对操作风险重视程度不够，更谈不上治理层人员研究操作风险并为管理层设定操作风险相关经营目标。OP_t、OS_t 的构建，不但"缺 X 少 Y"，甚至缺乏专业公司和专业人员，同时金融科技企业绝大多数尚未开展 OP_t、OS_t 的构建。OF_t、OG_t 的构建难度很大，新近出现的大数据方法或许是一种选择。

对于同一机构而言，操作风险 OR 也存在（2-1）到（2-7）类似的关系，不再赘述，在此，将信用风险和操作风险做一个简单对比，具体如下：

$$|CV_t| < |OV_t| \tag{3-1}$$

$$|CT_t| < |OT_t| \tag{3-2}$$

$$|OP_t| < |CP_t| \tag{3-3}$$

$$Max(CS_t) < Max(OS_t) \tag{3-4}$$

一方面，操作风险的风险事项种类多，同时涉及企业运营的所有人员和所有业务操作，我们曾就支付机构进行过系统性的操作风险事项识别，一个支付机构的操作风险事项就达 600 多个。另一方面，信用风险的风险事项相对较小，就信用评分而言，其 X 变量通常就十多个（当然大数据情况下可以达到成百上千个，但剔除重复性和相似性变量后，通常表征不同特性的变量就几十个）。因此，式（3-1）是成立的。由于操作风险的风险事项众多，正常情况下，金融科技企业就操作风险设置的经营目标相应增多，希望金融科技企业的治理层尽量识别操作风险事项，促使式（3-2）成立。操作风险事项评估难，往往对操作风险事项进行定性评估，划分等级，很难用精确的数据进行量化，这样操作风险的发生等级为数量很有限的元素构成的集合，因此式（3-3）成立。就信用风险而言，风险事项发生后最坏情况就是 100% 损失债权金额，但对于操作风险事项，其发生后的损失金额没有预定上限，甚至没有上限，最典型的例子便是巴林银行，因为一起操作风险事项的发生直接导致其破产。因此，式（3-4）成立。

专栏　部分操作风险事项

OV_1 消费数据未按时上传：消费数据未及时上传至支付机构，导致清算延迟或纠纷，影响支付机构和商户利益。

OV_2 消费数据完整性受损：消费数据上传后不完整，导致清算对账不平、延迟清算等。

OV_3消费数据真实性受损：消费数据被伪造，导致支付机构受到损失，客户备付金出现短款。

OV_4充值确认报文丢失：终端（含虚拟终端）返回的充值成功确认报文丢失，将导致支付机构无法确认充值是否成功。

OV_5充值请求响应报文丢失：充值成功响应报文丢失，导致充值渠道与支付机构不平账，产生争议。

OV_6保护密钥受损：支付机构与商户之间的保护密钥被破坏、泄露等，将导致支付机构与商户之间通信的保密性、不可抵赖性受损。

OV_7交易数据上传进程发生内存泄漏：交易数据上传程序由支付机构开发，上传进出存在内存泄漏，导致上传进程运行异常，影响交易数据上传。

OV_8交易数据上传进程发生段错（segmentation fault）：交易数据上传进程发生段错，导致上传进程意外终止，交易数据上传失败。

OV_9交易数据上传进程其他异常：交易数据上传进程除发生内存泄漏和段错外，可能发生其他异常，导致无法正常上传数据。

OV_{10}交易数据接收进程未按时收到数据：支付机构未按时收到商户的消费数据，导致清算延迟或纠纷，影响支付机构和商户的利益。

OV_{11}交易数据接收进程发生内存泄漏：交易数据接收进程发生内存泄漏，导致交易数据无法正常接收，甚至导致系统无法登录。

OV_{12}交易数据接收进程发生段错：交易数据接收进程发生段错，导致接收进程立即意外终止，无法接受交易数据。

OV_{13}交易数据接收进程其他异常：交易数据接收进程除发生内存泄漏和段错外，可能发生其他异常，导致无法正常接收数据。

OV_{14}数据入库超时：入库数据量过大或数据库系统异常，可能导致入库时间过长，进而影响清算和对账时间。

OV_{15}数据入库失败：数据入库失败导致清算、对账滞后，商户无法及时、准确获取款项。

OV_{16}清分超时：待清分数据量过大等原因导致清分时间过长，影响对账、划账时间，商户无法及时获得款项。

OV_{17}清分异常挂起或终止：清分进程异常挂起或终止，客户端陷入"死等"状态，清分无法进行，商户无法按时获得款项。

OV_{18}清算报表无法正常生成（含超时）：清算报表无法正常生成，导致与商户对账无法正常进行，影响支付机构与商户直接的合作关系。

OV_{19}电子对账后双方不予认可：电子对账取代纸质对账，可提高工作效率、降低交易成本，但可能出现嗣后双方对对账结果不予认可。

OV_{20}后台服务器被未经授权访问：后台服务器被非法访问，导致敏感数据被非法访问，客户信息等商业秘密被泄露，支付机构、商户和客户利益受到损害。

OV_{21}信息科技系统试运行方案实施存在重大瑕疵：信息科技系统试运行方案存在重大瑕疵，影响支付机构和合作伙伴业务开展。

OV_{22}合作伙伴未就试运行做好准备：影响试运行效果，影响公司业务开展，影响客户正常消费。

OV_{23}旧设备未按要求销毁：包含涉密信息的旧设备未按要求消耗，导致泄密。

OV_{24}试运行期间出现系统崩溃等重大问题：影响支付机构和合作伙伴业务开展。

OV_{25}试运行期间敏感信息未经授权被访问：侵害公司、合作伙伴或客户的合法权益。

OV_{26}试运行期间敏感信息被泄露：侵害公司、合作伙伴或客户的合法权益。

OV$_{27}$合同审查人员对项目内容缺乏足够了解：合同审查人员对项目及其背景缺乏充足了解，出具意见不恰当，延长项目推进。

OV$_{28}$缔约过失：在合同签订前，支付机构经办人员泄露合同谈判过程中获知的商业秘密；经办人员未经授权进行商务谈判构成恶意磋商；合同事项需经报批，商定事项被审批机关否决；其他违背诚实信用的事项。

第二节 风险事项

一、制度流程

企业在运营过程中，均须制定制度和流程，两者的区别在于制度定原则、分工，提要求和标准；流程则落实制度的具体规定。按规定内容的重要程度，制度进一步区分为基本制度和具体制度，按《公司法》的规定，基本制度由董事会制定，具体制度由总经理制定。按制度约束的对象，可以划分为治理层制度、管理层制度和其他制度。治理层制度主要规定企业的治理结构、股东（大）会、董事会、监事会的议事规则、产生机制和权限划分等事项；管理层制度主要规定管理层的议事规则、权限细分、产生机制等事项；其他制度则指适用于所有人员（股东、董事、监事、高管和普通员工）的制度。

流程通常由总经理、副总经理甚至部门经理确定后即可实行。将制度流程进行区分，通过制度的原则性、标准性规定结合制定机构的高层级，可以很好地控制操作风险。同时，由管理层甚至中层决定流程，又可提高具体业务操作的灵活性。在维护制度刚性、控制操作风险的同时，提升业务操作的灵活性对于金融科技企业尤其重要。故本书建议，金融科技企业应区分制度和流程。

（一）按制定机构

制度流程风险事项，按制定机构的不同，可划分为制度类风险事项和流程类风险事项。

制度类风险事项即因金融科技企业制度方面存在问题产生的风险事项，具体包括制度供给不足、制度设计不合理、制度未得到执行、制度未得到一贯执行、制度之间存在冲突、制度与流程存在冲突等。制度供给不足即金融科技企业应当制定制度的事项未制定制度，比如应当按《公司法》等相关法律规定制定《股东（大）会议事规则》《董事会议事规则》和《监事会议事规则》等制度而未制定，应按中国互联网金融协会相关规定制定《信息披露管理办法》而未制定，制度供给不足表现为制度体系不完备。制度设计不合理即虽按照《公司法》等相关法律、监管机构相关规定和中国互联网金融协会等行业协会相关制度等制定了完备的制度体系，但制度设计存在违法、违反内控要求、制度制定机构越权、影响效率等不合理之处：比如作为拟上市股份有限公司的某金融科技企业规定，公司上市前风险管理人员应将其持有的公司的股权质押给公司以作为风险保证金，该规定与《公司法》相悖；某金融科技企业规定其发布的宣传软文必须经过集团公司行政部门审批，存在效率低下之不足；某金融科技企业的清分结算工作由企业自身的会计和出纳实施，则存在客户资金与自有资金管理未隔离之不足，违反内部控制要求；某金融科技企业的风险管理制度由管理层制定，则违反基本制度应由董事会制定的规定，管理层越权行使董事会职权。制度未得到执行即金融科技企业已经制定的制度并未得到执行。如已制定了三会一层议事规则但未按相关规则实施决策；已制定了风险管理相关制度但未按制度开展业务；已按中国人民银行要求制定了反洗钱管理制度但未按制度开展反洗钱工作等。此外，制度未得到执行还包括未按照制度规定的时间要求开展业务工作。对于制度未得到执行这一风险事项，也可将其归入"合规风险"事项，本书将其划入操作风险事项。制度未得到一贯执行即金融科技企业已经制定的制度有时得到执行，有时未得到执行。对于依靠信息科技系统执行的制度，由于信息科技系统具有一贯性，往往要么得到一贯执行，要么未得到执行。但对于由人员实施的制度规定，则可能存在有时得到执行，有时未得到执行的情况。制度之间存在冲突即金融科技企业制定的制度之间存在不一致的规定。企业的相关制度往往由具体部门负责起草，各起草部门从其对业务的理解出发拟定制度，各相关制度单独看均不存在问题，但若将其放在一起时往往会出现不一致的情况。在制度制定过程中，若无统一机构进行把关，很容易出现制度间存在冲突的问题。制度流程间冲突即企业制定的制度和实施制度的相关流程之间存在冲突。这种现象的发生既有可能是制度本身规定不尽合理，也有可能是拟定流程的部门或人员有意逃避制度约束，当然也存在无意为之的可能。

流程类风险事项指因金融科技企业流程方面存在问题产生的风险事项，与制度类风险事项类似，流程类风险事项具体包括流程供给不足、流程设计不合理、流程未得到执行、流程未得到一贯执行、流程间存在冲突等。流程供给不足指企业已经制定了制度或已有业务事项，缺乏流程予以支撑的情况。相关制度在通过董事会或总经理办公会后正式生效，此时需要制度涉及的相关部门及时拟定流程予以落实，若无独立机构监督，容易出现缺乏流程支持的情况。同时，实务中也可能出现发生了相关业务同时缺乏制度规定问题，即前面提及的制度供给不足。此时，往往需要相关部门拟定流程先行处理，然后再择机制定制度。流程设计不合理指流程设计违反制度规定、违反内控要求、流程制定机构越权、影响效率等不合理之处。其中流程违反制度规定即前面提及的制度流程冲突问题；流程违反内控要求则可能是制度未做出相关规定或者制度默认了内控基本要求，但流程制定者未予以重视，也有可能故意为之，无论如何，这种情况的危害很大；流程制定机构越权主要是涉及跨部门的流程往往需要副总经理以上确认而未经其确认，部门内部流程需要分管副总经理确认而未经其确认等情形；影响效率则通常是流程规定的具体操作步骤时间过短或过长等问题。流程未得到执行即相关部门和相关岗位，未按照流程规定的步骤和时效开展业务，这种情况也可划入"合规风险"范畴，在此，本书将其归入操作风险事项范畴。流程未得到一贯执行、流程间存在冲突与制度未得到一贯执行、制度间存在冲突类似，不再赘述。

（二）按人工参与度

按制度流程执行中人工参与的程度不同，可将制度流程风险事项划分为自动型风险事项、人工型风险事项和混合型风险事项。自动型风险事项即由金融科技企业信息科技系统自动完成且无须人工干预的制度和流程相关的风险事项。比如互联网支付机构交易数据入库、清分结算、不平账初判等，通常均可由信息科技系统自动完成，无须人工干预。人工型风险事项即完全由金融科技企业的人员执行且无信息科技系统参与的制度和流程相关的风险事项。混合型风险事项即由金融科技企业信息科技系统和人员共同实施的制度和流程相关的风险事项。

对于自动型风险事项，其应主要依靠技术部门和业务部门通力配合进行充分测试，其风险控制的阶段更偏重于 α 测试和 β 测试阶段，正式运行阶段更多的是关注和跟踪；同时，鉴于信息科技系统的一贯性，自动型风险事项一旦发生，往往损失较大。对于人工型风险事项，除了依赖于制度和流程的设计科学性外，更应加强后续审计，并采取强化培训的措施，控制风险。对于混合型风险事项，则兼具自动型和人工型的特点，不再赘述。

（三）按时间要求

制度和流程对执行时间和启动时点的要求不同，制度流程风险事项可划分为强时间型风险事项、弱时间型风险事项和无时间型风险事项。强时间型风险事项即具有硬性时间要求的制度和流程相关的风险事项，一旦不按时间要求实施，则必然产生不利影响。比如某企业制度规定，股东（大）会召开之前，董事会应当提前 15 日通知所有股东，向其提交议案材料。这一规定也是强时间型，若董事会违反时间约束，则股东可以股东（大）会召集程序违反法律规定为由，撤销股东（大）会决议，进而产生不利影响。弱时间型风险事项即具有柔性时间要求的制度和流程相关的风险事项，即使未按时间要求实施，并不必然发生不利影响。比如企业规定，合同承办部门领取合同编号后未签订合同的，应当在领取之日起 15 日内向法律事务部门申请撤销该合同编号。15 日这一时间要求便是柔性时间要求，因为即使合同承办部门未在 15 日内申请撤销，也不必然导致不利影响。当然，若在后续审计过程中被内外部审计单位发现，则表明企业的内部控制执行存在瑕疵，不利影响相对而言极小。无时间型风险事项即不具有时间要求的制度和流程相关的风险事项。由于制度多从原则、分工、要求和标准方面进行规定，无时间型风险事项相对较多，而流程涉及具体操作，操作大多需明确具体时间，因此无时间型风险事项相对较少。

对于强时间型风险事项，由于一旦发生必然带来不利影响，因此金融科技企业务必全面识别、高度关注并尽量借助于信息科技系统实施；对于弱时间型风险事项，金融科技企业也需尽量识别并予以关注；对于无时间型风险事项，则应将工作重点放在识别之上。

（四）按资金相关

以制度和流程约束的事宜是否涉及资金为标准，可将制度流程风险事项划分为资金型风险事项和非资金型风险事项。资金型风险事项即操作、管理资金的制度和流程相关的风险事项。例如互联网支付机构的交易数据入库流程、商户资金划转流程等均涉及操作和管理资金，与这些流程相关的风险事项，即资金型风险事项。非资金型风险事项即不操作或管理资金的制度和流程相关的风险事项。例如互联网支付机构的商户拓展流程、客户身份信息保存流程等均不操作和管理资金，与这些流程相关的风险事项，即非资金型风险事项。又如互联网支付机构的商户检查办法等制度通常均不操作和管理资金，与这些制度相关的风险事项，为非资金型风险事项。

资金型风险事项操作和管理资金，其一旦发生往往容易造成资金损失，同时损失往往容易评估；非资金型风险事项则恰好相反。对资金型风险事项，金融科技企业应当全面识别，密切关注，尽量自动化相关操作；对于非资金型风险事项，则可根据资源情况安排自动化相关操作。

（五）按参与者

按制度和流程实施是否需要外部人员或单位的参与，制度流程可划分为内部型风险事项和外部型风险事项。内部型风险事项指仅在企业内部（股东、董事、监事、高管和普通员工均为内部人员）实施的制度和流程相关的风险事项。比如互联网支付机构的清算报表生成流程等流程，均仅在企业内部实施，这些流程相关的风险事项即内部型风险事项。又如互联网支付机构的收入确认制度等，均仅在企业内部实施，这些制度相关的风险事项也是内部型风险事项。外部型风险事项指由外部人员和单位参与的制度和流程相关的风险事项。比如互联网支付机构的清结算流程等流程，需要商户等外部人员和单位参与，这些流程相关的风险事项即外部型风险事项。又如互联网支付机构的商户管理制度等，需要商户等配合实施，这些制度相关的风险事项也是外部型风险事项。

内部风险事项的风险控制措施通常仅需内部人员参与、配合即可实施，外部风险事项的风险控制措施则通常需要外部人员和单位共同配合有效实施；内部风险事项发生可能向外部（如合作伙伴）传导，而外部风险事项发生向外部传导的可能性极大；内部风险事项的发生相对不容易诱发声誉风险，外部风险事项的发生更容易诱发声誉风险。

二、内部人员

如前所述，内部人员包括自然人股东、董事、监事、高级管理人员和普通员工。根据其角色不同，内部人员可划分治理层人员、执行层人员。根据其意识状态，可划分为故意行为和过失行为。根据其行为状态，可划分为作为和不作为。

（一）依角色

根据内部人员在企业运转过程中的地位和角色，内部人员风险事项可划分为治理层人员风险事项和执行层人员风险事项。由股东、股东（大）会、董事、董事会、监事、监事会等履职过程蕴含的风险事项为治理层人员风险事项。

治理层人员风险事项通常表现为治理结构失当、治理层错位、治理层缺位、治理层能力欠缺等几种情况。总体而言，金融科技企业存续时间较短，在公司治理方面监管机构尚未给予强制性要求，甚至尚未进行要求，导致金融科技企业的治理结构失当，通常表现为部分金融科技企业股东（大）会、董事会和监事会职责划分不明确、行使职权流于形式，部分金融科技企业未就风险管理方面设置年度经营目标，尚未在董事会设置风险管理委员会、审计委员会等专门委员会开展风险管理工作等，监事会尚未对高级管理人员和董事履行职责情况进行监督，尤其是风险管理方面的履职情况进行监督。治理层错位主要表现为股东（大）会、董事会和监事会履行职责错位，董事会履行股东（大）会职责，股东履行监事会职责，甚至监事行使董事职责的现象时有发生。治理层缺位则为另一个极端，即股东（大）会、董事会和监事会的部分甚至大部分职责由管理层行使，这样治理层在风险管理中的监督作用几近丧失，比如前面提及的风险管理制度由总经理制定，内部审计部门对总经理负责等。治理层能力欠缺指治理层人员不具备金融科技企业的治理能力，对金融科技的行业发展规律缺乏足够认识和了解。金融科技为新型行业，既需要具有专业能力的高级管理人员，也需要深谙行业发展规律的治理层人员。在创业类金融科技企业，其治理层人员大多比较熟悉金融科技行业的发展规律，但部分金融科技企业和传统行业背景的集团企业，其治理层人员往往很难熟悉金融科技行业的发展规律，进而容易发生治理层人员能力欠缺问题。治理层人员能力欠缺往往发生治理层不作为或者治理层乱作为，最终影响金融科技企业的健康发展。

执行层人员风险事项主要表现为产品设计人才缺乏、市场推广人才匮乏、风险管理人员奇缺、金融意识不强等几种情况。金融科技特别强调用户体验，良好的用户体验很大程度上取决于产品设计人员的水平，传统金融机构的产品设计更偏重于交易结构和交易流程等方面的设计，对用户体验的关注度不高，互联网从业人员对用户体验相当了解，但对金融缺乏足够专业水准，这就造成了既懂互联网又懂金融的产品设计人才缺乏。随着金融科技的蓬勃发展，网络推广成本急剧攀升，在互联网端推广成本飙升的情况下，如何进行有效推广，成为金融科技企业的一大难题，也突出了市场推广人才匮乏问题。就风险管理人员而言，传统金融机构的重量型风险管理技术和措施往往很难适应金融科技的要求，传统金融机构的风控人员转战金融科技未必适合，造成金融科技人才奇缺。比如某互联网支付机构从银行零售业务条线招聘风控总监，其实互联网支付机构的主要风险是操作风险，而非信用风险。金融意识不强，缺乏对风险的足够敬畏，往往表现在互联网企业涉足金融的金融科技企业或者是缺乏金融人才的创业型金融科技企业。

（二）依意识状态

按内部从业人员的主观心理状态，内部人员风险事项可划分为故意行为和过失行为。

故意行为即内部人员在主观故意的心理状态下实施带来不利影响行为的一类风险事项。故意行为表现为内部欺诈、违规操作等情况。对互联网支付机构、互联网征信机构、互联网保险机构而言，内部欺诈以及内部人员与外部人员共同欺诈，通常均归为操作风险事项。比如某互联网支付机构内部人员冒用客户身份信息和银行卡信息，盗用客户资金的行为，即内部欺诈；某互联网支付机构内部人员与商户合谋伪造交易数据的行为，可归为操作风险事项。违规操作则通常表现为内部人员未按照金融科技企业的操作规范实施业务操作，即前面所述制度流程未得到执行的情况。

过失行为即内部人员在主观过失的心理状态下实施带来不利影响行为的一类风险事项。过失行为往往由内部人员缺乏培训所致。比如互联网支付机构系统切换后，清结算人员按旧系统操作习惯实施清分结算，而新系统对业务规则进行了调整，便可能发生清结算人员过失行为（比如商户编码由12位升至14位后，不足14位的头部补0，清结算人员操作为尾部补0）。

另外，依据内部员工的行为状态，可划分为作为和不作为。作为即内部人员积极实施给企业带来不利影响的行为，不作为则是内部人员应当实施业务操作而不实施业务操作。作为内部人员风险事项如前面所述的内部欺诈行为，不作为内部人员风险事项如互联网支付机构的数据库维护人员未按规定及时清理数据库空间，导致交易数据入库失败。

三、信息科技系统

信息科技系统包括软硬件系统，通常情况下，软件系统包括相关文档及数据。鉴于数据的重要性，在此，本书将数据独立出来，将信息科技系统划分为数据、非数据软件系统，硬件系统。与数据相关的风险事项，称为"数据型风险事项"；与非数据软件系统相关的风险事项，称为"软件型风险事项"；与硬件系统相关的风险事项，称为"硬件型风险事项"；与三者中两者相关或与三者均相关的风险事项，称为"混合型风险事项"。

（一）数据型风险事项

数据型风险事项具体包括唯一性风险事项、一致性风险事项、保密性风险事项、完整性风险事项、安全性风险事项和抵赖性风险事项。唯一性风险事项指具有唯一性要求的数据重复存入同一数据库同一张表的一类风险事项。比如互联网支付平台按"交易记录"逐条校验汇总，并根据校验汇总结果向商户结算资金，则交易记录应当具有唯一性，即一笔交易仅能在交易表（transaction table）中出现一次，否则会发生重复清算，发生唯一性风险事项。一致性风险事项指破坏数据之间的钩稽关系的一类风险事项，钩稽关系包括同一数据指标的同一版本的多个副本的指标值应当相同等情况。比如互联网支付机构业务处理系统记录的客户备付金余额应当等于备付金银行记录的备付金余额。保密性风险事项指诱发敏感信息被泄露的一类风险事项。敏感信息包括客户身份信息、交易信息、金融科技企业相关保密信息等。客户身份信息包括自然人（如投资人、融资人）的身份证号码、电话号码、银行账号、平台密码、姓名和家庭住址等信息以及记载这些信息的资料，法人和其他组织（如融资人、商户）的银行账号、平台密码、联系电话、机构名称、住所等信息以及记载这些信息的资料。交易信息通常包括交易时间、交易地点、交易金额、交易类型、交易前金额、交易后金额等信息。保密信息则包括商户、融资人、担保人等名单，信息科技系统的拓扑图、配置文件、配置参数等信息以及加密设备相关信息。完整性风险事项指诱发重要数据被篡改的一类风险事项。重要数据包括前述敏感信息和交易数据。客户平台密码被篡改，轻则使得客户登录失败，重则客户资金受到损失；交易数据被篡改包括交易金额、交易类型等被篡改，交易数据一旦被篡改轻则清结算出现差错，导致不平账和单边账等问题，重则发生资金损失。重要数据被篡改既可能是外部人员所为，也可能来自内部人员；既可能是有意所为，也可能是无意所为；既可能是人工所为，也可能是系统所为。安全性风险事项指诱发数据丢失的一类风险事项。数据发生丢失，往往源于存储设备故障，也可能由于软件系统故障，极端情况下甚至有可能是人为因素所致（如某互联网企业业务系统瘫痪，用户无法登陆，源于内部人员人为清除用户数据导致用户数据丢失所致）。数据丢失包括永久性丢失和临时性丢失两种情况，永久性丢失通常源于缺乏数据备份机制或者备份数据被破坏等原因。抵赖性风险事项指业务数据产生后相关方予以抵赖的一类风险事项。金融科技企业在互联网环境下开展业务，常常面临各种安全威胁。不法分子冒充客户（投资人、融资人、商户等）与金融科技企业进行交易，便是一种常见的安全威胁。若冒充成功，则会发生被冒充者否认其交易的现象。银行、证券等传统金融机构，往往采用电子签名等方式防止假冒，实现抗抵赖性，金融科技企业则可能出于用户体验或成本效益考虑，尚未采取相应技术手段。这样，业务数据可能产生被客户否认的不利影响。

（二）软件型风险事项

1. 按生命周期

按软件生命周期划分，软件型风险事项可划分为需求类风险事项、设计类风险事项、代码类风险事项、测试类风险事项、切换类风险事项、试运行类风险事项、文档类风险事项、维护类风险事项和项目管理类风险事项等风险事项。

需求类风险事项指软件因需求不准确、不完善、不合理、错误等问题导致软件上线运行后产生不利影响的一类风险事项。软件项目启动后，系统分析师借助于专门工具（如 UML），在具体业务部门的共同参与下，将现有系统（含物理系统）转换为逻辑系统，进而提取出软件需求。在逻辑系统构建过程中，往往由于系统分析师、业务部门等方面的问题，导致逻辑系统与物理系统之间存在差异，出现软件需求不准确、不完善、不合理甚至错误等问题。

设计类风险事项指软件设计存在缺陷导致软件上线后发生不利影响的一类风险事项。软件项目在系统分析师完成需求分析之后，由软件设计师进行具体软件设计，在软件设计过程中，由于软件设计师、系统分析师、数据库设计师和业务人员等方面的问题，可能会产生软件需求遗漏、性能指标未分解、性能指标超标、设计不合理、设计错误等问题。软件需求遗漏即部分软件需求在软件设计阶段被遗漏，待软件上线后发现缺乏相应功能或用例（use case）。在需求分析阶段，系统分析师往往尽量多地提取软件需求，但在软件设计阶段，软件设计师往往有意无意遗漏一些软件需求，在软件外包情况下，发生的可能性更大。在需求分析阶段，往往从总体上提出性能指标，需要设计阶段对性能指标进行分解，软件设计师和数据库设计师往往容易忽略性能指标的分解。另一种情况是软件设计阶段对性能进行了分解，但分解后发现性能指标超标。比如某互联网支付机构与某地铁公司合作，实现移动支付在地铁闸机应用，地铁公司要求支付时间不能超过 350 毫秒。350 毫秒即性能指标，在设计阶段可能出现未对其进行进一步分解的情况，也可能出现进行分解后需要 450 毫秒才能完成支付的情况。设计不合理包括架构不合理、性能分配不合理等诸多情况，难以列举。设计错误即软件设计覆盖了相关软件需求，但未能正确实现其功能或者设计本身存在逻辑错误等。比如某互联网支付机构的软件需求提及"所有交易数据均须进行唯一性校验"，软件设计师确实进行了唯一性校验设计，但以商户号+用户账户作为唯一性依据，则为功能错误，若在入库后才进行唯一性校验则为逻辑错误。

代码类风险事项指软件代码存在缺陷（广义软件缺陷）导致软件上线后产生不利影响的一类风险事项。软件系统体现为一行行软件代码，由程序员逐行编写（部分代码可由软件自动生成、部分代码可外购开发包）。不管是程序员编写的代码还是软件自动生成的软件代码，均可能存在缺陷。为降低软件存在的缺陷，开发过程中通常需进行多种、多轮测试。在计算机科学领域，软件正确性证明一直以来都是一个世界级难题，迄今无人解决，甚至软件的正确性能不能从数学上证明，也无人解决。按软件测试理论，软件测试仅能尽量发现软件缺陷，不能证明软件不存在缺陷。可见，软件缺陷的发生具有必然性。

测试类风险事项指软件测试因方案的设计、实施和反馈等方面的问题导致软件上线后发生不利影响或者测试过程控制不当产生不利影响的一类风险事项。如前所述，软件测试的目的在于尽可能多地发现软件缺陷，因此软件测试方案的设计相当重要。软件测试方案设计方面的原因包括测试方案遗漏软件功能需求（如 use case）、遗漏性能需求、测试用例过少、测试用例未涵盖极端情况、测试人员不足、测试投入不足等多种因素。测试方案实施方面，主要表现为未按测试方案全面、如实实施，测试不充分甚至流于形式。反馈方面主要表现为测试结果记录不充分、问题未进行回馈等。测试过程控制不当最典型的两种表现为敏感数据测试和生产环境下测试。在测试过程中，往往面临基础数据不足等问题，迫于无奈，企业可能会将生产环境中的部分数据用于测试，若生产环境数据未经脱敏处理用于测试，便会发生敏感数据测试问题，容易导致敏感数据泄露（曾有互联网企业泄露了用户信用卡卡号等信息，对外声称测试人员将生产数据用于测试引起泄露）。同样，在测试实施过程中，可能由于测试设备不足或者测试组织者疏忽等，在生产环境下进行 α 测试，当然也可能合作方缺乏测试环境，迫于无奈，只能在生产环境中进行 α 测试，这样产生生产环境测试问题。生产环境下进行 α 测试，一来容易影响生产系统的正常运行，二来可能破坏生产环境的数据。

切换类风险事项指软件系统由测试环境切换到生产环境过程中可能产生不利影响的一类风险事项。大致包括切换策略选择不当、测试数据残留、数据不一致、相关方通告不当、切换时间选择不当、切换预案缺失等情况。切换策略选择不当即切换策略选择不适合金融科技企业业务特性，以致发生不利影响。信息科技系统的切换有直接切换、平行切换和分批分期切换三种策略。直接切换为切换开始全部停止旧信息科技系统运行，切换后启动新系统运行。平行切换为新旧信息科技系统平行运行，待新系统比较稳定后再停止旧系统运行。分批分期切换为分阶段分批停止部分旧系统运行，同时分阶段分批启动新系统运行。比如互联网支付机构，其清分结算系统相对复杂且涉及面较广，可能采用交易系统和清算系统分别切换更为适宜，若采用直接切换则发生不平账和单边账时，定位错误工作量较大且容易引起用户和商户纠纷。测试数据残留即新旧信息科技系统切换后，测试期间的数据未被彻底清除的现象。测试数据残留，轻则影响企业形象，重则被监管机构处罚。比如某互联网支付机构的业务处理系统上线前，为进行压力测试，虚设了数以万计的商户，系统切换后测试数据残留，在监管部门执法检查时，无法提供虚设商户的实名制信息，致使监管机构怀疑其未落实商户实名制，可能面临行政处罚。数据不一致即新旧系统切换后，新旧系统的数据出现不一致的现象。系统切换往往伴随着数据迁移，若数据迁移方案存在不足或实施存在偏差，则很容易导致数据不一致。比如互联网支付机构在进行清算系统切换时，为加快切换速度关闭了交易数据入库校验（唯一性、完整性等校验），而清算人员对交易数据进行了二次入库，则会发生数据不一致问题，此时，很容易发生重复清算。相关方通告不当即新旧系统切换前，未提前通知相关方甚至未通知相关方的现象。金融科技企业的信息科技系统往往涉及诸多相关方（商户、C端用户、融资人和投资人），系统切换未提前通知甚至遗漏通知相关方，轻则影响合作关系，重则造成资金损失。比如某金融科技企业与地铁公司合作开展移动支付闸机应用，系统切换时调整了服务器IP地址但未通知地铁公司，系统切换后地铁公司全线闸机无法受理支付交易，诱发操作风险。切换时间选择不当即新旧系统切换的时间安排不符合用户使用时间习惯的现象，最典型的便是在用户访问高峰期进行系统切换。正常情况下，金融科技企业均能妥善选择切换时间。切换预案缺失指未就切换失败制定应急预案或者应急预案不全面、不可行的问题。通常情况下，金融科技企业均会制定切换应急预案，但应急预案的全面性和可行性则取决于管理人员的要求。

试运行类风险事项指软件系统在试运行过程中可能产生不利影响的一类风险事项。大致包括数据保护不足、开发商离场过早、跟踪监测不全、问题整改不到位等情况。数据保护不足即信息科技系统试运行过程中，开发商等外部供应商接触敏感数据且未予保护的现象。在信息科技系统外包开发的情况下，即使采取专门措施，也往往很难避免开发商接触敏感数据，尤其是新系统发生运行故障时更是如此。开发商离场过早即信息科技系统试运行一段时间后，往往获得大部分支付款项，开发商可能撤离大部分技术人员，若撤离后发生新系统运行发生故障，则可能很难得以及时解决。跟踪监测不全即信息科技系统试运行后，金融科技企业未予以全面全天候监控，部分已暴露问题未被及时发现，导致系统"带病"进入正式运行。问题整改不到位即信息科技系统试运行期间暴露出的问题，未得以全面有效改进，系统正式运行后问题频发。

文档类风险事项指诱发软件系统相关文档出现不齐备、不一致和被泄露的一类风险事项。信息科技系统的相关文档大致包括"可行性研究报告""总体技术方案""需求分析说明书""概要设计说明书""详细设计说明书""数据库设计说明书""测试方案""测试报告""试运行方案"和"试运行报告"等文档。实务中，往往出现文档不齐备、不一致的现象，尤其是文档与程序代码不一致，发生的可能性最大。

维护类风险事项指软件系统在正式上线后，运行维护过程蕴含的诱发不利影响的一类风险事项。软件系统的维护包括完善性维护、适应性维护、纠错性维护和预防性维护四个类型。就金融科技企业而言，完善性维护和纠错性维护更为常见。为提升用户体验、配合宣传推广，金融科技企业往往需要比较频繁地进行完善性维护；由于金融科技行业发展迅猛，软件系统迭代较快，生产系统未被发现的错误较多，因此纠错性维护工作量也相对较大。完善性维护和纠错性维护频繁，加之软件系统运行往往涉及多个相关方，由维护产生的操作风险往往较大。比如某互联网支付机构进行增加出入金通道的完善性维护，若完善性维护结束后测试不充分（往往很难做到充分），则很可能波及其合作商户。对于软件系统的维护，本书建议，将维护划分为前台页面维护和后台系统维护，前台页面通常涉及用户体验但不涉及资金，因此可考虑相对"民主"和宽松的上线步骤，后台系统往往涉及资金但不涉及用户体验，需要设计"官僚"和严格的上线步骤。

项目管理类风险事项指信息科技系统的相关项目实施过程中诱发项目失败的一类风险事项。这类风险事项通常不波及金融科技企业的合作机构，不再赘述。

2. 按影响方面

按影响发生在功能方面还是性能方面，软件型风险事项可划分为功能类风险事项、性能类风险事项。功能类风险事项指诱发软件系统无法正常发挥功能的一类风险事项。这类风险事项一旦发生，往往损失较大。比如互联网支付机构的入金功能异常导致用户无法充值、清结算系统功能异常导致商户无法按时获得款项。性能类风险事项指软件系统功能正常，但无法按预定性能指标发挥功能的一类风险事项。这类风险事项的发生，往往影响用户的体验，损失不易估计。比如互联网支付机构的充值响应时间过长，导致合作商户交易变慢。

（三）硬件型风险事项

硬件型风险事项指诱发硬件系统功能异常或性能异常的一类风险事项。功能性异常即硬件系统无法按预定功能发挥作用，如存储设备物理损坏、电源损坏等。性能异常即硬件系统无法按预定性能指标发挥作用，如存储速度变慢、电源电压不稳等。硬件型风险事项往往需要金融科技企业加强设备巡检、定期设备保养等予以解决，同时采取购置备用设备、购买设备服务等措施予以应对。总体而言，硬件型风险事项发生的概率较小，但发生的影响往往较大。

对于数据、软件和硬件混合产生的风险事项，可参照前述分析，不再赘述。信息科技系统的各类风险事项之间也往往会相互传导，比如硬件型风险事项的发生，可能导致数据丢失，从而诱发安全性数据风险事项；需求类风险事项的发生，可能产生完善性维护需求，进而诱发完善性风险事项的发生；测试类风险事项的发生，可能产生纠错性维护需求，进而导致纠错性风险事项的发生。可见，风险不但可以在不同种类之间传导，还可以在同种风险内部传导，尤其是操作风险涵盖面广，内部传导的可能性更大，情况更复杂。

总体而言，信息科技系统诱发操作风险的概率，服从浴盆曲线分布，即系统的失效率呈浴盆状，系统上线后失效率呈下降趋势，然后趋于平稳，之后失效率呈上升趋势。

四、外部事件

作为操作风险四大类型之一的外部事件，指企业外部的人的行为或自然事实的发生给企业实现经营目标带来不利影响的一类事项。按是否为人的有意识行为，可将其划分为行为类和事实类两类风险事项。按发生起源，可将其划分为原发性外部事件和次生性外部事件。

（一）按是否为人的有意识行为

1. 行为类外部事件

行为类风险事项即由外部人的有意识的行为产生的一类风险事项，若外部人在无意识状态下的行为给企业带来不利影响的，应将其视为事实。人的有意识行为按其主观心理状态，可划分为故意和过失两种行为。

故意性行为，对于金融科技企业而言，典型的故意行为即网络攻击、欺诈等。网络攻击发生的概率较大，尤其是金融科技企业的影响力越大，其被攻击的可能性越大。对于欺诈，如前所述，对于互联网消费金融机构、互联网小额贷款机构而言，若融资人和担保人欺诈,将其归入信用风险事项范畴;若非融资人和担保人欺诈,仍将其视为行为类外部事件。对于互联网支付机构、互联网征信机构的欺诈,通常将其归为行为类外部事件。比如某不法分子盗取第三人的账号和密码,向某互联网支付机构的账户充值,划转到其他支付账户后提现,这一欺诈行为为故意性的行为类外部事件。某不法机构伪造冒充合作机构向互联网征信机构查询借款人相关信息,也是一种故意性的行为类外部事件。

过失性行为,即人的有意识的过失行为导致的外部事件。对于金融科技企业而言,这类外部事件发生的概率较小,但也不能排除。比如曾经发生的某地光纤被无意挖断,导致部分金融科技企业的业务中断事件,便是过失性行为类外部事件。又如某金融科技企业机房供电发生故障,电力维修人员为排除故障,直接关闭电源总闸,导致生产服务器宕机,也为过失性行为类外部事件。

2. 事实类外部事件

事实类外部事件即人的无意识行为、自然事件等产生不利影响的一类风险事项。比如互联网支付机构在合作商户(如酒吧)处的受理终端,被醉酒的客户破坏,以致商户无法受理支付,醉酒客户的行为通常可确认为人的无意识行为。自然事件包括自然灾害(如台风、地震、洪水、冰雹)、政府行为(如征收、征用)和社会异常事件(如罢工、骚乱等)等不可抗力事件和时间经过两个方面。比如互联网支付机构的合作商户设定每天23:30与互联网支付机构进行自动批量对账,仅当23:30经过时,自动批量对账才可能发生,若因某种原因23:30经过后,未启动自动批量对账或发生大量商户同时启动自动批量对账,则可能发生不利影响,此时,时间的经过便是诱因之一,乃一种事实类外部事件。

(二)按发生起源

按外部事件的发生起源不同,外部事件可分为原发性外部事件和次生性外部事件。

1. 原发性外部事件

原发性外部事件即事件发生源直接诱发的外部事件。比如某互联网支付机构的账户系统被外部不法分子篡改、某互联网征信机构的数据库被外部不法分子泄露等。

2. 次生性外部事件

次生性外部事件即事件发生源通过中间实体诱发的外部事件。比如某些不法分子通过在第三方网站嵌入不良代码收集互联网支付机构用户的敏感信息等。

总体而言,次生性外部事件更隐蔽,其危害性更大。

第三节　影响

一、制度流程

(一)按制定机构

1. 制度类风险事项

如前所述,制度类风险事项具体包括制度供给不足、制度设计不合理、制度未得到执行、制度未得到一贯执行、制度间存在冲突、制度与流程存在冲突等风险事项，在此，本书对其影响做简要定性分析。

（1）制度供给不足

制度供给不足的不利影响最大。首先，通常表明该金融科技企业的内部控制存在重大缺陷，其业务操作往往很难具有一贯性。其次，表明该金融科技企业的治理层和管理层重视程度不足，主观意识不强。再次，表明该金融科技在管理方面还处于规章制度有待健全阶段，待规范事项较多。最后，对外管理制度（比如互联网支付机构的商户、用户实名制管理制度等）供给不足，行业的不利影响最大。

（2）制度设计不合理

制度设计不合理的不利影响大。首先，金融科技企业就相关事项建立的制度，表明其治理层或者管理层具有相关规范意识。其次，其制度设计不合理表明其治理层或管理层的相关能力有待提高。再次，不合理的制度设计很难真正发挥作用，甚至可能发挥反作用。最后，对外管理制度设计不合理，对行业的不利影响大。

（3）制度未得到执行

制度未得到执行的不利影响大。首先，制度未得到执行表明金融科技企业的执行力不足，制度流于形式。其次，制度未得到执行表明金融科技企业的管理层重视程度不够。再次，制度未得到执行表明金融科技企业相关风险并未得到真正控制。最后，对外管理制度未得到执行，对行业的不利影响很大。比如商户实名制未得到执行、二次清算频繁发生、备付金管理制度未得到严格执行等导致互联网支付行业风险高发，不良商户卷款私逃。

（4）制度未得到一贯执行

制度未得到一贯执行的不利影响较大。首先，制度得到了执行，但一贯性不足，表明制度发挥了一定的作用。其次，制度未得到一贯执行表明金融科技企业的执行力有待进一步提升。再次，制度执行缺乏一贯性表明金融科技企业的内部控制存在较大缺陷，操作风险依然较大。最后，制度执行缺乏一贯性，对行业的不利影响较大。

（5）制度间存在冲突

制度间存在冲突的不利影响大。首先，制度间存在冲突表明金融科技企业的制度制定缺乏严格的规范。其次，制度间存在冲突会进一步传导到制度执行，以致制度规定无法执行。再次，制度间存在冲突表明金融科技企业的治理层和管理层重视程度不够或者能力欠缺，以至于由其审定的制度出现矛盾。最后，制度间存在冲突对行业的不利影响较大。比如互联网支付机构的商户管理制度与反洗钱管理制度冲突，放松对商户的反洗钱要求，短期内互联网支付机构可能获益，若行业内机构竞相效仿，将可能使得整个行业成为洗钱重灾区。

（6）制度与流程存在冲突

制度与流程存在冲突的不利影响大。首先，制度流程冲突表明治理层与管理层可能缺乏足够共识，治理层制定的制度脱离实际，管理层无法严格执行，只能在流程上变通予以落实。其次，制度流程冲突表明管理层可能凌驾于治理层，管理层对治理层制定的制度置若罔闻，凌驾于治理层之上，治理层监督的有效性缺失，企业的操作风险极大。最后，治理层和管理层的能力欠缺，制定制度时考虑不够周全，导致制度难以执行，只能在制定流程时予以变通。

2. 流程类风险事项

如前所述，流程类风险事项包括流程供给不足、流程设计不合理、流程未得到执行、流程未得到一贯执行、流程间存在冲突等类型。

（1）流程供给不足

流程供给不足的不利影响最大。第一，流程供给不足表明金融科技企业可能缺乏制度，其制度体系不健全。第二，流程供给不足表明金融科技企业可能存在制度未得到执行或者未得到一贯执行的情况。第三，流程供给不足表明金融科技企业管理层对按制度流程开展业务的认识不足、重视程度不够。第四，流程供给不足表明金融科技企业普通员工缺乏流程意识。第五，流程供给不足表明企业办理业务随意性很大，操作风险大。第六，流程供给不足对外不利影响最大。比如互联网支付机构与备付金银行之间的明细账户对账流程缺失，导致备付金出现缺口难以发现等。

（2）流程设计不合理

流程设计不合理的不利影响大。第一，流程不合理表明金融科技企业管理层重视程度不够，流程控制意识不强。第二，流程不合理表明金融科技企业的中层干部和其他普通员工能力比较欠缺。第三，流程不合理容易导致业务办理混乱，操作风险爆发的可能性很大。第四，不合理的流程很难控制操作风险，甚至放大操作风险。第五，不合理流程可能向外传导，波及合作伙伴。比如某互联网支付机构信息科技系统上线流程设计不合理（如技术接口参数调整未通知合作方），导致合作方信息科技系统无法正常运行。

（3）流程未得到执行

流程未得到执行的不利影响大。第一，流程未得到执行表明企业的管理层、中层干部和其他普通员工按流程开展业务的意识不足甚至缺失。第二，流程未得到执行表明企业的业务开展处于不可控状态。第三，流程未得到执行往往导致制度未得到执行。第四，流程未得到执行表明企业的内部控制存在较大缺陷。第五，流程未得到执行，对外不利影响较大。比如互联网支付机构的差异账处理流程未得到执行，可能导致合作商户取消合作。

（4）流程未得到一贯执行

流程未得到一贯执行的不利影响较大。第一，相关业务流程得到了执行，但执行缺乏一贯性，流程发挥了一定作用。第二，业务流程执行缺乏一贯性表明企业的内部控制依然存在不足，业务开展具有较大的随意性。第三，业务流程缺乏一贯性表明企业中层干部和其他普通员工的流程控制意识有待提升，操作风险依然较大。第四，流程未得到一贯执行，导致合作伙伴等无所适从，对外不利影响很大。

（5）流程间存在冲突

流程间存在冲突的不利影响大。第一，流程冲突表明企业的制度间可能存在冲突。第二，流程冲突表明中层干部和其他普通员工能力欠缺、流程意识不强，甚至部门之间存在推诿现象。第三，流程冲突往往直接影响业务开展，甚至向外部传导，诱发金融科技企业间的操作风险连锁反应。第四，流程冲突的对外不利影响较大，往往导致合作伙伴难以开展合作，影响企业的对外形象。比如某互联网支付机构的商户管理流程存在冲突（反洗钱部门要求准入时进行实名制核验，市场拓展部门要求商户正式上线时进行实名制核验），合作商户此时往往无所适从。

（二）按人工参与度

如前所述，按人工参与的程度，制定流程风险事项可分为自动型风险事项、人工型风险事项和混合型风险事项。

1. 自动型风险事项

自动型风险事项的不利影响通常较大。一是自动型风险事项所述操作由信息科技系统实施，往往涉及诸多用户，一旦发生涉及用户面往往很广。二是自动型风险事项由信息科技系统诱发，信息科技系统的一贯性使得业务操作"一错全错"，损失具有批量性。三是自动型风险事项往往波及合作机构。比如互联网支付机构发生重复清算。

2. 人工型风险事项

人工型风险事项的不利影响通常很大。一是人工型风险事项所涉操作由人员执行，主观因素大，比较难控制。二是人工型风险事项中所涉操作，若由操作人员有意所为，往往很难避免。三是部分人工型风险事项涉及的操作很难留下痕迹，较难发现。

由于混合型风险事项，兼有自动型风险事项和人工型风险事项的特征，不再赘述。

（三）按时间要求

如前所述，制度流程风险事项可划分为强时间型风险事项、弱时间型风险事项和无时间型风险事项。

1. 强时间型风险事项

强时间型风险事项的不利影响往往较大。一是强时间型风险事项具有强时间约束，相关各方具有确定时间要求，一旦发生，波及面往往比较广。二是由科技信息系统实施的具有强时间型的业务操作，一旦发生强时间型风险事项，往往涉及系列操作，影响范围较广。三是由人工实施的强时间型的业务操作，具有人工型风险事项的不利影响大的特征。

2. 弱时间型风险事项

弱时间型风险事项的不利影响相对较小。一是弱时间型风险事项的时间为软约束，并未给予相关方确定的时间预期，相关方可以做相对柔性安排。二是弱时间型风险事项所涉及的操作在约定时间内未实施，也可事后予以弥补。三是对外业务中，弱时间型风险事项所涉及的操作较少，向外传导较少。

3. 无时间型风险事项

无时间型风险事项的不利影响大小难以评估，需要金融科技企业逐一分析，不再赘述。

（四）按资金相关

如前所述，制度流程风险事项可划分为资金型风险事项和非资金型风险事项。

1. 资金型风险事项

资金型风险事项的不利影响往往较大。一是资金型风险事项所涉操作涉及资金，其发生往往造成资金损失。二是金融科技企业大多数业态均经营资金，资金型风险事项在金融科技企业比较常见，且所涉操作占比较大。三是资金型风险事项往往具有对外不利影响。

2. 非资金型风险事项

非资金型风险事项的不利影响较难定性，需要金融科技企业配备专门人员识别应对。同时，对于非资金型风险事项，通常也无须监管机构和行业协会介入。

（五）按参与者

如前所述，制度流程可划分为内部型风险事项和外部型风险事项。

1. 内部型风险事项

内部型风险事项对外的不利影响通常较小，也可能较大，但对内的不利影响则难以定性分析。一是内部型风险事项所涉制度流程由内部人员实施，其结果往往内部化，对外的不利影响通常较小。二是内部型风险事项所涉制度流程无须外部人员参与，对外的不利影响相对容易控制。三是部分内部型风险事项所涉制度流程的实施结果可能外部化，其不利影响又往往巨大，比如互联网支付机构的清分结算流程由内部人员实施，但其结果通常涉及外部商户，清分结算发生大面积差异账时，影响通常是巨大的。四是部分内部型风险事项的对内不利影响较小，比如企业部门内部会议制度及相关流程。五是部分内部风险事项的对内不利影响可能很大。比如互联网支付机构的股东（大）会制度及会议流程。

2. 外部型风险事项

外部型风险事项的不利影响通常较大。一是外部型风险事项具有外部传导性。二是外部型风险的不利影响传播较广，诱发的声誉风险较大。比如互联网支付机构的入金渠道相关流程发生风险事项，往往很快便在互联网迅速传播。三是外部风险事项所涉制度和操作往往涉及公众，比如互联网支付机构的用户提现制度和流程所涉风险事项，容易产生群体性事件。

二、内部人员

（一）依角色

如前所述，根据内部人员在企业运转过程中的地位和角色，可将内部人员风险事项划分为治理层人员风险事项和执行层人员风险事项。

1. 治理层人员风险事项

治理层人员风险事项的不利影响大。一是治理层人员在金融科技企业中所应当发挥和实际发挥的作用往往很大。二是治理层人员风险事项的影响范围大，不仅影响管理层、中层干部和其他普通员工，还往往影响外部单位和外部企业，比如近期的万科股权之争。三是治理层人员风险事项往往直接影响金融科技企业的风险治理和管理水平，比如经营目标设定是否合理、是否包含相关风险管理指标、监督是否到位等。四是治理层风险事项的对外影响很大，比如治理层监督缺位或者目标设置不合理，可能导致管理层开展业务过于激进甚至违规经营（比如互联网支付机构开展二清业务），进而产生重大的对外不利影响。

2. 执行层人员风险事项

执行层人员风险事项的不利影响较大。一是执行层人员在金融科技企业中所处地位相对较低，其影响相对较小。二是治理层的决策通常均由执行层执行，其影响又往往较大。三是执行层人员执行的结果直接关系到企业的生存和发展。四是目前执行层人员风险事项相对比较普遍。五是执行层人员风险事项对外影响往往较大，尤其是产品、市场和风控人员。

（二）依意识状态

如前所述，内部人员风险事项可划分为故意行为和过失行为。

1. 故意行为

故意行为的不利影响大。一是故意行为乃内部人员在主观故意支配下所为，其主观恶性大。二是故意行为在主观故意支配下，往往具有较大的隐蔽性，其发现难度较大。三是故意行为往往以造成某种损失为目的，其发生损失的可能性很大。四是内外通谋的故意行为，很容易向外部传导，容易产生声誉风险。

2. 过失行为

过失行为的不利影响较大。一是过失行为乃内部人员在过失之心理状态下所为，其主观恶性较小。二是过失行为的内部员工并不追求损失发生，其隐蔽性较小。三是过失行为可能产生很大的不利影响，比如互联网支付机构的技术维护人员因过失未检查数据库表空间导致清算数据无法入库，直接导致合作商户无法按期收到货款。

三、信息科技系统

如前所述，信息科技系统相关的风险事项可划分为数据型风险事项、软件型风险事项和硬件型风险事项，在此逐一对其影响进行定性分析。

（一）数据型风险事项

如前所述，数据型风险事项具体包括唯一性风险事项、一致性风险事项、保密性风险事项、完整性风险事项、安全性风险事项和抵赖性风险事项。

1. 唯一性风险事项

唯一性风险事项的不利影响大。一是客户身份等数据的唯一性受到破坏，轻则用户无法正常登录，重则导致客户资金受到损失。二是银行账户等敏感数据的唯一性受到破坏，轻则影响客户使用资金的时效（如提现失败），重则威胁客户资金安全。三是交易数据等业务数据的唯一性受到破坏，轻则出现业务账和资金账不平、数据缺乏准确性（比如互联网征信机构的客户数据重复入库导致同一数据被重复计算），重则发生重复清算（比如互联网支付机构的交易数据二次入库导致重复清算、重复划款）。四是唯一性风险事项的发生往往具有对外的不利影响，有时涉及面很广，纠正的成本极高（比如互联网支付机构的重复清算）。

2. 一致性风险事项

一致性风险事项的不利影响大。一是与客户身份等数据的数据一致性受到破坏时，轻则影响客户操作（如客户手机号码与客户身份证号码不一致），重则导致客户受到损失（如客户银行账号与客户用户名不一致）。二是客户资金等数据不一致往往表明发生了风险事项（比如互联网支付机构的业务处理系统记录的客户备付金金额与备付金银行记录的金额不一致），由于涉及客户资金安全，其不利影响很大。三是业务数据出现不一致，往往具有外部传导性，并容易诱发纠纷。

3. 保密性风险事项

保密性风险事项的不利影响大。一是客户身份信息的保密性受到破坏往往给客户带来严重的不利影响，甚至严重的经济损失，尤其是客户身份证号码、银行账号和平台密码等。二是交易信息往往涉及商户、融资人、担保人和投资人等相关主体的商业秘密和个人隐私，其泄露容易侵犯其商业秘密和人身权利。三是商户、融资人、担保人和投资人等名单信息的保密性受到破坏，通常侵犯金融科技企业的商业秘密，损害其合法权益。四是信息科技系统的拓扑图、配置文件、配置参数等信息以及加密设备相关信息的保密性受到破坏，往往危及互联网支付机构、互联网小额贷款机构、互联网消费金融机构、互联网保险机构、互联网征信机构等相关机构的信息科技系统安全，影响极其严重。

4. 完整性风险事项

完整性风险事项的不利影响大。一是客户身份信息的完整性受到破坏往往给客户带来严重不利影响，导致客户操作异常，严重则造成客户资金损失，如银行账号和平台密码被篡改等。二是交易信息被篡改，轻则导致出现单边账或不平账，重则产生资金损失。比如互联网支付机构的客户交易记录的交易类型被篡改（由充值篡改为提现）会产生单边账，互联网支付机构客户交易记录的交易金额被篡改则可能产生资金损失。三是信息科技系统的拓扑图、配置文件、配置参数等信息以及加密设备相关信息被篡改，将严重影响金融科技企业信息科技系统维护工作，甚至危及信息科技系统安全，影响极其严重。

5. 安全性风险事项

安全性风险事项的不利影响大。一是客户身份信息的丢失会导致客户无法获得金融服务，比如客户登录名、手机号码等的丢失，将导致客户无法登录金融科技企业。二是交易数据丢失，轻则影响客户查询历史交易记录，重则导致客户资金损失。比如互联网支付机构的交易数据在入库清结算后发生丢失，通常影响客户查询历史交易记录，在入库前发生丢失，则导致商户无法获得结算资金。三是业务数据丢失，导致金融科技企业无法正常开展业务。比如互联网征信机构征信数据丢失，导致其无法对外提供征信数据查询服务。四是商户、融资人、担保人和投资人等账户信息丢失，诱发不平账，在处理不平账过程中容易诱发纠纷。五是信息科技系统的拓扑图、配置文件、配置参数等信息以及加密设备相关信息的丢失，则增加科技信息系统维护难度，提示维护成本。总体而言，安全性风险事项的不利影响向外传导性强。

6. 抵赖性风险事项

抵赖性风险事项的不利影响大。一是被假冒的交易涉及资金的，往往给客户造成资金损失。比如互联网支付机构的客户被假冒支付，可能导致客户资金损失，最终使得客户备付金出现缺口。二是被假冒的交易不直接涉及资金的，也可能给客户造成损失。三是抵赖性风险事项往往具有对外传导性，容易产生传播效应。

（二）软件型风险事项

1. 按生命周期

如前所述，按软件生命周期划分，软件型风险事项可划分为需求类风险事项、设计类风险事项、代码类风险事项、测试类风险事项、切换类风险事项、试运行类风险事项、文档类风险事项、维护类风险事项和项目管理类风险事项等风险事项。就金融科技企业而言，软件系统通常由外部开发商完成，因此需求类、设计类、代码类和项目管理类风险事项，主要依靠外部服务商应对，在此将其合并为开发类风险事项予以分析；将测试类风险事项、切换类风险事项和试运行风险事项合并为运行类风险事项予以分析；将文档类风险事项、维护类风险事项合并为运维类风险事项予以分析。

（1）开发类风险事项

开发类风险事项的不利影响较大。一是资金成本较高。不管是需求类、设计类还是代码类风险事项，其一旦发生，往往需要付出较大的资金成本予以纠正。二是时间成本较大。信息科技系统上线后发现需求存在问题，设计存在不足，代码存在缺陷，需要修订错误，往往需要消耗较长的时间。三是往往向外传导。开发类风险事项的发生，通常会向金融科技企业的客户传导。

（2）运行类风险事项

运行类风险事项的不利影响大。一是敏感数据用于测试容易诱发保密性风险事项，敏感数据泄露，损害公众利益。二是生产环境下进行测试，除了影响业务正常运行外，还可能导致数据泄露。三是切换策略选择不当，可能导致数据不一致、唯一性被破坏等风险，更严重者出现系统瘫痪。四是切换未通知相关方，风险直接向外传导。五是数据保护不足可能导致敏感数据泄露。

（3）运维类风险事项

运维类风险事项的不利影响大。一是文档不齐备、不一致，导致后续维护工作难度加大，尤其是在开发外包的情况下，系统正式上线后，开发商技术人员绝大部分甚至全部撤离，后续维护难度更大。维护难度加大后，维护的时间成本增加、维护的经济成本加大、影响合作方的业务正常开展。二是如前所述，完善性维护和纠错性维护频繁，加之软件系统运行往往涉及多个相关方，由维护产生的操作风险往往较大。

2. 按影响方面

如前所述，软件型风险事项可划分为功能类风险事项、性能类风险事项。

（1）功能类风险事项

功能类风险事项的不利影响大。一是涉及资金的功能类风险事项可能导致客户资金损失。二是不涉及客户资金的功能类风险事项，也可能导致损失。三是不涉及客户资金的功能类风险事项，可能影响用户体验，降低金融科技企业的竞争力。

（2）性能类风险事项

性能类风险事项的不利影响较难确定。一是对于前台功能而言，性能类风险事项的发生，通常影响客户体验，不会造成资金损失。二是对于后台功能，性能类风险事项的发生，轻则致使业务处理速度变慢，重则波及合作机构业务系统，甚至影响资金安全。比如互联网支付机构的系统性能下降，支付超时后向合作商户反馈支付失败，实际上支付成功，进而产生不平账。

（三）硬件型风险事项

硬件型风险事项的不利影响大。一是硬件型风险事项的影响范围广，既可能造成数据丢失，也可能导致信息科技系统运行异常；既可能是软件系统功能异常，也可能导致软件系统性能下降。二是硬件型风险事项损失往往较大。硬件型风险事项通常不会发生，一旦发生，往往需要较长的时间修复，时间成本和资金成本往往较大。三是硬件型风险事项的发生，往往会向外传导。

四、外部事件

如前所述，外部事件既可划分为行为类和事实类两类风险事项，也可划分为原发性外部事件和次生性外部事件。

（一）按意识行为

1. 行为类外部事件

（1）故意性行为

与内部人员的故意行为类似，故意性行为的不利影响大。一是故意行为主观恶性大。二是故意行为往往以造成某种损失为目的，其发生损失的可能性很大。三是故意性行为的外部事件本身就具有外部性，外部不利影响大。

（2）过失性行为

与内部人员的过失行为类似，过失性行为的不利影响较大。一是过失性行为主观恶性较小。二是过失性行为不追求损失发生，其隐蔽性较小。三是过失性行为可能产生很大的不利影响。

2. 事实类外部事件

事实类外部事件的不利影响大。一是事实类外部事件的影响面通常较广。二是事实类外部事件往往难以防备。三是事实类外部事件外部传播较快，容易产生声誉风险。

（二）按起源

如前所述，外部事件可分为原发性外部事件和次生性外部事件。

1. 原发性外部事件

原发性外部事件的不利影响较大。一是原发性外部事件造成的损失往往较大。二是原发性外部事件的针对性强。三是原发性外部事件的处置成本较高。

2. 次生性外部事件

次生性外部事件的不利影响大。一是次生性外部事件隐蔽性强。二是次生性外部事件处置成本高。三是次生性外部事件针对性极强。

思考题

1. 请分别从巴塞尔委员会、我国银保监会和本书角度论述操作风险的含义。
2. 请阐述操作风险具备哪些特征。
3. 概述制度类风险事项的含义。
4. 请阐述治理层人员风险事项的不利影响。
5. 根据内部人员在企业运转过程中的地位和角色，可将内部人员风险事项分为哪些？

第四章

合规风险

第一节　概念

一、定义

关于合规风险，巴塞尔委员会和银保监会均分别给予了定义。巴塞尔委员会认为，"合规风险是银行因未能遵循法律法规、监管要求、规则、自律性组织制定的有关准则以及适用于银行自身业务活动的行为准则，而可能遭受法律制裁或监管处罚、重大财务损失或声誉损失的风险。"银保监会认为，"合规风险商业银行因没有遵循法律、规则和准则可能遭受法律制裁、监管处罚、重大财务损失和声誉损失的风险。法律、规则和准则，是指适用于银行业经营活动的法律、行政法规、部门规章及其他规范性文件、经营规则、自律性组织的行业准则、行为守则和职业操守。"巴塞尔委员会和银保监会对合规风险的定义，在合规主体、损失类型和发生后果方面相同，在规则范围、概念内涵等方面存在差异：第一，在合规主体方面，巴塞尔委员会和银保监会均强调合规的主体是银行，并不涉及银行的客户以及银行的合作机构。比如互联网支付机构与银行合作开展备付金存管业务，从两者的定义看，合规主体仅为银行，而不含与之合作的互联网支付机构。第二，在损失类型方面，巴塞尔委员会和银保监会均认为合规风险可能发生法律制裁、监管处罚、重大财务损失和声誉损失四大类损失，类型完全相同。第三，发生后果方面，巴塞尔委员会和银保监会均认为合规风险发生的后果是产生损失，并不产生收益，即合规风险不存在收益和损失并存的情况。第四，在规则范围方面，巴塞尔委员会认为，"适用于银行自身业务活动的行为准则"也是规则范围，即银行未遵守自身制定的规则制度，也会发生合规风险。而银保监会将银行自身制定的规则制度排除在外。第五，巴塞尔委员会的合规风险内涵大于银保监会。银保监会排除了银行自身制定的规则制度，而银行自身制定的规则制度在银行日常运行中发挥着重要作用。显然，巴塞尔委员会的合规风险内涵更大。

参照巴塞尔委员会和银保监会对合规风险的定义，结合我国金融科技发展实际对合规风险做如下界定：

定义4-1 合规风险指金融科技企业未遵守法律、法规、规章、行业协会强制性自律规范和其他规范性文件可能遭受法律制裁或监管处罚、财务损失或声誉损失，给企业实现经营目标带来的不利影响。

在论及法律时，"法律"通常具有狭义和广义两层含义，狭义的法律仅指全国人民代表大会及其常务委员会制定的规范性文件；广义的法律除了狭义法律外，还包括国务院制定的行政法规、地方人民代表大会及其常务委员会制定的地方性法规、国务院组成部门及直属单位制定的部门规章、地方人民政府制定的政府规章以及前述机构和其他行政机关发布的其他规范性文件。

第一，在规则范围方面，本书将金融科技企业自身制定的制度流程排除在合规风险的规则范围之外，一是如前所述，对于企业未按照自身制定的制度流程开展业务，制度流程未得到执行或未得到一贯执行，属于操作风险范畴。二是与银保监会界定保持一致，减少误解，以便凝聚更多的共识。如无特别说明，后续讨论提及的规则统指"法律、法规、规章、行业协会强制性自律规范和其他规范性文件"。第二，在规则表述方面，本书参照了银保监会的界定，具体表述为法律、法规、规章等，主要在于银保监会的规则表述更符合我国的立法实际，更符合合规管理人员的思维习惯。第三，在损失类型上，本书沿用了巴塞尔委员会和银保监会的四大损失类型，主要在于金融科技企业发生合规风险时，四种类型的损失均有可能发生。第四，在损失方面，此处并不强调财务损失是否重大，只强调发生财务损失。原因在于：一是金融科技企业整体实力有限，即使一般财产损失也对其具有较大影响，其很难像传统金融科技机构（如：银行）承受上亿元的损失。二是重大损失缺乏明确标准，往往难以界定。三是部门规章规定的经济处罚不超过3万元，很难界定为重大，而部门规章又是监管机构自主管理金融科技企业的最高法律手段。第五，除了银保监会提及的行政法规外，本书将规则范围扩大到了地方性法规，主要考虑金融科技企业业态繁多，除国务院将来可能制定行政法规外，适格的地方人民代表大会及其常务委员会也可能出台地方性法规，故表述为"法规"。第六，除了银保监会提及的"部门规章"外，本书将规则范围扩大到政府规章，主要考虑现在部分金融科技业态由部门规章管理，比如互联网支付机构由中国人民银行发布的部门规章（《非金融机构支付服务管理办法》（中国人民银行令〔2010〕第2号））管理，部分金融科技业态可能会由政府规章管理（比如互联网小额贷款机构），故统一表述为"规章"。第七，关于行业自律规范，本书特意强调了强制性规定，主要考虑行业协会的自律规范通常有强制性规范和任意性规范，违反任意性规范不会导致法律制裁、监管处罚、重大财产损失或声誉风险。第八，本书保留了其他规范性文件，原因在于：一是中央部委层级的监管机构，除了部门规章外，其他规范性文件是其实施金融科技监管的常用手段，甚至比部门规章还频繁。比如就支付机构而言，除了一个部门规章外，中国人民银行先后发布了《非金融机构支付服务管理办法实施细则》《支付机构客户备付金存管办法》《支付机构预付卡业务管理办法》和《非银行支付机构网络支付业务管理办法》等多个其他规范性文件。二是地方层面，除政府规章外，其他规范性文件也是其实施金融科技监管的常用手段。比如省市金融办发布的互联网小额贷款机构相关的业务管理办法，便是其他规范性文件。

二、特征

（一）规则具有层次性

根据《中华人民共和国立法法》（以下简称《立法法》）等相关规定，我国的法律体系由位阶不同的各层次法律组成，具体包括宪法、法律、行政法规、地方性法规、部门规章、政府规章以及自治条例和单行条例等法律以及其他规范性文件。宪法位阶最高，其次是法律（全国人大及其常委会制定的法律），再次是行政法规和地方性法规、从次是部门规章和政府规章，最后是其他规范性文件。自治条例和单行条例，金融科技很难涉及，不做讨论。就金融科技企业而言，其合规范畴主要是法律、部门规章和其他规范性文件。比如互联网支付机构的规则范畴主要涉及《中国人民银行法》等法律、《非金融机构支付服务管理办法》等部门规章以及前述诸多其他规范性文件。

（二）规则层级总体较低

金融科技的规则层级总体较低，主要表现在：一是专门规制互联网支付机构的法律最高为部门规章，具体情况如前所述。二是就互联网小额贷款机构而言，其业务规制由各省市政府负责，各省市政府多以办公厅发文形式发布规则，其法律层级甚至不到政府规章，其具体业务细则更多以省市政府金融办名义发布，为层级更低的其他规范性文件。三是就互联网保险机构而言，银保监会发布了《互联网保险管理暂行办法》，法律层级仅为其他规范性文件。

（三）自律规则不足

如前所述，在国家法律体系层面，金融科技的法律供给不足，在行业自律规则层面，也同样存在自律规则供给不足的问题。一是互联网支付机构的行业协会之一——中国支付清算协会，截至目前，其发布的自律规则比较有限，尤其是业务规则，明显不足。二是全国小额贷款协会的成立时间也较短，尚未针对互联网小额贷款机构发布自律规则。三是中国互联网金融协会成立伊始（互联网金融企业是金融科技企业的一类），尽管发布了多项自律规则，但总体而言，业务规则供给仍然不足。

（四）规则变动性强

如前所述，金融科技的规则层级相对较低、规则供给不足，将导致未来规则层级提升、规则逐步供给，进而使得合规风险所涉的规则存在较大的变动性。与互联网支付机构相关的《非金融机构支付服务管理办法》可能提升为行政法规，据悉相关工作已在计划之中；同时，随着网联平台的建立，中国支付清算协会必然就此推出互联网支付相关的业务规则。

（五）责任多样性

金融科技的法律制度供给不足，业务规则不明，金融科技的创新特性往往对现行规则有所突破，加之少数不法分子乘虚而入，使得合规风险事项发生后，责任呈现多样化特性。一是责任形式多样性，刑事责任、民事责任和行政责任均有体现。前期中国人民银行对个别互联网支付机构的行政处罚便是一例。二是责任主体多样化，企业本身、高管甚至普通员工均有所涉及。互联网支付机构的责任主体主要是企业和高管。

（六）因果内部化倾向

与操作风险的外部化倾向相比，合规风险具有明显的内部化倾向。一是诱因具有内部性。信用风险的诱因主要来源于债务人、担保人和回购人等外部人员，操作风险的信息科技系统、外部事件等也往往具有外部因素，但合规风险的诱因则主要在于金融科技企业内部。二是责任的内部性。合规风险事项发生后，其产生的责任由企业、高管和普通员工承受，更多由企业自身承受。

（七）损失外部化倾向

损失外部化倾向，即金融科技企业若不按相关法律开展业务，其产生的损失往往波及外部人员。比如互联网支付机构不按中国人民银行规定存管客户备付金，甚至挪用客户备付金，其损失直接向其客户传导，同为支付机构的个别预付卡支付机构挪用客户备付金导致备付金缺口重大，便是一例。

（八）规制单边性

如前所述，金融科技的合规风险规则范畴常以规章和其他规范性文件形式出现，通常仅对金融科技企业课以义务，实施管理，即使对消费者有所提及，也多是对其进行保护，不会对金融科技企业的合作伙伴课以义务。其对金融科技企业合作伙伴的管理，也通过金融科技企业完成，比如《预付卡业务管理办法》规定"特约商户有下列情形之一的，中国人民银行及其分支机构责令支付机构取消其特约商户资格"。单边性决定了金融科技企业须将监管部门涉及合作伙伴的要求写入合作伙伴的合作协议之中，以便更好地执行监管部门的规定，避免合规风险。

专栏　如何区分规章和其他规范性文件？

如前所述，金融科技的规则范畴中，其他规范性文件往往多于规章（部门规章和政府规章），如何区分规章和其他规范性文件呢？按《立法法》和《规章制定程序条例》（中华人民共和国国务院令 第 322 号，简称"规章条例"）的规定，本书认为，可以从如下方面区分：

一是规范名称。《规章条例》规定，"规章的名称一般称'规定''办法'"。因此，若规范性文件的名称为"规定"或"办法"，则可能是规章，之所以可能是因为有的其他规范性文件也称为"办法"，比如《非银行支付机构网络支付业务管理办法》。

二是决定机构。《立法法》和《规章条例》规定，部门规章应当经部务会议或者委员会会议决定，地方政府规章应当经政府常务会议或者全体会议决定。决定机构是判断一项规范性文件是不是部门规章或政府规章的关键，若一项规范性文件并非部务会议或委员会会议决定，则不是部门规章，例如由地方政府的金融办或办公厅决定，则并非政府规章。

三是发布形式。《立法法》和《规章条例》规定，部门规章由部门首长签署命令予以公布，地方政府规章由省长、自治区主席、市长或者自治州州长签署命令予以公布。若一项规范性文件并未经部门首长或省长、市长等签署命令发布，则非部门规章或政府规章。

四是行政级别。《立法法》规定，国务院各部、委员会、中国人民银行、审计署和具有行政管理职能的直属机构，可以制定部门规章；省、自治区、直辖市和设区的市、自治州的人民政府，可以制定政府规章。因此，部委行署等的内设司局以及分支机构无权制定部门规章，省、自治区、直辖市和设区的市、自治州人民政府的内设部门也无权制定政府规章。

《非金融机构支付服务管理办法》为部门规章。一是规范名称为办法；二是经 2010 年 5 月 19 日第 7 次行长办公会议通过，即经部务会议决定；三是由中国人民银行行长周小川签署命令发布（中国人民银行令〔2010〕第 2 号）；四是中国人民银行具有规章制定权。《非银行支付机构网络支付业务管理办法》为其他规范性文件。一是中国人民银行发布时并未提及经行长办公会通过；二是并未经中国人民银行行长签署命令发布而是以中国人民银行公告形式发布。

《重庆市小额贷款公司试点管理暂行办法》为其他规范性文件，并非政府规章。一是发布时并未提及经重庆市政府常务会议或者全体会议决定；二是办法以通知形式下发并非以命令形式发布且无市长签署；三是发布机构为重庆市政府办公厅，并非重庆市人民政府。

2015 年 7 月 18 日，中国人民银行联合工业和信息化部等九部门发布了《关于促进互联网金融健康发展的指导意见》（银发〔2015〕221 号，简称"指导意见"），社会各界将其视为中国互联网金融的基本法，那么按《立法法》和《规章条例》，其究竟属于什么层级的法律呢？下面以专题形式，做简要分析。

专栏　《关于促进互联网金融健康发展的指导意见》是什么层级的法律？

本书认为，《指导意见》是实际效力极高的其他规范性文件。实际效力极高，原因在于《指导意见》经过了政治局常委会和国务院审议，《指导意见》专门提及经党中央、国务院同意，政治局常委会为党的日常最高决策机关，国务院为最高行政机关，经两大最高决策机构审议通过，必然在党内外和行政体系内外具有统领全局的作用，进而被各界视为互联网金融的基本法。因此，其实际效力极高。同时，从《立法法》和《规章条例》角度分析，其又仅仅属于其他规范性文件。理由如下：第一，《指导意见》不是行政法规和法律，其以中国人民银行联合其他九部门发布，发布机关为国务院部委，并非国务院，不属于行政法规，当然更谈不上全国人大或其常委会制定的法律。第二，《指导意见》也不属于部门规章。一是《指导意见》的名称不符合《规章条例》规定。如前所述，规章的名称一般为"规定"或"办法"，《指导意见》的名称为"意见"。二是决定机构不符合规章要求。《指导意见》并未经中国人民银行行长办公会审议，也未经其他联合发文部委的部务会议或者委员会会议决定，决定机构不符合《立法法》和《规章条例》的要求。三是发布形式不符合规章要求。《指导意见》并未以牵头部委中国人民银行行长令的名义发布，而是以通知形式发布，且无中国人民银行行长签署，也无其他联合部委首长的联合署名，发布形式不符合《立法法》和《规章条例》的要求。综上，从法律层次上讲，《指导意见》只能是其他规范性文件。

定义 4-2　合规风险 MR 可描述为一个 7 元组的动态系统，即

$$MR = (E, MV_t, MT_t, MP_t, MS_t, MF_t, MG_t)$$

其中，E 为金融科技机构。MV_t 为合规风险的风险事项集合；MT_t 为合规运作风险的相关的经营目标集合（如一般性违规不超过 3 次、重大违规 0 次）；MP_t 为合规风险的等级的集合，由于合规风险事项发生的概率缺乏足够数据支撑予以估计，故对风险事项发生的可能性以发生等级的形式进行定性评估；MS_t 为合规风险的损失集合；MF_t 为评估每个合规风险事项发生的等级的方法集合；MG_t 为评估每个合规风险事项发生后的损失大小的方法集合。

当前，对金融科技企业而言：风险事项 MV_t，对于互联网支付机构、互联网保险机构、互联网小额贷款机构和互联网消费金融机构，相对容易构建。监管机构已经出台了相应的监管政策和业务规则，从业机构的具体业务和产品设计等应当从哪些方面

入手判断合规性，相对清晰明了。MT_i 的构建取决于金融科技企业的治理层，主要取决于治理层的合规意识。从当前部分互联网支付机构被监管部门处罚，牌照续期延后等情况看，互联网支付机构治理层的合规意识的确有待加强。期待在不久的将来，金融科技企业治理层能将 MT_i 的构建放在首要地位。MP_i 的构建，与操作风险相似，相对较难。对于 MS_i，互联网支付机构、互联网保险机构、互联网小额贷款机构和互联网消费金融机构等已具有明晰监管规则的从业机构，按照规则条文通常容易构建。与操作风险相似，MF_i 的构建难度很大，相反 MG_i 的构建相对容易，对照规则条文便是一种常用方法。

对于同一机构而言，合规风险 MR 也存在式（2-1）到式（2-7）类似的关系，不再赘述。

第二节　风险事项

对于合规风险的风险事项，本书拟从规则层次、资金相关、效力相关、实体程序等角度进行研究分析。

一、规则层次

如前所述，根据规则的位阶，规则包括法律、法规、规章、行业协会强制性自律规范和其他规范性文件等。相应地，风险事项可划分为法律类风险事项、法规类风险事项、规章类风险事项、自律类风险事项和其他规范类风险事项。

（一）法律类风险事项

法律类风险事项指金融科技企业违反法律相关规定给企业带来不利影响的事项。与金融科技企业关系最为紧密的法律包括《中华人民共和国刑法》《中华人民共和国刑事诉讼法》《中华人民共和国民事诉讼法》《民法典》《中华人民共和国公司法》以及这些法律的司法解释，《中华人民共和国中国人民银行法》《中华人民共和国银行业监督管理法》《中华人民共和国反洗钱法》《中华人民共和国企业所得税法》《中华人民共和国个人所得税法》《中华人民共和国税收征收管理法》《中华人民共和国行政处罚法》《中华人民共和国行政许可法》《中华人民共和国行政复议法》《中华人民共和国行政诉讼法》等法律。首先，刑法方面，就目前而言，互联网小额贷款机构、互联网支付机构和互联网保险机构与《刑法》关系不大。金融科技企业未遵循《刑事诉讼法》相关规定维护权益，可能遭受本可避免的财产损失，甚至产生新的损失。其次，民法方面，金融科技企业未依照《民法典》及其司法解释开展业务，也存在遭受损失的可能。发生民事纠纷后，未按照《民事诉讼法》及相关司法解释处理，可能使损失扩大，或产生新的损失，故将其列入其中。《民法典》《公司法》及相关司法解释而言，若金融科技企业未按其效力性强制规定开展业务，可能导致相关法律行为无效，进而遭受损失。尤其是互联网小额贷款机构等从业机构，一是签订的合同违反《民法典》关于合同无效的相关规定，将导致投资人与融资人之间的融资合同无效或者自身与融资人之间的融资合同无效；二是对于《民法典》规定登记生效的抵押权，未办理登记，将导致抵押权不生效，对于《民法典》规定登记对抗的抵押权，未办理登记，将不能对抗善意第三人，从而可能给投资人或自身带来不利影响；三是担保人为公司的，未按照《公司法》相关规定履行内部决策程序，按《民法典》及司法解释，可能导致担保无效。最后，行政方面，中国人民银行和银保监会在实施行政处罚时，通常会分别以《中国人民银行法》和《银行业监督管理法》为依据；《反洗钱法》专门用于洗钱风险，本书不做专门讨论；按《行政许可法》应当取得许可或续期的金融科技企业（比如互联网支付机构）未取得许可或未取得续期，将招致不利影响；金融科技企业可能遭受行政处罚时，未按照《行政处罚法》《行政复议法》和《行政诉讼法》维护自身权益时，也可能带来不利影响；金融科技企业未按照《企业所得税法》《个人所得税法》《税收征收管理法》等缴纳和代扣代缴企业所得税和个人所得税以及其他税收时，也可能带来不利影响。

（二）法规类风险事项

法规类风险事项指金融科技企业违反法规相关规定给企业带来不利影响的事项。在法规方面，主要从行政法规角度进行分析。如前所述，金融科技合规风险所涉的业务规则尚无行政法规，在此，仅列示与金融科技企业运营密切相关的几个行政法规：《中华人民共和国税收征收管理法实施细则》《中华人民共和国增值税暂行条例》《中华人民共和国企业所得税法实施条例》《中华人民共和国个人所得税法实施条例》和《中华人民共和国行政复议法实施条例》等。金融科技企业未按前四项行政法规缴纳相关税收，可能带来不利影响，税收相关的其他行政法规不再一一列示。同时，金融科技企业未按《行政复议法实施条例》开展行政复议，也可能面临不利影响。

（三）规章类风险事项

规章类风险事项指金融科技企业违反规章相关规定给企业带来不利影响的事项。目前，金融科技企业的业务规则最高由规章规定，就整个金融科技而言，规章也比较鲜见，如前所述《关于促进互联网金融健康发展的指导意见》仅为其他规范性文件，并非规章。就互联网支付机构而言，中国人民银行发布了《非金融机构支付服务管理办法》一个部门规章；就互联网保险机构而言，银保监会发布了《互联网保险业务监管暂行办法》，并非部门规章，仅是其他规范性文件。就互联网消费金融机构而言，银保监会发布了《消费金融公司试点管理办法》，为部门规章，但尚未专门出台互联网消费金融方面的部门规章。互联网小额贷款机构方面，地方政府尚未专门出台政府规章，甚至连小额贷款公司的业务管理办法也并非政府规章，在中央政府层面，中国人民银行和银保监会以通知形式发布了关于小额贷款公司的有关政策，也并非部门规章。

（四）自律类风险事项

自律类风险事项指金融科技企业违反行业协会自律规范相关规定给企业带来不利影响的事项。金融科技行业相关的行业协会主要有中国互联网金融协会、中国支付清算协会、中国小额贷款协会、中国证券业协会等行业自律组织。其中，中国互联网金融协会为专注互联网金融行业的自律组织（互联网金融目前仍是金融科技的重要组成部分），其会员单位除了传统金融机构外，还包括或将包括互联网金融行业的新生力量互联网支付机构、互联网消费金融机构等从业机构，从其近期发布的信息披露管理规范看，其会员单位还可能包括互联网理财机构以及从事类似业务的机构。总体而言，中国互联网金融协会涵盖的互联网金融业态范围最广。其次是中国支付清算协会，其会员单位除传统金融机构（如银行等）外，以支付机构为主，其中包括互联网支付机构。再次是中国小额贷款公司协会，会员以小额贷款机构为主，其中包括涉及互联网小额贷款业务的互联网小额贷款机构。最后是中国证券业协会，其会员以证券机构为主。

截至目前，中国互联网金融协会发布了《中国互联网金融协会自律惩戒管理办法》《中国互联网金融协会互联网金融信息披露自律管理规范》和《互联网金融信息披露标准》等相关自律规范，其他协会尚未专门针对互联网金融业务发布相应的自律规范，在市场为主、行业自律的大背景下，行业协会的自律规范略显不足。同时，随着互联网金融的进一步发展，行业协会的自律规范将逐渐增加，互联网金融企业的自律类风险事项的数量在未来将成爆发增长态势。值得注意的是，行业主管部门发布的行业标准（比如技术标准），通常为推荐性标准而非强制性标准，尽管相关从业机构并无遵守的义务，但若从业机构未按相关标准开展业务，往往容易产生不利影响。为此，本书将行业主管部门发布的推荐性行业标准归入自律类规范，相应的风险事项为自律风险事项。互联网金融企业是金融科技企业的前期发展阶段，2019 年，中国人民银行发布了《金融科技（FinTech）发展规划（2019—2021 年）》，提到以金融科技创新产品声明管理为抓手，充分调动社会各方积极性，扩大参与度，构建行业监管、社会监督、协会自律、机构自治的多位一体治理体系，共同打造全社会协同共治的治理格局，及时发现金融科技创新产品风险隐患，杜绝存在安全隐患的产品"带病上线"，筑牢金融科技创新安全防火墙。2022 年 1 月，中国人民银行发布的《金融科技发展规划（2022—2025 年）》指出，要坚持促进创新与防范风险相统一、制度规范与自我约束相结合原则，加快出台符合国情、与国际接轨的金融科技伦理制度规则，健全多方参与、协同共治的金融科技伦理治理体系。金融机构履行金融科技伦理管理主体责任，探索设立企业级金融科技伦理委员会，建立金融科技伦理审查、信息披露等常态化工作机制，提前预防、有效化解金融科技活动伦理风险，严防技术滥用。行业组织发挥自律功能，研究制定金融科技伦理自律公约和行动指南，前瞻研判金融科技伦理挑战，及时预警金融科技伦理风险，筑牢金融科技伦理自律防线。

（五）其他规范类风险事项

其他规范类风险事项指金融科技企业违反其他规范性文件相关规定给企业带来不利影响的事项。由于法律、法规和规章要求规则相对稳定，审议决定机构较多，制定流程较长，相反其他规范性文件变化性较强，审议决定机构较少，制定流程较短，因此其他规范性文件能很好地适应监管部门实施行业监管的需要。金融科技行业监管部门往往多以其他规范性文件实施监管。作为支付机构的监管部门，中国人民银行先后发布了《非金融机构支付服务管理办法实施细则》《支付机构客户备付金存管暂行办法》《预付卡业务管理办法》《非银行支付机构网络支付业务管理办法》等主要的其他规范性文件。2016 年 10 月，中国人民银行联合相关部委发布了《非银行支付机构风险专项整治工作实施方案》等其他规范性文件。如前所述，银保监会发布了《互联网保险业务监管暂行办法》等其他规范性文件。公开资料显示，银保监会向银行机构发布了《中国银监会办公厅关于人人贷有关风险提示的通知》等其他规范性文件。互联网小额贷款机构方面，如前所述，地方政府尚未以政府规章形式对小额贷款机构实施监管，最高级别为省级政府办公厅以其他规范性文件形式发布相关管理规定，更多情况下为各级金融办以其他规范性文件形式对辖区内小额贷款机构进行行政管理。

将合规风险事项划分为法律类风险事项、法规类风险事项、规章类风险事项、自律类风险事项和其他规范类风险事项的意义在于：一是规则层次不同，对金融科技企业的影响范围（刑事、民事和行政）往往不同；二是规则层次不同，对金融科技企业的影响频率也不同，进而适用频率也不同；三是规则层次不同，对金融科技企业的不利影响大小也不同；四是规则层次不同，对金融科技企业的后果往往不同。

二、资金相关

按规则调整的内容是否与金融科技企业的资金或客户资金相关，可将合规风险事项划分为资金类风险事项和非资金类风险事项。

（一）资金类风险事项

资金类风险事项指金融科技企业违反与资金相关的规则，给其带来不利影响的事项。对于所有金融科技企业而言，《现金管理暂行条例》《支付结算办法》等均为资金相关的规则，其规制的资金为金融科技企业自身的资金。同时，对于涉及公众的金融科技企业，监管机构需要就客户资金制定相关规则。目前，中国人民银行针对支付机构，专门制定了《支付机构客户备付金存管暂行办法》，《非银行支付机构网络支付业务管理办法》也有资金相关的部分规定。对于互联网保险机构，《互联网保险业务监管暂行办法》专门就客户投保资金做出了明确规定。

（二）非资金类风险事项

非资金类风险事项指金融科技企业违反与资金无关的规则，给其带来不利影响的事项。与资金无关的规则，具体包括推广规则、产品规则、运营规则等业务规则。这类规则尽管不涉及资金，但可能对金融科技企业产品设计、市场推广甚至战略发展产生重大影响。

区分资金类风险事项和非资金类风险事项的意义在于：资金类风险事项直接关系到金融科技企业甚至公众资金安全，其规制应当更趋严格；对于非资金类风险事项，可区分不同情况，进行分级分类规制。

三、效力相关

按规则调整的内容是否涉及金融科技企业或其客户民事行为的效力，可将合规风险事项划分为效力类风险事项和非效力类风险事项。

（一）效力类风险事项

效力类风险事项指金融科技企业违反相关规则将导致其自身或客户的民事行为无效或不生效，给其带来不利影响的事项。与金融科技企业密切相关的效力相关的规则主要包含在《民法典》和《公司法》及其相关司法解释中。

（1）合同效力

按《民法典》等法律规定，依据合同效力状态，合同可划分为有效合同、效力待定合同、可变更可撤销合同和无效合同等情况。第一，效力待定。效力待定合同包括：

限制民事行为能力人签订的合同，在法定代理人追认前，效力待定（纯获利益或与其年龄、智力、精神健康状况相适应而订立的除外）；无权代理人以被代理人名义签订的合同，被代理人追认前，效力待定（表见代理除外）；无权处分人处分他人财产，权利人追认或无权处分人取得处分权之前，效力待定（按梁慧星教授观点，夫妻一方未经另一方同意以共有房屋抵押借款，并非无权处分）。三类效力待定合同在互联网支付机构、互联网小额贷款机构和互联网消费金融机构均有可能出现。比如未满18周岁的学生使用互联网支付机构的支付服务，与互联网支付机构签订相关服务协议，并进行较大金额的资金支付，在未经其法定代理人追认前，很可能为效力待定合同。第二，可变更可撤销。可变更可撤销合同：一是因重大误解订立的合同；二是在订立时显失公平的合同；三是一方以欺诈、胁迫的手段或者乘人之危，使对方在违背真实意思的情况下订立的合同。金融科技企业在开展业务、市场推广过程中，若所做的宣传推广导致客户存在重大误解，则可能导致合同可变更可撤销。第三，无效。无效合同包括：一是一方以欺诈、胁迫的手段订立的损害国家利益的合同；二是恶意串通，损害国家、集体或者第三人利益的合同；三是以合法形式掩盖非法目的的合同；四是损害社会公共利益的合同；五是违反法律、行政法规的强制性规定（效力性强制规定）的合同。金融科技企业在开展业务过程中，后四类无效合同均有可能出现：以借款人裸照作为合同条款的合同，因有违善良风俗，损害社会公共利益，其合同可能无效。

（2）担保效力

互联网小额贷款机构等金融科技企业在开展业务过程中，往往要求融资人提供担保，在担保过程中可能因为种种原因导致担保无效。依据《民法典》及司法解释，大致可以分为主体无效和约定无效等情形。第一，主体无效。即因担保人不适当导致担保合同无效，具体包括：一是企业法人的分支机构未经法人书面授权或者超出授权范围与债权人订立的保证合同，该合同无效或者超出授权范围的部分无效；二是董事、经理违反《民法典》规定，以公司资产为本公司的股东或者其他个人债务提供担保签订的担保合同无效；三是企业法人的职能部门提供保证签订的保证合同无效；四是国家机关和以公益为目的的事业单位、社会团体违反法律规定提供担保签订的担保合同无效。对于互联网小额贷款机构等金融科技企业，前三类主体无效发生的可能性较大。第二，约定无效。约定无效指担保人与债权人的抵押或质押存在流押或流质使相关条款无效：担保合同约定，债务履行期届满抵质押权人未受清偿时，抵质押物的所有权转移为债权人所有的条款无效。对于互联网小额贷款机构等金融科技企业，两类约定无效均有可能。

（3）担保物权效力

互联网小额贷款机构等金融科技企业在开展业务过程中，往往要求融资人提供不动产抵押、动产质押和权利质押。按《民法典》及司法解释，各种担保物权的生效规则有所差异，总的原则为不动产担保物权以登记作为生效要件，动产担保物权以交付为生效要件，权利担保物权以登记或交付为生效要件。具体情况为：一是登记生效。建筑物和其他土地附着物、建设用地使用权，以招标、拍卖、公开协商等方式取得的荒地等土地承包经营权，正在建造的建筑物等不动产上设立的抵押权，需办理登记方可生效。二是登记对抗。生产设备、原材料、半成品、产品、正在建造的船舶和航空器、交通运输工具，企业、个体工商户、农业生产经营者现有的以及将有的生产设备、原材料、半成品、产品的抵押权，自抵押合同生效时设立，未经登记不得对抗善意第三人。三是交付生效。以动产质押的，质权自出质人交付质押财产时生效。四是交付或登记时生效。汇票、支票、本票、债券、存款单、仓单、提单，质权自权利凭证交付质权人时生效，没有权利凭证的，登记生效；基金份额和股权出质的，质权登记时生效；注册商标专用权、专利权、著作权等知识产权中的财产权出质，登记时生效；应收账款出质，质权登记生效。

（二）非效力类风险事项

非效力类风险事项指金融科技企业违反相关规则，并不导致其自身或客户的民事行为无效或不生效，但会给其带来不利影响的事项。非效力类风险事项所涉规则，往往以管理性规则为主，通常涉及金融科技企业的业务合规性。尽管不影响相关民事行为的效力，但对业务能否正常开展往往具有较大甚至极大影响。比如互联网支付机构应将客户备付金存入备付金银行，若其将客户备付金挪用作投资，尽管不影响其投资行为的效力，但因违反管理性规则，必然招致监管机构的严厉处罚。

四、实体程序

按风险事项所涉的规则是实体性规则还是程序性规则，可将合规风险事项划分为实体类风险事项和程序类风险事项。实体性规则指直接规定权利义务的规则，程序性规则为规定行使权利、履行义务应当遵循的程序的规则。

（一）实体类风险事项

实体类风险事项指金融科技企业违反实体性规则，给其带来不利影响的事项。实体性规则可划分为授予权利的规则和课以义务的规则。比如《民法典》规定，"担保物权人在债务人不履行到期债务或者发生当事人约定的实现担保物权的情形，依法享有就担保财产优先受偿的权利"，该项规则即授予权利的规则，其授予了担保物权人优先受偿的权利。又如《民法典》规定，"质权人负有妥善保管质押财产的义务；因保管不善致使质押财产毁损、灭失的，应当承担赔偿责任"，该项规则即课以义务的规则，其对质权人课以了"妥善保管质押财产"的义务。对于授予权利的规则，权利人可以放弃规则赋予的权利，而对于课以义务的规则，义务人必须履行义务。对于互联网支付机构等涉及公众资金的金融科技企业，在开展业务过程中，其产品的交易结构往往涉及客户（支付账户所有人、商户、投资人、融资人等）、机构自身和第三人，按法律规定，可能涉及法律对客户授予权利或课以义务。对于授予权利的规则，金融科技企业应当给予密切关注，若放弃权利的行使，必须给客户以充分提示；对于课以义务的规则，金融科技企业应当逐一分析，并以产品说明书等形式对客户予以充分说明，以免客户未履行义务遭受不利后果。

（二）程序类风险事项

程序类风险事项指金融科技企业违反程序性规则，给其带来不利影响的事项。程序性规则可划分为时效性规则和非时效性规则，时效性规则又可划分为诉讼时效规则和除斥期间规则，非时效性规则可划分为时间性规则和非时间性规则。诉讼时效规则，即权利人未在法律规定的期间内向义务人主张权利，期间届满后不再受法律保护的规则，该等期间即诉讼时效。关于诉讼时效的实质，有起诉权消灭说和胜诉权消灭说等学说，起诉权消灭说认为诉讼时效届满，权利人丧失起诉权；胜诉权消灭说认为，诉讼时效届满，权利人仅丧失胜诉权，其并未丧失起诉权。目前，以胜诉权消灭说为通说。除斥期间规则，即权利人未在法律规定的期间内行驶权利，其权利归于消灭的规则，该等期间即除斥期间。对于互联网小额贷款机构和互联网消费信贷机构等金融科技企业而言，两类时效性规则均存在，应当高度重视两类时效性规则对投资人利益的影响，避免投资人因未及时主张权利而招致损失。时间性规则即规定金融科技企业必须在规定期间内履行义务，否则将招致不利益的规则，该类规则最常见于监管机构的监管规则中。比如《支付机构客户备付金存管暂行办法》规定，支付机构拟变更备付金存管银行并撤销全部备付金存管账户的，应当提前 5 个工作日向所在地中国人民银行分支机构报告变更理由、时间安排、变更后的备付金存管银行以及承接账户信息等事项。该项规则即时间性规则，支付机构应当在规定期间向中国人民银行履行报告义务，否则可能招致不利益（比如中国人民银行的评估等级降低等）。非时间性规则即规定金融科技企业开展业务、行使权利和履行义务过程中，需遵循的其他程序性事项。比如《非金融机构支付服务管理办法》规定，支付机构重大股权变更，必须报经中国人民银行同意，这一规则便是非时间性规则。

第三节　影响

一、规则层次

如前所述，根据所涉规则的位阶，风险事项可划分为法律类风险事项、法规类风险事项、规章类风险事项、自律类风险事项和其他规范类风险事项。

（一）法律类风险事项

法律类风险事项的不利影响最大。一是责任形式最多。从《立法法》看，法律可以设置刑事、民事和行政等法律责任，其责任形式最多。从前述分析看，金融科技企业相关的法律，三种法律责任形式均存在。从实际情况看，个别互联网支付机构被中国人民银行依据《中国人民银行法》和《反洗钱法》等法律，给予了警告、罚款等行政处罚，被追究了行政责任。二是处罚程度最重。按《立法法》规定，法律可以规定刑事和行政等多种处罚方式，包括限制人身自由，但行政法规不得规定限制人身自由的处罚，规章只能规定警告和一定数额的罚款。三是追责机关最全。法律类风险事项发生后，追责机关可能是公安机关等司法机构，也可能是行政机关。

（二）法规类风险事项

法规类风险事项的不利影响大。一是责任形式较多。从《立法法》看，法规可以设置民事和行政等法律责任，其责任形式较多。从前述分析看，与金融科技企业相关的法规，民事和行政法律责任形式均有存在。二是处罚程度比较重。按《立法法》规定，法规可以规定刑事和行政等多种处罚方式，但不得规定限制人身自由的处罚。三是追责机关最全。与法律类风险事项类似，法规类风险事项发生后，追责机关可能是公安机关等司法机构，也可能是行政机关。

（三）规章类风险事项

规章类风险事项的不利影响较小。一是责任形式较少。从《立法法》看，规章很少规定民事责任，多为行政法律责任，其责任形式较少。从前述分析可知，金融科技行业相关的部门规章《非金融机构支付服务管理办法》，仅规定了行政责任。二是处罚程度较轻。按《立法法》和《行政处罚法》相关规定，规章仅能设定警告和一定金额的罚款。三是追责机关单一。与法规类风险事项不同，规章类风险事项发生后，追责为行政机关。

（四）其他规范类风险事项

其他规范类风险事项的不利影响较小。一是责任形式较少。其他规范性文件直接设定法律责任，但常常对规章所规定的处罚进行解释性规定，其责任形式通常为行政责任。二是处罚程度较轻。由于其他规范性文件往往对规章涉及的处罚情形进行细化，其处罚程度较轻。三是追责机关单一。与规章相似，其他规范类风险事项发生后，追责为行政机关。四是对业务发展至关重要。其他规范性文件往往在规章的指导下，对金融科技企业的具体业务规则进行细化，明确业务开展的政策底线，因此，其他规范性文件对金融科技企业业务具有重大影响。

（五）自律类风险事项

自律类风险事项的不利影响较小。一是责任形式通常为违约责任。行业协会无立法权，其通常通过协议形式约定其与会员单位之间的权利义务。因此，自律类规则通常通过协会与会员单位之间的协议约定会员单位的遵守义务，其违反行业协会的责任形式为常见的民事责任之一，即违约责任。二是不利后果最轻。尽管违约责任形式多样，但就会员单位违背自律类规则的处罚程度而言，最严重的不利后果即撤销会员资格，并不涉及行政责任和刑事责任。三是对业务发展极为重要。尽管会员单位违反行业协会的自律规则不利后果轻，但行业协会的自律规则本身具有行业标杆作用，其业务规则容易形成行业惯例，进而可能成为民法的渊源之一，因此，对从业机构的业务发展极为重要。

二、资金相关

如前所述，按规则调整的内容是否与金融科技企业的资金或客户资金相关，可将合规风险事项划分为资金类风险事项和非资金类风险事项。

（一）资金类风险事项

资金类风险事项的不利影响大。一是资金类风险事项与从业机构或客户的资金相关，一旦发生极易给从业机构或其客户造成资金方面的损失。二是资金类风险事项所涉资金，通常是监管机构关注的重点。三是对于涉及公众的从业机构，资金类风险事项所涉资金通常比较巨大，从业机构的合规风险较大。

（二）非资金类风险事项

非资金类风险事项的不利影响大。一是如前所述，非资金类风险事项所涉规则尽管不涉及资金，但往往与从业机构业务发展密切相关，进而直接关系着从业机构的发展前景，甚至生死存亡。二是非资金类风险事项发生，也可能发生资金损失，尤其是公众资金损失。比如《非银行支付机构网络支付业务管理办法》规定，互联网支付机构应当制定有效的客户信息保护措施和风险控制机制，履行客户信息保护责任。若互联网支付机构违背该项规则，造成客户银行账号信息和身份信息泄露，则可能给客户造成财产损失。

三、效力相关

如前所述，按规则调整的内容是否涉及金融科技企业或其客户民事行为的效力，可将合规风险事项划分为效力类风险事项和非效力类风险事项。

（一）效力类风险事项

效力类风险事项的不利影响最大。一是效力类风险事项直接关系着民事行为或民事权利的效力，一旦发生风险事项，直接损害从业机构或其客户的合法权益。二是效力类风险事项涵盖了从业机构的主要业务领域，发生的可能性较大。三是效力类风险事项不容易发现。由于效力类风险事项专业性较强，从业机构或其客户往往不容易发现，加之投资人与从业机构之间信息不对称，效力类风险事项被提前发现的可能性更小。

（二）非效力类风险事项

非效力类风险事项的不利影响大。一是非效力类风险事项不涉及从业机构和其客户的民事行为或民事权利的效力，与效力类风险事项相比，不利影响小。二是非效力类风险事项的发生，可能导致客户资金损失，其不利影响仍然可能较大。三是非效力类风险事项所涉规则若涉及监管机构业务规则，则其发生可能导致从业机构遭受行政处罚，甚至刑事处罚，不利影响可能极大。

四、实体程序

如前所述，按风险事项所涉及的规则是实体性规则还是程序性规则，可将合规风险事项划分为实体类风险事项和程序类风险事项。

（一）实体类风险事项

实体类风险事项的不利影响大。一是实体类风险事项所涉规则授予从业机构或其客户权利或赋予其义务，授予权利者，直接涉及从业机构或其客户的利益，赋予义务者，违反将承担相应法律责任。二是对于互联网支付机构而言，实体类风险事项所涉规则，往往对其客户具有重大影响，对客户权益保障至关重要。三是对从业机构课以义务的规则，对从业机构及其高级管理人员往往规定较重的行政责任甚至是刑事责任。

（二）程序类风险事项

程序类风险事项的不利影响较大。一是诉讼时效届满，会导致从业机构或其客户丧失胜诉权，直接影响其权益。二是除斥期间届满，将导致从业机构或其客户实体权利消灭，且除斥期间不可变更，影响更甚。三是时间性规则的违反，容易招致监管机构的行政处罚。四是非时间性规则的违反，可能导致从业机构或其客户资金受到损失。

思考题

1. 请区分巴塞尔委员会和银保监会对合规风险定义的不同之处。

2. 参照巴塞尔委员会和银保监会对合规风险的定义，请结合我国金融科技发展实际阐述教材合规风险的内涵。

3. 请阐述合规风险具备哪些特征。

4. 请阐述合规风险事项区分为法律类风险事项、法规类风险事项、规章类风险事项、自律类风险事项和其他规范类风险事项的意义。

5. 请阐述资金类风险事项的不利影响。

第五章

流动性风险

第一节　概念

一、定义

巴塞尔委员会于 2008 年发布了《稳健的流动性风险管理与监管原则》，于 2010 年 4 月发布了《第三版巴塞尔协议：流动性风险计量、标准和监测的国际框架》，就银行机构提出了流动性覆盖率和净稳定资金比率两个流动性监管指标，将流动性风险监管提到了与资本监管同等重要位置。2013 年 1 月，巴塞尔委员会发布《第三版巴塞尔协议：流动性覆盖率和流动性风险监测标准》，对 2010 年公布的流动性覆盖率标准进行了修订完善。2009 年，银监会发布了《商业银行流动性风险管理指引》，2014 年银监会借鉴巴塞尔协议Ⅲ对其进行了修订，2014 年 3 月起正式实施《商业银行流动性风险管理办法（试行）》，2015 年 9 月，银监会根据《全国人民代表大会常务委员会关于修改〈中华人民共和国商业银行法〉的决定》对《商业银行流动性风险管理办法（试行）》进行了相应修改，2015 年 10 月 1 日起实施。由此可见，流动性风险的重要性可见一斑。

就流动性风险（liquidity risk）的定义而言，MBA 智库百科认为，"流动性风险是指因市场成交量不足或缺乏愿意交易的对手，导致未能在理想的时点完成买卖的风险"。银保监会认为，"流动性风险，是指商业银行无法以合理成本及时获得充足资金，用于偿付到期债务、履行其他支付义务和满足正常业务开展的其他资金需求的风险"。

金融科技行业的流动性风险不如传统金融机构（如银行等）的流动性风险重大，在监管工具、监管指标方面也与银行等传统金融机构有本质区别，因此，本书参照银保监会对流动性风险的定义，结合我国金融科技行业发展现状，对流动性风险做如下定义：

定义 5-1　流动性风险指金融科技企业资金供求在金额、时间等方面失配，给其实现经营目标带来的不利影响。

其主要包括两种情形：

A型：金融科技企业无法以合理成本及时获得充足资金，用于偿付到期债务、履行其他支付义务或者满足正常业务开展的其他资金需求，或金融科技企业资金过于充裕，无法匹配适格资产，给企业实现经营目标带来的不利影响。

B型：金融科技企业无法获得合作资金渠道或无法获得充足资金，履行其代付义务所需资金，给企业实现经营目标带来的不利影响。

A型流动性风险，包括两种类型，第一种类型完全借鉴了银保监会的定义，即金融科技企业资金不足以偿付债务（简称"A1型"）。总体来看，与操作风险类似，所有金融科技从业机构均面临A1型流动性风险。A1型流动性风险的特征在于金融科技企业本身作为债务人，其与信用风险中金融科技企业作为债权人恰好相反，因此A1型流动风险与信用风险为一对方向相反的风险，同时，两者业务往往会相互传导。A1型流动风险中的合理成本为一个不确定性概念，何为合理成本确实很难统一界定，但可确定一个原则，即合理成本不应高于金融科技企业的净经营资产净利率，即金融科技企业负债经营后，不会降低其净资产收益率，不会侵蚀股东权益。至于净经营资产净利率的计算，金融科技企业可将财务报表转换为管理用财务报表进行计算，当然对于经营资产和金融资产的划分，可因金融科技企业各业态的不同而不同。另一种类型的流动性风险表现为金融科技企业负债而来的资金过于充裕，无法找到优质资产，导致资金闲置，但必须支付固定资金成本，进而给金融科技企业带来不利影响（简称"A2型"）。A2型流动性风险在开展资产证券化等外部融资较为通畅的互联网小额贷款机构和互联网消费金融机构等从业机构有所体现，主要源于资产证券化等外部渠道的资金往往批量达到，且承担固定成本，而两类机构往往需要逐步放贷，在经济下行情况下，优质资产匮乏，导致流动性过剩，给从业机构带来不利影响。

B型流动性风险，根据互联网支付机构的业务实际情况给出的定义，互联网支付机构在开展支付业务过程中，一种情况是一方面互联网支付机构已确定收到客户入金指令，但实际资金尚未到达其客户备付金账户，另一方面客户立即发出出金指令且互联网支付机构支持T+0出金到账，此时互联网支付机构的客户备付金可能出现暂时性缺口。为提升用户体验，互联网支付机构通常寻求合作资金渠道，提供超短期资金并收取手续费，若互联网支付机构无法获得合作资金渠道，则会发生流动性风险（简称"B1型"）。另一种情况是由于操作风险和/或信用风险或者擅自挪用客户备付金等导致客户备付金出现缺口（零时性缺口和永久性缺口）且无法获得充足资金填平缺口，进而出现互联网支付机构无法履行代付义务的情形（简称"B2型"）。对于B2型流动性风险，并未强调"合理成本"，原因在于此时备付金出现缺口要么是永久性缺口，要么是违规导致的缺口，不管何种缺口，互联网支付机构均应采取一切措施立即弥补，而不应当考虑资金成本是否合理，故不强调"合理成本"。

二、特征

金融科技行业的流动性风险具有如下特点：

（一）表现形式多样性

如上所述，流动性风险包括了 A、B 两个大类，四个子类。而传统金融机构（如银行等）的客户存款，在确认为其负债的同时，增加其自身资产，其履行还款义务等也是自身义务，因此其流动性风险仅为一个类型。金融科技行业流动性风险形式多样化决定了行业协会和监管机构必须采取有别于传统银保监会的监管措施和监管指标，分业态对其实施监管，方可取得较好效果。同时，也决定了金融科技企业不能生搬硬套传统金融机构（如银行等）的风险管理技术和风险管理措施，必须根据自身业态的流动性风险特性，有针对性地设计风险管理措施。

（二）承受主体多重性

对于 A 型流动性风险，其承受主体为金融科技企业自身；B1 型流动性风险，其承受主体为互联网支付机构的客户；B2 型流动性风险的承受主体为互联网支付机构自身。其中，B1 型流动性风险，金融科技企业为间接受损者。金融科技行业流动性风险承受主体多重性，决定了监管机构和行业协会应当区分不同承受主体，采取不同强度的监管措施：对于公众作为承受主体的流动性风险，原则上应当给予较强的监管；对于金融科技企业自身作为承受主体的流动性风险，则需区分是否影响其持续经营能力，凡影响其持续经营能力的，应当给予较强的监管，对于不影响其持续经营能力的，可以给予较弱的监管。

（三）诱发因素多维性

对于 A1 型流动性风险，其诱发因素既可能是金融科技企业的资产流动性不足或资产变现能力不强，也可能是其债务人的信用风险或流动性风险。对于 A2 型流动性风险，其诱发因素往往是宏观经济形势恶化或者金融科技企业风险偏好趋严或市场推广不足等。对于 B1 型流动性风险，诱因为互联网支付机构客户资金到账需求的急迫性，该等需求本身具有合理性，主要在于互联网支付机构是否能控制好操作风险，保证资金按时足额到账，避免资金渠道方的信用风险。对于 B2 型流动性风险，其诱因既可能是互联网支付机构的业务系统故障，也可能是入金渠道的业务系统故障，当然还可能是互联网支付机构违规操作。诱因多重性决定了监管机构和行业协会须针对不同诱因，设计不同监管措施，采取不同监管态度。

（四）行业分布不平衡性

A1 型流动性风险，金融科技从业机构自身作为债务人，均会面临该风险，但因各自业务方向不同，表现出极大的不平衡性：一是 A1 型流动性风险以互联网小额贷款机构和互联网消费金融机构为主。互联网小额贷款机构和互联网消费金融机构，其一方面对外有限度地开展负债业务、融入资金，另一方面以自有资金和负债资金对外开展资产业务、资产负债期限错配等原因容易诱发 A 型流动性风险。相反，互联网保险机构、互联网征信机构等从业机构，由于其自身不能融入资金对外开展资产类业务，其自身作为债务人的情形相对较少，A 型流动性风险相对较小。二是对于 A2 型流动性风险，以开展了资产证券化或准资产证券化等具有优质外部融资通道的互联网小额贷款机构和互联网消费金融机构为主。而 B 型流动性风险，为互联网支付机构特有的流动性风险，其他金融科技从业机构并不面临该类风险。显然，两类流动性风险在金融科技从业机构之间的分布具有明显的不平衡性。行业分布的不平衡性决定了监管机构和行业协会须针对不同行业设计不同的监管措施。

（五）传导路径多极性

流动性风险传导的多极性表现在几个方面：一是流动性风险向其他风险传导，比如互联网支付机构在发生 A1 型流动性风险事项时，挪用客户备付金解决流动性问题，便会发生流动性风险向合规风险传导。二是其他风险向流动性风险传导。比较典型的便是信用风险向流动性风险传导，例如金融科技从业机构发生信用风险，其债务人不能按约定时间还款，将导致其流动资金出现缺口，则可能导致从业机构出现 A 型流动性风险。另外，操作风险也可能向流动性风险传导，例如互联网支付机构业务处理系统故障，导致备付金出现缺口，将可能导致 B2 型流动性风险。合规风险也会向流动性风险传导，例如互联网支付机构违规挪用客户备付金，则可能导致 B2 型流动性风险。三是由外部向金融科技从业机构传导。债务人信用风险向流动性风险的传导，便是由外部向从业机构传导的一个例证。同时，互联网支付机构的入金渠道发生操作风险，导致客户备付金出现缺口，进而诱发 B2 型流动性风险，也是由外部向从业机构传导的例子。四是金融科技机构向外部机构传导。金融科技从业机构的流动性风险向外传导最典型的便是向外部机构的信用风险传导，即从业机构不能按约定支付款项，诱发外部机构的信用风险。传导路径的多极性决定了监管机构和行业协会务必认真研究相关传导路径，有针对性地实施监管。

（六）产品种类强相关性

流动性风险的产品种类强相关性，即流动性风险通常与金融科技从业机构的产品存在强相关性。一是互联网小额贷款机构和互联网消费金融机构等从事专业放贷的机构，其信贷产品的期限与融入资金的匹配度在很大程度上决定了其 A 型流动性风险发生的概率；其信贷产品目标客户群的还款意愿和还款能力决定其信用风险发生的概率，进而决定 A 型流动性风险发生的概率。二是互联网支付机构是否提供 T+0 到账产品，决定了其是否面临 B1 型流动性风险，甚至决定其 B2 型流动性风险的大小。同时，互联网支付机构的支付产品盈利能力的强弱，会影响其客户备付金管理的规范性，也在一定程度上决定了其 B2 型流动性风险的发生概率及大小。

定义 5-2 流动性风险 LR 可描述为一个 7 元组的动态系统，即 $LR = (E, LV_t, LT_t, LP_t, LS_t, LF_t, LG_t)$

其中，E 为金融科技机构。LV_t 为流动性风险的风险事项集合；LT_t 为流动性风险的相关的经营目标集合（如流动性风险事项发生的次数不得超过 3 次，金额不得超过 a 万元）；LP_t 为流动性风险发生概率的集合，当前流动性风险计量已经相对成熟，工具相对完善适用，金融科技企业可以积累相应数据，进行评估；LS_t 为流动性风险的损失集合；LF_t 为评估每个流动性风险事项发生概率的方法集合；LG_t 为评估每个流动性风险事项发生后的损失大小的方法集合。

当前，对金融科技企业而言：风险事项 LV_t，对于金融科技从业机构来说，构建相对容易，须注意的是，不同从业机构，其流动性风险的类型可能不同，因此，LV_t 在不同业态之间可能存在较大差异。LT_t 的构建取决于金融科技企业的治理层，主要取决于治理层的风险意识。部分支付机构备付金出现缺口，甚至导致倒闭，表明支付机构合规风险导致的流动性风险较高，这与其治理层流动性风险意识不强存在较大关系。

LP_t 构建，如前所述，主要在于金融科技从业机构积累数据，选好工具。LS_t 的构建，对于直接损失而言，相对容易，但对于由此诱发的声誉风险损失，则评估相对较难，其构建也相对较难。与操作风险不同，LF_t 的构建相对容易，LG_t 的构建也相对容易。

对于同一机构而言，流动性风险 LR 也存在式（2-1）到式（2-7）类似的关系，不再赘述。

第二节　风险事项

对于流动性风险的风险事项，本书拟从风险源头、损失情形、时效要求、责任发生、影响范围等角度进行研究分析。

一、风险源头

按风险源头，流动性风险的风险事项可划分为资产类风险事项、负债类风险事项、操作类风险事项和渠道类风险事项。

（一）资产类风险事项

资产类风险事项即金融科技企业资产方面原因导致其流动性不足或过裕，给其带来不利影响的事项，具体包括资产质量、资产不足、资产过裕、变现能力、资产期限等情形。第一，资产质量，即金融科技企业相关资产的债务人未按约定支付款项，导致金融科技企业或其业务平台资金不足或资金过裕的情形。债务人提前归还款项，可能导致资金过裕，出现流动性过剩；债务人延期还款，可能导致流动性短缺，两者均可能分别诱发流动性风险。资产质量，就互联网小额贷款机构和互联网消费金融机构而言，可能诱发 A1 和 A2 型流动性风险；就合规管理客户备付金的互联网支付机构而言，通常不会出现资产质量导致的流动性风险，若其将客户备付金用作投资，则可能面临 B2 型流动性风险。而互联网保险机构、互联网征信机构，通常不会发生资产质量诱发的流动性风险。第二，资产不足，即金融科技企业因适格资产不足导致流动性过剩。就互联网小额贷款机构和互联网消费金融机构而言，流动性过剩往往诱发其产生 A2 型流动性风险。对于互联网支付机构而言，不应当出现因资产不足诱发的流动性风险（以其自有资金开展委托贷款除外）。就互联网保险机构、互联网征信机构而言，由于其不开展放贷业务（以其自有资金偶尔开展委托贷款除外），也不应当出现因资产不足导致的流动性风险。第三，资产过裕，即金融科技企业的适格资产过剩，但缺乏足额资金匹配，损失收益机会的情形。就互联网小额贷款机构和互联网消费金融机构而言，资产过裕可能诱发 A1 型流动风险，即其无法以合理成本获得充裕资金满足正常业务需求。对于互联网支付机构而言，资产过剩可以理解为客户 T+0 到账需求诱发的短拆资产，因而，资产过裕也可能诱发互联网支付机构的 B1 型流动性风险。对于互联网征信机构和互联网保险机构，由于其并非放贷机构，不会因为资产过剩导致流动性风险。第四，变现能力，即金融科技企业的资产变现能力不足，导致其无法在约定时间内履行支付义务的情形。对于互联网小额贷款机构和互联网消费金融机构，可能因其资产流动性不强，变现能力不足导致其发生 A1 型流动性风险。目前，两类机构的信贷资产变现通常为资产证券化、金融资产交易所交易或第三方收购，若出售过程出现异常，变现能力受到影响，很可能发生 A1 型流动性风险。对于互联网支付机构，若其违规将客户备付金对外投资，资产变现能力不足，将会诱发 B2 型流动性风险。同时，若其自有资金进行了委托贷款等投资，资产变现能力不足也会诱发 A1 型流动性风险。对于互联网征信机构和互联网保险机构，资产变现能力不足可能诱发 A1 型流动性风险。第五，期限失配，即金融科技企业的资产期限与资金需求期限失配，给其带来不利影响的情况。对于互联网小额贷款机构和互联网消费金融机构而言，期限失配可能出现流动性不足或流动性过剩，进而诱发 A1 型流动性风险或 A2 型流动性风险。对于互联网支付机构，若其违规将客户备付金用于投资，则可能因期限失配导致 B2 型流动性风险；若其合作资金渠道的资金期限与客户资金需求期限失配，则将诱发 B1 型流动性风险。对于互联网征信机构和互联网保险机构，通常不会因期限失配诱发流动性风险。

（二）负债类风险事项

负债类风险事项即金融科技企业开展负债业务方面原因导致其流动性不足或过裕，给其带来不利影响的事项，具体包括负债质量、负债不足、负债过剩、负债期限等情形。第一，负债质量，即金融科技企业从事负债融资的债权人要求提前还款、未按期支付款项、未支付款项等导致流动性不足或者业务平台投资人数和资金不足以支撑资产需求，给其带来不利影响的事项。按监管规定，互联网小额贷款机构和互联网消费金融机构可以从外部融资，包括向银行等金融机构融入资金，在实际业务中，出于风险控制需要（尤其是经济下行期），银行等传统金融机构不时会要求两类机构提前归还贷款，或者不按双方约定按期发放贷款甚至不按约定发放贷款，导致两类机构流动性不足，进而出现 A1 型流动性风险。对于互联网支付机构、互联网保险机构和互联网征信机构，其自身开展业务过程中，可能因放贷方原因出现 A1 型流动性风险。第二，负债不足，即金融科技企业在开展业务过程中，因经济形势下行、银行收紧信达或自身征信等，无法筹集或无法以合理成本筹集资金，导致其流动性短缺的情形。对于互联网小额贷款机构而言，全国小额贷款行业均面临负债不足的问题，小额贷款公司从银行等机构获得的外部融资很有限，尤其是经济下行期，互联网小额贷款机构因负债不足导致流动性短缺，必然诱发 A1 型流动性风险。互联网消费金融机构，也可能因负债不足导致流动性短缺，出现 A1 型流动性风险。对于互联网支付机构、互联网保险机构和互联网征信机构，其自身开展业务过程中，可能因无法获得债务融资诱发 A1 型流动性风险。第三，负债过剩。负债过剩与资产不足恰好相反，互联网小额贷款机构和互联网消费金融机构在开展外部融资过程中，可能因外部融资到达的批量性，短期甚至较长期限出现流动性过剩，导致 A2 型流动性风险。对于互联网支付机构、互联网保险机构和互联网征信机构，通常不会因为负债过剩出现流动性风险。第四，负债期限，即金融科技企业希望的负债期限与放款方确定的期限不一致、负债期限与资产期限不一致、业务平台资金提供方和资金需求方期限不一致等情形。后两种类型前面已论及，不再赘述。期待负债期限与实际期限之间的失配，对于各类金融科技从业机构均有可能出现，若实际期限与待支付义务期限失配，则会诱发 A1 型流动性风险。

（三）操作类风险事项

操作类风险事项即金融科技企业发生操作风险事项导致其流动性不足，给其带来不利影响的事项，具体可划分为违规操作、系统故障、内部欺诈、外部攻击等。第一，违规操作，即金融科技企业从业人员未按法律、企业自身业务规范操作，导致企业或其业务平台出现流动性短缺的情形。互联网小额贷款机构和互联网消费金融机构放款人员有意或无意违规操作，发生大量重复放款，导致其出现流动性短缺，诱发 A1 型流动性风险。互联网支付机构清算人员违规操作，发生大量重复划款，导致客户备付金出现缺口，诱发 B2 型流动性风险。保险专业中介机构开展互联网保险业务，其清结算人员向保险公司重复划款，可能发生流动性风险。保险公司利用第三方网络平台开展保险业务，严格按照银保监会规定的，不会因人员违规操作发生流动性风险，但若第三方网络平台代收保费，则第三方网络平台可能因重复划款发生流动性风险，保险公司则可能因未及时收到保费发生流动性风险。第二，系统故障，即金融科技企业的业务处理系统发生故障，以致发生重复划款等，进而出现流动性短缺，诱发流动性风险的情形。互联网小额贷款机构和互联网消费金融机构，其清分结算相对简单，系统故障导致流动性风险的可能性较小。互联网支付机构，由于交易笔数多、交易总金额大、数据传输路径广等，其业务系统故障导致流动性风险的可能性较大，比较典型的便是交易数据唯一性受到破坏导致重复清算，交易数据完整性受到破坏导致虚假清算，以致出现备付金缺口，诱发 B2 型流动性风险。互联网征信机构和互联网保险机构，通常不会因系统故障导致流动性风险。第三，内部欺诈，即金融科技企业由于内部欺诈导致流动性短缺，进而诱发流动性风险的情形。对于互联网小额贷款机构和互联网消费金融机构，其交易速度和交易频次相对较低，交易环节较少，内部欺诈导致流动性短缺的可能性很小。就互联网支付机构而言，由于交易环节较多、交易速度和交易频次较高，内部欺诈导致客户备付金出现缺口的可能性较大。例如伪造入金数据或伪造交易数据，在相关数据校验被有意或无意关闭的情况下，均可能导致客户备付金出现缺口。对于互联网征信机构，内部欺诈导致流动性风险的可能性很小。保险专业中介机构开展互联网保险业务，内部欺诈可能导致保费出现缺口，诱发流动性风险。保险公司利用第三方网络平台开展保险业务，严格按照银保监会规定的，一般不会因内部欺诈发生流动性风险，但若第三方网络平台代收保费，则第三方网络平台可能因内部欺诈发生流动性风险，保险公司则可能因未及时收到保费发生流动性风险。第四，外部攻击；即金融科技企业的业务处理系统因受到外部恶意攻击或外部人员欺诈，导致流动性短缺，进而诱发流动性风险的情形。对于互联网小额贷款机构和互联网消费金融机构，基于内部欺诈相似的原因，其业务处理系统受到攻击的可能性相对较小，同时，外部人员伪造的交易数据很难进入其业务处理系统，因此外部攻击导致其发生流动性风险的可能性很小。对于互联网支付机构，由于其业务处理系统和交易数据与互联网紧密结合，其业务处理系统受到外部攻击的可能性较大，外部人员伪造的交易数据也相对容易进入其业务处理系统。因此外部攻击导致其流动性风险的可能性较大。对于互联网征信机构和互联网保险机构，通常不会因为外部攻击导致流动性风险。

（四）渠道类风险事项

渠道类风险事项，即金融科技企业非资产和负债类合作伙伴方面的原因导致其流动性不足，给其带来不利影响的事项，具体包括入金渠道、存管渠道、客户渠道等类型。第一，入金渠道，即金融科技企业客户资金转入渠道未按时足额转入资金诱发流动性风险的情形。互联网小额贷款机构和互联网消费金融机构在对外融资过程中，其资金通常由融资方直接转入，通常不存在入金渠道诱发流动性风险问题。对于互联网支付机构，一来入金渠道较多，二来入金较为频繁，并且跨行入金环节较多，很可能因入金渠道业务处理系统等方面的原因导致客户转入资金不能及时到账，甚至不能到账，进而使客户备付金出现临时性或永久性短缺，诱发流动性风险。对于互联网征信机构、互联网保险机构，通常不会发生入金渠道导致流动性风险的情况。第二，存管渠道，即客户资金存管渠道方存管功能发生异常或支付金额限制，导致金融科技企业不能按时支付的情形。对于互联网小贷贷款机构和互联网消费金融机构，其资金存放于其自身银行账户，两类机构单笔金额较小，通常未达到银行单笔限额，因此，资金存管诱发流动性不足的可能性较小。互联网支付机构，其客户备付金存放于备付金存管银行，在实行了银行存管系统与支付机构业务系统直连的情况下，可能由于银行存管系统故障，导致互联网支付机构无法按时履行代付义务；也可能发生支付金额超过银行单笔限额导致支付机构无法按时履行代付义务；还可能发生收款银行通道故障，导致客户无法提现至其银行账号的情形。因此，互联网支付机构资金存管诱发流动性风险的可能性较大。互联网征信机构和互联网保险机构发生资金存管流动性风险的可能性很小。第三，客户渠道，即金融科技企业因客户引流渠道方面的原因导致流动性不足或流动性过剩的情形。金融科技企业通常选择合作渠道拓展客户，尤其是线上渠道，以迅速提升客户量。在拓展合作渠道的过程中，可能发生渠道成本飙升、有效渠道不足、渠道突发中断合作等情形。互联网小额贷款机构和互联网消费金融机构，均面临如何通过有效渠道获得优质贷款客户的问题。除了传统的搜索引擎等引流获客外，两类机构还会根据其目标客群选择流量较大的渠道进行引流。在渠道引流的过程中，通常会面临有效渠道不足，导致优质贷款客户不足，进而导致其资产不足，诱发流动性过剩风险。互联网支付机构往往选定具有互联网支付需求的商户，作为其客户引流渠道，目前该类机构的客户引流渠道竞争已经相当激烈，呈现出线上线下同步白热化竞争的态势，但互联网支付机构不会因为客户引流渠道不足、成本过高或突发中断导致流动性风险。对于互联网征信机构而言，其通常与机构合作开展业务，几乎不存在客户渠道诱发流动性风险。而互联网保险机构，会因获客成本过高等原因诱发客户流量不足，但通常不发生流动性风险。

区分四类风险事项的意义在于金融科技企业可基于各自业务特点，从四个维度进一步细化识别风险事项，并根据不同风险源头，采取不同的应对措施。

二、损失情形

按风险事项发生后损失的确定程度，流动性风险的风险事项可划分为损失确定类风险事项、机会损失类风险事项。

（一）损失确定类风险事项

互联网小额贷款机构和互联网消费金融机构出现流动性不足时，其超过合理成本融入资金必然招致合理成本之上的损失，若其不融入资金，则将可能因违约招致损失；当其出现流动性过剩时，对于融入资金，仍需支付成本，必然招致资金成本带来的损失。对于互联网支付机构而言，其利用自有资金开展业务过程中出现流动性不足时，不履行支付义务将招致损失，不能以合理成本融入资金，也会招致损失。同时，若因入金渠道或重复清算等，导致客户备付金出现永久性缺口，其必然招致损失。对于互联网征信机构和互联网保险机构，与互联网支付机构利用自有资金开展业务相似，流动性风险事项发生必然遭受损失。导致几类机构出现前述情形的事项，即损失确定类风险事项。损失确定类风险事项的特点在于风险事项一旦发生，企业必然招致损失。当然，因业态不同，其损失的大小往往不同。通常情况下，互联网支付机构客户备付金出现永久性缺口时，由于信息系统的一贯性，其损失往往很大。

（二）机会损失类风险事项

互联网小额贷款机构和互联网消费金融机构出现流动性不足时，在无确定合同义务的情况下，其可能选择不融入资金，此时两类机构损失的是业务发展的机会，并未发生实际损失。对于互联网支付机构而言，若其并未就 T+0 到账做出义务性承诺，则即使发生 B1 型流动性风险，也不会招致实际损失，但其可能丢失客户，丧失未来获利的机会，影响其竞争能力。互联网征信机构和互联网保险机构通常面向机构拓展业务，其发生流动性风险导致损失机会的情况极少。同理，导致几类机构出现前述情形的事项，即机会损失类风险事项。机会损失类风险事项的特点在于风险事项发生，企业损失的是未来获利的机会。同理，各业态之间机会损失的大小各异。

区分损失确定类风险事项和机会损失类风险事项的意义在于，金融科技企业应当采取不同措施应对两类风险事项，对确定类风险事项应当尽量识别逐一应对，对于机会损失类风险事项，毕竟不至于遭受确定损失，可以有选择地识别应对。

三、时效要求

按资金供求双方对延迟支付的承受度，风险事项可划分为强约束类风险事项和弱约束类风险事项。

（一）强约束类风险事项

金融科技企业在业务拓展过程中，资金供给方或资金需求方对可能资金收付时间要求极强（一般不超过 3 个工作日），一旦突破该时限，必然招致损失（含损失机会），客户的这类资金需求称为强约束需求，导致金融科技企业无法满足客户强约束需求，给其带来不利影响的事项，即强约束风险事项。对于互联网小额贷款机构和互联网消费金融机构而言，其互联网端贷款产品目标客户群通常要求申请手续便捷、放款速度较快，其贷款客户的资金需求通常具有强约束性，这类需求因流动性短缺无法满足，必然使其产品失去竞争力，因此互联网小额贷款机构和互联网消费金融机构通常具有强约束类风险事项。对于互联网支付机构而言，其 C 端客户的资金到账需求具有更强的时效性（T+0 到账），该等需求显然属于强约束需求，该等需求因流动性短缺导致无法满足，必然给其带来不利影响，诱发此等流动性短缺的风险事项，即强约束类风险事项。互联网征信机构和互联网保险机构通常不会发生强约束类风险事项。

（二）弱约束类风险事项

与强约束需求相反，金融科技企业在业务拓展过程中，资金供给方或资金需求方可能对资金收付时间要求并不刚性，即使突破约定时限，损失很小（含损失机会），这类需求为弱约束需求，导致金融科技企业无法满足客户弱约束需求，给其带来不利影响的事项，即弱约束类风险事项。对于互联网小额贷款机构和互联网消费金融机构而言，若其贷款产品面向 B 端设计（赊销模式），与 B 端用户结算周期较长，即使其流动性出现暂时性短缺，处于相对弱势地位的 B 端用户尚不至于追究其责任，当然对其信誉存在一定的损失，此时，称诱发流动性短缺的事项为两类机构的弱约束类风险事项。对于互联网支付机构而言，其 B 端客户的资金到账需求通常具有较强的柔性，且结算周期可能较长（一个月也比较正常），该等需求属于弱约束需求，该等需求因流动性短缺导致无法满足，通常遭受的损失较小，诱发此等流动性短缺的风险事项，即互联网支付机构的弱约束类风险事项。互联网征信机构和互联网保险机构通常可能发生弱约束类风险事项。

区分强约束类风险事项和弱约束类风险事项的意义在于，金融科技企业应当逐一梳理强约束需求和弱约束需求，一旦发生流动性短缺时，优先满足强约束需求。同时，在产品设计和业务推广时，金融科技企业需密切关注自身流动性问题，避免强约束需求未被满足而导致损失。实务中，强约束类风险事项和弱约束类风险事项除与产品设计和市场推广有关外，往往还与金融科技企业与客户的合同约定存在极大的关系，合同约定的结算周期相对较长，柔性较大，则弱约束越多。因此，强约束类风险事项与弱约束类风险事项可以加入合同结算周期予以区分。

四、责任发生

按风险事项发生时，是否必然产生民事责任和行政责任，风险事项可划分为刚性风险事项和柔性风险事项。与强约束类风险事项和弱约束类风险事项类似，刚性风险事项与柔性风险事项也通常与合同约定相关，若合同约定出现流动性不足和流动性过剩必然承担民事责任，则通常为刚性风险事项，否则可能为柔性风险事项。当然，除与合同约定有关外，还可能与法律规定有关，若出现流动性不足或流动性过剩，会承担行政责任，也属于刚性风险事项，反之可能为柔性风险事项。

（一）刚性风险事项

刚性风险事项即其一旦发生必然导致金融科技企业承担民事法律责任或行政法律责任的风险事项。流动性风险的发生很少导致企业承担刑事责任，故在此略去。互联网小额贷款机构和互联网消费金融机构，若其贷款产品合同约定未按期足额支付相应款项，其将承担违约责任，则发生流动性短缺的风险事项，便是刚性风险事项；另外，当两类机构出现流动性短缺时，若融入资金将越过监管红线，则其将面临行政责任，此时诱发流动性短缺的风险事项也是刚性风险事项。对于互联网支付机构，若其违反中国人民银行客户备付金管理规定（如挪用备付金投资），导致备付金出现临时性或永久性短缺，则其将面临行政责任，导致备付金出现短缺的风险事项便是刚性风险事项；另外，其按规定管理客户备付金的情况下，若因其他原因导致客户备付金出现永久性缺口，按中国人民银行的规定，客户备付金属于客户所有，其也必须承担民事责任，此种情况下，导致备付金出现永久性缺口的风险事项也是刚性风险事项。互联网征信机构在开展业务过程中，若与支付相关的合同约定了违约责任，则其也会面临刚性风险事项。另外，第三方网络平台与保险公司合作开展互联网保险业务，若未按银保监会规定的账户模式收取保费，其爆发流动性风险时，必将面临行政责任，与之相关的风险事项，则为刚性风险事项。

（二）柔性风险事项

柔性风险事项即其发生并不导致金融科技企业承担民事法律责任和行政责任的事项。互联网小额贷款机构和互联网消费金融机构，若其贷款产品合同约定未按期足额支付相应款项，其计息日和计息金额以实际发放为准，并不承担违约责任，则发生流动性短缺时，其损失的仅是获利机会和信誉，此时的风险事项即柔性风险事项；若两类机构出现流动性短缺时，若融入资金尚未越过监管红线，则其也不会面临行政责任，此时诱发流动性短缺的风险事项也是柔性风险事项；若两类机构融入资金过多导致流动性过剩时，其并不承担违约责任等民事责任，此时诱发流动性过剩风险事项，也是柔性风险事项。互联网支付机构客户备付金出现临时性短缺时，若其并未对客户做出提现或结算及时到账的硬性承诺，并不因此承担违约责任，则此时诱发流动性短缺的风险事项即柔性风险事项。对于互联网征信机构和互联网保险机构而言，通常很少具有柔性风险事项。

五、影响范围

按影响范围，流动性风险的风险事项可划分为系统性风险事项和非系统性风险事项。

（一）系统性风险事项

系统性风险事项即对所有同业态金融科技企业的流动性均会产生影响的风险事项。此处并未强调所有金融科技企业而是同业态金融科技企业，原因在于不同业态的金融科技企业，其影响因素差异较大，对某类业态所有企业产生影响的未必对其他业态产生影响。对于互联网小额贷款机构和互联网消费金融机构而言，宏观经济形势、货币政策、监管政策等均可能对所有同类机构的流动性产生影响。例如经济下行，不良贷款攀升，优质借款资源紧缺，两种类型的从业机构均可能面临流动性不足和资产不足；货币政策收紧，银行等金融机构收缩信贷，甚至提前收回贷款，两种类型的从业机构均可能面临流动性短缺；监管机构放宽两类机构的外部融资比例或鼓励资产证券化，两类机构的从业机构均可能从外部获得更多融资，其流动性均可能比较充裕。显然，前述宏观经济形势、货币政策和监管政策等均为两类机构的系统性风险事项，当然财政政策等宏观经济政策以及国家对两类机构的支持鼓励政策也会对两类机构的流动性产生影响，也属于系统性风险事项。对于互联网支付机构而言，宏观经济形势、货币政策和财政政策等对客户备付金的临时性短缺影响较大，但不会导致永久性短缺。但监管政策和监管力度对互联网支付机构的客户备付金短缺影响极大，中国人民银行加大对支付机构客户备付金管理的监管力度，实施客户备付金集中管理，甚至将客户备付金存入中国人民银行，将会使客户备付金出现永久性短缺的可能性大为降低，同时通过网联平台实时监控客户资金流向，也将在一定程度上提升客户备付金的管理透明度，降低其永久性短缺的可能性。宏观经济形势越好，经济交易越活跃，互联网支付机构的支付需求越大，其客户备付金出现临时性短缺的可能性也就越大。货币政策和财政政策则通过影响宏观经济影响其客户备付金是否出现临时性短缺。经济下行，优质资产严重缺失，两类机构均面临投资人资金站岗，长此以往，又会导致资金逃逸，可能出现投资人资金不足。中国人民银行调整基准利率，市场利率下降，两类机构同样承受利率下调的压力，下调则可能导致投资人资金流失，不调则可能导致融资人流失，两者均可能使两类机构出现投资人资金不足或资产不足。监管政策与监管力度对两类机构流动性的影响，在2016年整顿中表现非常突出，整顿启动开始，投资人对整个行业信心受到较大影响，在尚缺乏明确法定身份的情况下，投资人资金逃逸比较明显，进而两类平台均面临投资人资金短缺风险。对互联网征信机构和互联网保险而言，宏观经济形势、货币政策、监管政策和监管力度通常不会影响其流动性，两类机构系统性风险事项较少。

（二）非系统性风险事项

非系统性风险事项即并非对所有同业态金融科技企业的流动性均会产生影响的风险事项。非系统性风险事项表现形式各异。各类金融科技从业机构均会在不同程度上具备，且同业态金融科技从业机构也千差外别。在此不再一一分析。区分系统性风险事项和非系统性风险事项的意义在于，系统性风险事项具有行业共性，监管机构和行业协会对其管理的把控性更强，而非系统性风险事项，则需要逐一分析，监管机构和行业协会可选择重点单位予以监控。

第三节　影响

一、风险源头

如前所述，按风险源头，流动性风险的风险事项可划分为资产类风险事项、负债类风险事项、操作类风险事项和渠道类风险事项，其不利影响的定性分析如下：

（一）资产类风险事项

资产类风险事项的不利影响大。一是对于经营信贷业务的互联网小额贷款机构和互联网消费金融机构而言，其资产质量、资产充足程度等对其生存和发展至关重要，资产类风险事项的发生轻则影响其盈利能力，重则直接影响其可持续经营能力。二是对于互联网支付机构而言，短拆资金不足将直接影响支付产品的竞争力，利用客户备付金违规投资的，还将严重影响其生存能力。

（二）负债类风险事项

负债类风险事项的不利影响较大。就互联网小额贷款机构和互联网消费金融机构而言，监管机构对其规定了较低的外部融资比例，其最大负债比例受限，不利影响总体较小，但若债权人提前收回贷款或不按期发放贷款，则对两类机构的不利影响很大，同时，若债权人资金批量到达，在缺乏适格资产的情况下，其固定成本开支压力较大。

（三）操作类风险事项

操作类风险事项的不利影响较大。一是金融科技从业机构因违规操作导致流动性风险的概率较低。二是互联网支付机构因系统故障导致重复清算以致发生流动性短缺的现象时有发生，并且涉及资金量较大。三是互联网支付机构因内部欺诈导致客户备付金短缺的可能性较小，但损失可能较大。四是互联网支付机构因外部攻击导致客户备付金短缺的可能性较大，损失也可能较大。

（四）渠道类风险事项

渠道类风险事项的不利影响较大。一是入金渠道通常影响互联网支付机构，对其他业态的从业机构影响极小，但入金渠道除可能造成客户资金临时短缺外，还可能导致永久性短缺，因此，不利影响大。二是存管渠道可能影响互联网支付机构，其影响范围较广，存管渠道系统故障可能导致客户资金出现永久性短缺，其不利影响大，存管渠道出金限额则可能影响三类机构的市场推广和业务拓展，不利影响较大。三是客户渠道影响的从业机构较多，其影响轻则导致从业机构业务发展缓慢，重则严重影响从业机构的持续经营能力，甚至导致从业机构终止相关业务。

二、损失情形

如前所述，按风险事项发生后损失的确定程度，流动性风险的风险事项可划分为损失确定类风险事项、机会损失类风险事项，其不利影响的定性分析如下：

（一）损失确定类风险事项

损失确定类风险事项的不利影响较大。一是各类从业机构均可能受到损失确定类风险事项的影响，影响的范围广。二是该类风险事项一旦发生，损失具有实在性。三是互联网支付机构客户备付金发生永久性短缺时，其损失可能很大且通常涉及公众利益。

（二）机会损失类风险事项

机会损失类风险事项的不利影响较小。互联网小额贷款机构和互联网消费金融机构仅损失获利机会，并无实际损失。

三、时效要求

如前所述，按资金供求双方对延迟支付的承受度，风险事项可划分为强约束类风险事项和弱约束类类风险事项。

（一）强约束类风险事项

强约束类风险事项的不利影响大。一是其发生通常会波及从业机构的合作伙伴，外部传导性较强。二是一旦发生，必然招致损失。三是客户的强约束需求往往是从业机构构建核心竞争力的关键。

（二）弱约束类风险事项

弱约束类风险事项的不利影响较大。一是其发生通常也会波及从业机构的合作伙伴，具有一定外部传导性，由于合作伙伴对时间的预期并非刚性，其不利影响相对较小。二是即使发生，通常不会招致实际损失。三是客户的弱约束需求也可能是从业机构核心竞争力的来源。

四、责任发生

如前所述，按风险事项发生时，是否必然产生民事责任和行政责任，风险事项可划分为刚性风险事项和柔性风险事项，其不利影响的定性分析如下：

（一）刚性风险事项

刚性风险事项的不利影响大。一是其发生必然导致民事责任和行政责任，极端情况下，还可能因此诱发公安机关追究其刑事责任。二是其发生导致行政责任时，从业机构必然违反了监管规定，其主观恶性较大，尤其是对于涉及公众利益的从业机构，其对行业的冲击力更大。三是其具有较强的外部传导性，对金融稳定具有较大的影响。例如互联网支付机构违规挪用客户备付金导致备付金临时性或永久性短缺，若缺口巨大，容易产生群体性事件，甚至影响区域性金融稳定。

（二）柔性风险事项

柔性风险事项的不利影响小。一是其发生并不必然导致民事责任和行政责任。二是其发生通常会影响从业机构的声誉或获利机会。三是不像刚性风险事项，其发生通常不会影响金融稳定。

五、影响范围

如前所述，按影响范围，流动性风险的风险事项可划分为系统性风险事项和非系统性风险事项，其不利影响的定性分析如下：

（一）系统性风险事项

系统性风险事项的不利影响大。一是其影响范围广，至少会影响金融科技的一个业态。二是其一旦发生，轻则影响从业机构的盈利能力，重则导致整个行业的风险剧增，当前经济下行，互联网支付机构的经营状况便是一例。三是由于其涉及面广，一旦发生，容易诱发全国性金融不稳定。

（二）非系统性风险事项

非系统性风险事项的不利影响较大。一是其影响范围小，通常只影响一个业态的一个从业机构。二是其一旦发生，轻则影响该从业机构的盈利能力，重则影响其持续经营能力。三是对于业务规模特别巨大的从业机构，其发生风险事项时，不利影响可能波及整个行业。

思考题

1. 流动性风险的含义。
2. 流动性风险包括哪些情形？
3. 金融科技行业的流动性风险具有哪些特点？
4. 流动性风险的风险事项有哪些？
5. 请阐述资产类风险事项的不利影响。

第六章

市场风险

第一节　概念

一、定义

巴塞尔委员会认为，市场风险是指由于市场价格（包括金融资产价格和商品价格）波动而导致商业银行表内、表外头寸遭受损失的风险。银保监会认为"市场风险是指因市场价格（利率、汇率、股票价格和商品价格）的不利变动而使银行表内和表外业务发生损失的风险。市场风险存在于银行的交易和非交易业务中。市场风险可以分为利率风险、汇率风险（包括黄金）、股票价格风险和商品价格风险，分别是指由于利率、汇率、股票价格和商品价格的不利变动所带来的风险。利率风险按照来源的不同，可以分为重新定价风险、收益率曲线风险、基准风险和期权性风险。商品是指可以在二级市场上交易的某些实物产品，如农产品、矿产品（包括石油）和贵金属（不包括黄金）等"。巴塞尔委员会和银保监会两者的定义本质上相同：第一，均强调市场价格对商业银行造成损失；第二，两者锁定的风险承受主体均为商业银行；第三，两者均强调市场价格通过对表内和表外业务对商业银行产生影响；第四，基于商业银行全球化发展趋势，两者对市场价格并未限定国别，即并未明确表明利率为某一国家的利率，汇率为哪些币种的汇率以及股票价格和商品价格所在的国家等。同时，两者也有细微差别，主要表现在对市场价格、波动的表述方面：巴塞尔委员会将市场价格划分为金融资产价格和商品资产价格，而银保监会则将其具体化为利率、汇率、股票价格和商品价格；对于市场价格的波动，巴塞尔委员会并未突出"不利"二字，而银保监会专门强调波动为不利波动。

巴塞尔委员会和银保监会对市场风险的定义，均针对以信贷业务和金融资产为主业的商业银行，就金融科技而言，既有从事信贷业务为主业的互联网小额贷款机构和互联网消费金融机构，也有不从事信贷业务的互联网支付机构、互联网征信机构和互联网保险机构，因此，两个权威机构对市场风险的界定需做适当修订方可适用。参照两个权威机构的定义，结合金融科技各业态产品的实际情况，我们对市场风险的定义如下：

定义 6-1 市场风险指利率、汇率、股票价格、商品价格和费率的大小及其波动或市场开拓中的不确定性等影响市场份额的其他因素，给金融科技企业实现经营目标带来的不利影响。

对此定义，几点说明如下：

第一，此处并未强调利率、汇率、股票价格、商品价格和费率的"不利"波动，原因在于：不管波动如何，只要其带来不利影响，均为市场风险；商品价格即使不发生波动也可能给金融科技企业带来市场风险，这点将在后续分析中看到。第二，特别强调了市场开拓中的不确定性，主要在于金融科技为新兴行业，它并不像传统金融机构被市场广泛接受。一方面，市场接受度存在逐渐提升的一个过程，在逐渐提升的过程中，不管是机构客户还是个人客户，对其接受度可能较差，导致其市场开拓难度极大，来自市场开拓方面的压力对金融科技从业机构的持续经营能力影响颇大；另一方面，正如前面分析提及，流动性风险的渠道类风险事项会对金融科技企业流动性产生影响，这同时也表明，与传统金融机构相比，金融科技企业市场拓展难具有普遍性，故将市场开拓中的不确定性纳入市场风险进行分析。第三，对于利率，与两个权威机构相同，既包括互联网企业所在国的本币利率，也包括外币利率，就我国金融科技企业而言，本币利率即人民币利率，其他币种的利率为外币利率。原因在于互联网小额贷款机构和互联网消费金融机构可能融入外币资金，外币利率的波动必然影响其融资的难易程度和融资成本；其他金融科技企业也可能受外币利率的影响，本书将在后续进行简要分析。当然，有的金融科技企业更偏重于人民币利率。第四，对于汇率，也与两类权威机构相同，并未强调汇率币种，原因在于互联网支付机构开展跨境支付时，理论上其支持的币种并非仅有一种，对于部分互联网支付机构业务拓展全球化以后，其支持的币种更多，仅就其收取外币手续费面临的汇率便可能不止一种汇率。第五，对于股票价格，本书认为，尽管论及的金融科技企业均不以股票投资为主营业务之一，但不能排除部分机构违反规定挪用客户资金投资股票，同时未来基于股票的金融科技业态不排除存在合理合法空间，股票价格波动也会向金融科技企业进行间接传导，故保留了股票价格这一风险因素。第六，对于商品价格，关于商品与银保监会强调的"可以在二级市场上交易的某些实物产品，如农产品、矿产品（包括石油）和贵金属（不包括黄金）等"不同，这里的商品主要指互联网支付机构的受理机具等商品（也包括抵质押品等商品），鉴于互联网支付机构除开展互联网支付外，还可能开展银行卡收单、预付卡发行与受理等业务，这些业务通常涉及受理机具等商品。这里商品本身价格高低及其价格波动会对互联网支付机构产生较大影响，故将其专列其中。同时，排除了银保监会提及的二级市场上交易的实物商品，主要在于金融科技企业的业务通常并不涉及这类商品。第七，对于费率，指金融科技企业在开展业务过程中对外支付或收取的服务费，为部分金融科技企业开展业务的主营业务成本和主营业务收入，其重要程度类似于商业银行的存款利率和贷款利率，故将其专门列入定义之中。从后续分析可知，费率已经成为部分互联网支付机构发展的核心因素，甚至直接影响其持续经营能力。

就互联网小额贷款机构和互联网消费金融机构而言，其经营的产品为贷款产品，其首要因素为利率，与之相关的风险包括重新定价风险、收益率曲线风险、基准风险，通常不包括期权性风险。若两类机构融入外币资金，汇率会成为其风险因素之一。两类机构通常不涉及股票投资，但若两类机构在资本市场高涨时期，进行股票投资，则股票价格将会是其风险因素之一，因此股票价格是否是其风险因素有待分析和观察。由于两类机构通常不会在二级市场进行商品及商品相关衍生品的投资，故商品价格并非其风险因素之一。在开展资产证券化等外部融资业务中，通常必须借助于律师事务所、会计师事务所、担保机构和信托公司等金融中介机构完成，这些中介机构收取的服务费率将构成其融资成本，显然，费率也是两类机构的风险因素之一。同时，如前所述，两类机构均面临业务拓展渠道问题，获客渠道、获客成本（实际上也是费率）以及贷款产品的市场接受度均对其具有相当的重要性，故市场拓展的不确定性也是两类机构的风险因素之一。据此，两类机构的市场风险因素包括利率、汇率、股票价格、费率和市场拓展的不确定性。

就互联网支付机构而言，其经营的产品为支付工具，主营业务可能包括银行卡收单、预付卡发行和受理、互联网支付等。就当前情况下，利率高低可决定其客户备付金收益大小，部分支付机构甚至将做大客户备付金规模作为其首要目标，所有业务开展均围绕该目标展开，客户备付金利息收入为其主要收入来源之一，显然利率（存款利率）便是互联网支付机构的市场风险因素之一。当然，中国人民银行在备付金存款的整治中要求客户备付金不计付利息，甚至要求客户备付金存入中国人民银行，因此利率是否会继续成为其市场风险因素之一，尚有待观察。如前所述，汇率也可能成为互联网支付机构的市场风险因素之一。如前所述，商品价格也是互联网支付机构的市场风险因素之一。股票价格通常不是其市场风险因素，但若其违规利用客户备付金购买股票，则可能成为其风险因素之一。如前所述，费率对互联网支付机构而言，尤为重要，既包括向客户收取的提现费等客户费率，也包括入金方收取的成本费率。同时，市场开拓的不确定性也是互联网支付机构市场风险的重要因素，甚至关系到其持续经营能力，后面将做简要分析。显然，互联网支付机构的市场风险因素包括汇率、商品价格、费率和市场开拓不确定性，利率和股票价格有待分析和观察。

就互联网征信机构而言，利率是否为其市场风险因素，有待分析，若其对服务对象提供前面提及的类担保服务，则利率通常为其市场风险因素，否则，利率对其影响比较间接，通常通过合作机构向其间接传导。汇率通常不会直接成为互联网征信机构的市场风险因素，即使对其有影响，也通常是通过合作机构间接传导。商品价格和股票价格也通常不会直接对互联网征信机构产生影响。费率和市场开拓的不确定性则为互联网征信机构的主要市场风险因素，具体构成将在后续讨论。当然，若互联网征信机构承担外币负债或持有外币资产，利率汇率将是其市场风险因素之一，另当别论。总之，费率和市场开拓不确定性为互联网征信机构的市场风险因素，利率、汇率、商品价格和股票价格影响比较间接。

就互联网保险机构而言，利率、汇率、商品价格和股票价格等并未因其互联网因素与线下业务有所区别，互联网保险实际上拓展了保险公司和保险专业中介机构的市场渠道，市场开拓不确定性为其市场风险因素，费率明显为其市场风险因素，一方面通过互联网销售保险可以降低其原有费率，另一方面可能因相互竞争优质渠道导致费率波动。因此，互联网保险机构的市场风险主要来源于费率和市场开拓的不确定性。

二、特征

金融科技行业市场风险与商业银行市场风险相比，具有差异性大、变动性强、市场开拓尤为重要、地位日渐突出等特征，大致如下：

（一）差异性大

市场风险的差异性表现在几个方面：一是不同业态之间风险因素具有较大的差异性，如前所述，互联网小额贷款机构和互联网消费金融机构，其市场风险因素包括利率、汇率、股票价格、费率和市场拓展的不确定性；互联网支付机构主要为汇率、商品价格、费率和市场开拓不确定性；互联网征信机构和互联网保险机构主要为费率和市场开拓不确定性。二是即使是同一风险因素，不同业态的表现形式也不一样。例如，利率这一风险因素，对于互联网小额贷款机构和互联网消费金融机构而言，既包括存款利率，也包括贷款利率；而对于互联网支付机构而言，则仅指存款利率。又如费率，对于互联网支付机构而言，通常指入金费率、支付手续费率，还包括分润比例（银行卡收单的 721 分润比例），但对于互联网小额贷款机构和互联网消费金融机构而言，可能指资产证券化过程中的中介费率。三是即使是相同业态，因业务范围和业务架构不同，同一风险因素的表现形式也存在差异。例如就费率而言，互联网支付机构若未开展银行卡收单业务，则其费率通常不包括银行卡收单扣率和分润比例；同时，直连银行与非直连银行的互联网支付机构，其入金费率波动情况也存在较大差异。

（二）变动性强

整个金融科技行业尚处于迅速扩张阶段，在与传统金融机构争抢市场份额的同时，也在不断开拓新市场。从风险角度看，其市场风险因素变动性强。一是利率是否会继续成为互联网支付机构的风险因素有待观察，具有极大的变动性。若强制互联网支付机构的客户备付金存入中国人民银行，则利率不再会成为其风险因素（自有资金存款除外），若允许继续存入符合条件的商业银行，即使不计付利息，只要存在竞争，利率必然以某种形式间接成为其市场风险因素之一。二是股票价格是否会成为互联网支付机构等从业机构的市场风险因素有待观察，未来变动性强。支付机构挪用客户备付金投资股票，为监管机构明确禁止，但从近期个别互联网支付机构违规绕开客户备付金账户的情况看，该禁止性规定是否得到实施，尚需仰仗监管机构的监管力度。从支付机构首批牌照续展情况看，监管机构打击此类违规行为决心大、力度强，加之中国支付清算协会牵头成立的网联平台的强势介入，支付机构挪用客户备付金的状况必将大有缓解，具体实效尚需网联、银联、银行等多方的通力配合。

（三）市场开拓尤为重要

如前分析，市场开拓的不确定性对各类从业机构均具有相当的重要性，一来金融科技发展时间毕竟较短，社会大众和合作企业等均有一个逐步认可的过程；二来随着各路资本竞相追逐，金融科技企业在较短时间内在互联网端的竞争迅速进入白热化阶段。如前所述，各类从业机构渠道类风险事项可能诱发流动性风险，同样，渠道类风险事项也是市场风险因素之一。市场拓展不确定性的另一个因素来源于金融科技企业相关合作伙伴所受监管政策的约束以及管理层的理念。例如某金融科技企业与某大型保险公司合作开展保险产品销售业务，该金融科技企业与互联网支付机构合作实施客户资金存管，保险公司需到合作互联网支付机构开立存管账户，在开立存管账户过程中，保险公司总公司相关职能部门和高级管理人员均对互联网支付机构缺乏足够的认可度，最终在各方努力之下，历经将近 4 个月，存管账户开立也仅仅取得些许进展。又如某致力于电视金融业务的金融科技企业，在业务创新过程中，基于家庭场景在电视大屏上开展旅游和家庭财产相关的保险产品信息服务，该金融科技企业作为《互联网保险业务监管暂行办法》提及的第三方网络平台提供信息技术服务，交易由保险公司和投保人达成，金融科技企业仅提供信息技术通道服务，在保险产品上线过程中，广电方面相关律师竟以金融科技企业须取得保险销售资质为由，出具了相关否决意见。

（四）地位日渐突出

金融科技企业面临诸多风险，因业态差异，各从业机构相关风险的重要性必然存在差异，例如互联网支付机构的操作风险尤为重要。但在各业态从业机构的各类风险之中，实际上市场风险一直处于相当重要的地位。第一，互联网小额贷款机构和互联网消费金融机构，其市场风险决定其获客成本和获客能力，进而决定其获利能力，甚至持续经营能力。第二，就互联网支付机构而言，行业普遍现象为"支付不挣钱"，其原因在于：首先，竞争加剧，从业机构之间的价格战导致费率下降，以至于有统计数据显示，1 000 亿元交易量才是互联网支付机构的盈亏平衡点，甚至有 5 000 亿元之说；其次，优质商户缺乏，大商户议价能力强，小商户单位推广成本高，以至于部分支付机构获得支付牌照以来，尚未实质开展支付业务；最后，C 端客户被行业龙头企业垄断。费率和市场拓展的不确定性对互联网支付机构的重要性可见一斑。第三，对于互联网征信机构而言，其业务以从事信贷或准信贷业务的从业机构为主，在缺乏信贷数据支撑的情况下，"缺 X 少 Y"短板也会导致其市场开拓具有较大的不确定性，如何迅速拓展其市场份额，乃是互联网征信机构的当务之急，市场开拓的不确定性必然成为其重要的市场风险因素。第四，对于互联网保险机构而言，与其他互联网企业类似，也存在获客渠道的"苦恼"，市场风险也具有相当的重要性。

定义 6-2 市场风险 MR 可描述为一个 7 元组的动态系统，即 $MR = (E, MV_t, MT_t, MP_t, MS_t, MF_t, MG_t)$

其中，E 为金融科技机构。MV_t 为市场风险的风险事项集合；MT_t 为市场风险的相关的经营目标集合（如年度收入达到 2 亿元、年度成本控制在 1 亿元以内、客户渠道增加 30% 等）；MP_t 为市场风险发生概率的集合，当前利率、汇率和股票价格等相关风险事项的评估技术相对成熟，评估工具相对完善，但通常并非按照如下分析的风险事项逐一进行评估，金融科技企业可适当借鉴。对于商品价格、市场开拓的不确定性，传统机构的评估技术和评估工具往往并不适合。MS_t 为市场风险的损失集合；MF_t 为评估每个市场风险事项发生概率的方法集合；MG_t 为评估每个市场风险事项发生后的损失大小的方法集合。

当前，对金融科技企业而言：对于金融科技从业机构，风险事项 MV_t，构建相对容易，只是不同从业机构，具体风险事项差别可能较大，需要从业机构仔细识别。MT_t

的构建取决于金融科技企业的治理层，在金融科技企业的所有风险中，唯有市场风险的目标治理层通常均相当关注，因为其关系着金融科技企业自身的盈利能力，当然，也存在着目标设置未必合理问题。关于 MP_t 的构建，如前所述，一方面借鉴传统金融机构做法，另一方面则需要从业机构积极探索。MS_t 的构建通常比较容易。MF_t 和 MG_t 的构建总体而言，相对容易。

对于同一机构而言，市场风险 LR 也存在式（2-1）到式（2-7）类似的关系，不再赘述。

第二节　风险事项

在前面分析中，已对市场风险的风险事项进行了简要分析，本节将分业态，多角度对风险事项进行尽量详细的分析。按风险因素，风险事项可划分为利率、汇率、商品价格、股票价格、费率和市场开拓。按主观状态，风险事项可划分为恶意风险事项和非恶意风险事项。按影响因素，风险事项可划分为技术类风险事项和非技术类风险事项。按影响范围，风险事项可划分为系统性风险事项和非系统性风险事项，与流动性风险事项分析相似，对同业态金融科技从业机构均产生不利影响的事项为系统性风险事项，否则为非系统性风险事项，具体分析参照流动性风险，不再赘述。

一、风险因素

（一）利率

广义上讲，利率对所有金融科技企业均有影响，在现代金融体系下，任何企业均难免借入资金、贷出资金，一旦发生借贷，必然受利率大小及波动的影响。为增强讨论的针对性，此处主要针对各金融科技企业的主营业务讨论利率及其波动的影响。众所周知，利率可划分为基准利率和市场利率，名义利率和实际利率，存款利率和贷款利率，固定利率和浮动利率，长期利率和短期利率，正规金融利率和民间借贷利率，国内利率和国外利率，单利利率和复利利率。在此，本书仅选择部分形态的利率，分析其对金融科技企业的影响。

1. 基准利率与市场利率

鉴于基准利率在我国利率体系中的核心重要地位，其大小及其波动不仅对传统金融机构具有重大影响，而且对大部分金融科技企业而言，其影响也决不可小觑。基准利率对金融科技企业的影响主要是通过市场利率和相关管理规定实现的。从历史数据看，基准利率调整通常以 0.25 个百分点为单位进行，而且通常每次调整均为 0.25 个百分点。

对于互联网小额贷款机构和互联网消费金融机构而言，在 2015 年 9 月 1 日施行的《最高人民法院关于审理民间借贷案件适用法律若干问题的规定》（以下简称《规定》）施行之前，按照相关规定，在司法实践中，通常按基准利率的 4 倍确定民间借贷的最高利率（曾发生小贷公司贷款利率超过基准利率 4 倍，被借款人投诉至当地金融办，当地金融办要求该小贷公司按基准利率 4 倍收取利息的案例）。据此，基准利率每变动 0.25 个百分点，两类机构的贷款利率将变动 1 个百分点，基准利率变动对两类机构的影响很大（当然未严格遵守的机构除外）。在《规定》施行后，明确规定了民间借贷年利率不超过 24%，24%~36% 部分为自然债务，36% 以上部分约定无效。由于两类机构的客户多为传统金融机构未覆盖的中小微企业和个人，其对贷款利率的弹性较小，加之《规定》明确了定额上限，因此基准利率变动对两类机构的影响较小。实务中，两类机构中同类型机构的贷款利率差别也较大，利率低的机构，其贷款利率在 13% 左右，贷款利率高的可达 60% 左右。基准贷款利率上升，还将迫使两类机构的资金融入成本上升，两类机构也有较大影响。从实际情况看，各机构的资产融入成本差距较大，低者仅基准利率上浮 10% 左右，高者达到 15% 以上均不足为奇。基准存款利率上升，市场存款利率也会上升，但由于两类机构均不经营存款业务，因此存款基准利率的变动对其影响极其间接，基本可以忽略不计。因此，基准利率对两类机构的影响，主要为基准贷款利率，其影响途径既包括融资成本也包括放贷收益。

对互联网支付机构而言，一方面与其他所有企业一样，基准贷款利率上调，市场贷款利率上升，其融资成本会增加，必然导致其利润表上财务费用增加。但另一方面，基准存款利率上调，市场存款利率上升，其客户备付金利率也会上升，进而增加其他业务收入（也有从业机构计入财务费用）。表面上看，基准存款利率和基准贷款利率变动，对互联网支付机构的影响均有利有弊，具有对冲效应，但实际上，其银行贷款金额通常小于客户备付金的金额，因此总体而言，基准利率上调，有利于互联网支付机构，基准利率下调，不利于互联网支付机构。

对于互联网征信机构和互联网保险机构，基准贷款利率会增加其财务费用，进而给其带来不利影响。同时，对于附带开展类担保业务的互联网征信机构，基准存款利率和基准贷款利率均可能是其风险事项，主要取决于其合作机构的产品期限。对于开展万能险的互联网保险机构，基准存款利率影响投资人的机会成本，基准贷款利率影响融资人的融资成本，因此两者均为互联网保险机构的风险事项。

另外，需要说明的是对所有机构而言，基准存款利率上调，其自有银行存款将会增加利息收入，但各金融科技企业均不以自身资金投资银行存款为主业，故略去。

2. 长期利率与短期利率

短期利率即融资期限在一年以内的利率，反之为长期利率。短期利率和长期利率可进一步区分为短期存款利率和短期贷款利率、长期存款利率和长期贷款利率。由于金融科技各业态业务性质差异较大，短期利率和长期利率对各从业机构的影响往往不同。

一方面，对于互联网小额贷款机构和互联网消费金融机构而言，其融入资金通常为一年以上的长期资金，当然也有紧急情况下临时短拆的情况，但正常情况下，绝大多数机构均不敢像传统金融机构（如银行等）那样短存长贷。因此，长期贷款利率通常是两类机构的风险事项，相反短期利率通常不是其风险事项。另一方面，两类机构的资产业务，根据各机构的业务状况，有的偏向一年以内的资产，有的偏向一年以上的资产，也有均有涉及者。因此，就两类机构的资产业务而言，短期贷款利率和长期贷款利率均可能为其风险事项。

对于互联网支付机构而言，在《支付机构客户备付金存管办法》（以下简称《存管办法》）修订之前，按《存管办法》的规定，"支付机构通过备付金收付账户转存的非活期存款，存放期限不得超过12个月"。因此，在合规经营情况下，短期存款利率为互联网支付机构的风险事项，在违规经营情况下，长期存款利率也可能是其风险事项。在《存管办法》修订后，对客户备付金不计付利息，只要客户备付金不存入中国人民银行，本书认为，商业银行竞争客户备付金必然存在，至少短期存款利率仍然会是其风险事项。

就互联网征信机构而言，以自有资金投资或融资开展业务暂且不讨论。对于附带开展类担保业务的征信机构，长期利率和短期利率是否为其风险事项，主要取决于其合作机构，但两者至少居其一。就互联网保险机构而言，对于开展万能险业务的机构，由于万能险的期限为5年，因此长期存款利率影响投资人的机会成本，长期贷款利率影响融资人的机会成本，因此长期存款利率和长期贷款利率为其风险事项。

3. 行业利率和异业利率

行业利率指同一金融科技业态的从业机构的利率，反之则为异业利率。

就互联网小额贷款机构和互联网消费金融机构而言，行业利率包括行业融资利率和行业放贷利率，异业利率则主要指具有放贷或准放贷资质的其他金融机构或准金融机构的平均放贷利率。行业融资利率即全国小额贷款公司融入资金的平均利率（由于互联网小额贷款机构并非专门开展互联网小贷业务，加之互联网小额贷款机构数量较少，故以全国小额贷款公司为口径）。行业放贷利率即全国互联网小额贷款机构互联网小额放贷业务的平均利率。一般而言，一方面，行业融资利率上升，则两类机构的成本增加，利润减少；反之亦然。另一方面，行业放款利率上升，两类机构的收入增加，反之亦然。异业利率上升，有利于两类机构，异业利率下降，总体不利于两类机构。因此，行业利率和异业利率均为两类机构的风险事项。

就互联网支付机构而言，由于其不以放贷为业，更不融入资金放贷，故不存在行业利率和异业利率，两者自然不是其风险事项。

就互联网征信机构而言，对于附带开展类担保业务的征信机构，其合作机构所在行业的行业利率和异业利率将间接向其传导，因此，行业利率和异业利率也是其风险事项。就互联网保险机构而言，对于开展万能险的机构，行业利率和异业利率均为其风险事项。

4. 人民币利率和外币利率

当前，金融科技从业机构除以人民币开展业务外，还可能涉及外币相关业务，因此，人民币利率和外币利率也可能成为其风险事项。在此，仅从存款和贷款两个角度简要分析。

对于互联网小额贷款机构和互联网消费金融机构，其以人民币为主开展业务，显然，人民币贷款利率和人民币存款利率均对其业务存在影响。同时，对于通过外币融资的两类机构而言，外币存款利率和外币贷款利率也会影响其业务。因此，人民币存款利率和人民币贷款利率为两类机构的风险事项，外币存款利率和外币贷款利率视情况可能成为其风险事项。

对于互联网支付机构而言，其通常以人民币开展业务，其客户备付金账户为人民币账户，如前所述，人民币存款利率的波动必然对其带来影响。同时，随着跨境电商的迅猛发展，跨境支付应运而生。对于开展跨境支付的互联网支付机构，其客户备付金账户还有外币账户，用于存放客户收付过程中的外币。此时，外币存款利率的波动也会给其带来影响。因此，人民币存款利率为互联网支付机构的风险事项，外币存款利率视情况可能为互联网支付机构的风险事项。

就互联网征信机构而言，对于附带开展类担保业务的征信机构，与行业利率类似，主要取决于其合作机构，本书不再赘述。就互联网保险机构而言，对于开展万能险的机构，通常以人民币开展业务，因此人民币利率为其风险事项。

（二）汇率

如前所述，金融科技企业除以人民币开展业务外，还有部分机构可能涉及外币开展业务，故汇率也可能成为金融科技企业的风险事项。但总体而言，与传统金融机构相比，当前汇率对金融科技企业的影响相对较小。下面做简要分析。

对于互联网小额贷款机构和互联网消费金融机构而言，若其融入外币资金（例如向其海外股东融入外币资金），则必然面临外币和人民币相互兑换的问题。兑换所涉汇率的波动，将给两类机构带来影响。因此，汇率视情况可能为两类机构的风险事项。

对于互联网支付机构而言，如前所述，若其开展跨境支付业务，必将涉及外币资金：一是客户可能会向其客户备付金账户转入外币资金；二是手续费可能以外币形式收取（取决于互联网支付机构的议价能力等因素）。对于外币形式的手续费，必然存在向人民币兑换问题，兑换所涉汇率波动将给其带来影响。另外对于外币客户备付金账户，如表6-1所示，因外币存款利率远低于人民币存款利率，互联网支付机构可能视情况将部分外币转换为人民币，存入人民币客户备付金账户，该等转换必然涉及汇率，汇率波动也会给其带来影响。因此，汇率视情况可能成为互联网支付机构的风险事项。

表 6-1　各币种存款利率　　　　　　　　　　　年利率:%

期限	人民币	英镑	日元	欧元	美元	港元	澳元
三个月	1.4	0.05	0.000 1	0.000 1	0.3	0.2	0.05
半年	1.65	0.1	0.000 1	0.000 1	0.5	0.4	0.1
一年	1.95	0.1	0.000 1	0.000 1	0.8	0.7	0.15
二年	2.3	0.1	0.000 1	0.000 1	0.8	0.7	0.15

数据来源：中信银行。日期：2022 年 7 月 13 日。

对于互联网征信机构和互联网保险机构，汇率是否为其风险事项与外币利率相同，不再赘述。

（三）商品价格

与银行机构不同，商品价格对金融科技企业的影响，主要是通过抵质押品和受理机具等表现出来。在此，从抵质押品和受理机具两个方面做简要分析。

1. 抵质押品

房产、车辆、家庭消费电子产品和农产品为常见抵质押品。就互联网小额贷款机构和互联网消费金融机构而言，前述常见抵质押品均有不同机构涉及，房产有专注第一顺位抵押的，也有偏好第二顺位抵押的；车辆有偏向质押的，也有质押抵押均涉及的；农产品则通常为抵押，家庭消费电子产品更多是象征意义上的抵押。抵质押品价格上升时，几类机构通常给予融资人的融资额度较大，反之亦然。就互联网支付机构而言，抵质押品价格通常不是其风险事项。就互联网征信机构而言，抵质押品对其影响比较间接，来自两个方面：一是抵质押品价格上升，其合作机构业务规模向好，引致其自身业务增长；二是若其开展附带担保业务，抵质押品价格波动对其业务影响更直接。因此，抵质押品价格通常是其风险事项。就互联网保险机构而言，通常抵质押品价格并非其风险事项，若开展万能险，影响也相对间接。

2. 受理机具

互联网支付机构在开展支付业务中，往往涉及布放受理机具或受理环境。受理机具的价格直接决定了一台受理机具的盈亏平衡交易量。例如一台 POS 机具的价格为 P 元，按 N 年折旧，每年折旧成本为 P/N 元，通信费用每年 C 元，维护成本为每年 M 元，互联网支付机构按交易金额的一定比例 k 收取服务费用，则一台 POS 机具的盈亏平衡交易量为 $(P/N+C+M)/k$。其中，在 C 和 M 相对固定、折旧年限 N 按企业会计准则规定确定的情况下，受理机具的价格 P 直接影响盈亏平衡交易量。若布放受理机具的网点交易量低于盈亏平衡交易量，则布放越多，其亏损越大。设某型号 POS 机具为 900 元，按 5 年折旧，采用有线模式（通信成本忽略不计），年维护成本 100 元，净手续费率（预付卡需扣减充值费率）为 0.5%，则盈亏平衡交易量为 5.6 万元。对于预付卡而言，每台 POS 机具 5.6 万元的交易量还是具有一定挑战性的。

通常情况下，受理机具价格呈现下降趋势，似乎不会对互联网支付机构带来不利影响，实际上，受理机具价格下降，竞争对手替换低价受理机具，其盈亏平衡交易量下降，竞争能力相对提升，进而给其带来不利影响。同时，受理机具的绝对价格也决定了其业务拓展范围。

（四）股票价格

股票价格对金融科技企业的影响可以分为三种情况：一是以股票/股权作为质押融资；二是参照股票价格确定目标公司的价值；三是资金分流作用。互联网小额贷款机构，通常会涉及以股票/股权质押融资，因此，股票价格及其波动直接影响质押品价值，进而影响融资规模，影响这类机构的业务规模。可见，股票价格可能为前述机构的风险事项。对于互联网支付机构而言，股票价格通常不是其风险事项，当然，若个别互联网支付机构挪用客户备付金投资股票，则必然成为其风险事项。对于互联网征信机构，股票价格主要通过合作机构传递，通常也是其风险事项。对于互联网保险机构，若开展万能险，股票价格的资金分流作用会对其客户资金产生影响，此时，股票价格也会是其风险事项。

（五）费率

如前所述，对于不同业态的金融科技企业，费率意义不同。在此，逐业态做简要分析。

互联网小额贷款机构和互联网消费金融机构，费率包括融资费率和放贷费率两个方面，融资费率即两类机构在融资过程中，支付给债权人外的中介机构的成本占融资金额的比例。中介机构的成本包括会计师事务所、律师事务所、担保人和其他中间人等收取的费用。通常情况下，融资费率在 0.5%～5%。放贷费率即两类机构在发放贷款的过程中支付给业务人员和其他中介机构（如相关获客渠道）的成本占放贷金额的比例。通常情况下，放贷费率在 1%~10%。显然，费率高低及其波动均会对两类机构产生影响，融资费率和放贷费率均是两类机构的风险事项。

就互联网支付机构而言，费率包括手续费率、入金费率等费率，手续费率即其向客户（主要是商户）按交易金额收取的费用，该项服务费率因具体支付工具不同差异较大，就互联网支付而言，其向商户收取的手续费率通常在 0.5%~1.5%；就预付卡而言，向商户收取的手续费率通常在 0.5%~1.5%；银行卡收单，按照《国家发展改革委中国人民银行关于完善银行卡刷卡手续费定价机制的通知》（发改价格〔2016〕557号）的规定，借记卡按 0.382 5%保底，贷记卡按 0.482 5%保底，其余部分由收单机构按市场化原则与商户约定；跨境支付则通常为 3%~6%。入金费率即客户向互联网支付机构的客户备付金账户转入资金时，互联网支付机构承担的费用占转入资金的比例，因支付工具不同，差异也很大，在按比例收费的情况下，通常在 0%~0.2%不等。就互联网支付机构而言，手续费率下降，给其带来不利影响，入金费率上升，也会给其带来不利影响。目前互联网支付机构在手续费率上竞争比较激烈，尤其是发改价格〔2016〕557号文将收单费率市场化后，竞争将更趋激烈。就入金费率而言，各支付机构差异较大，但随着中国支付清算协会网联平台的建立，各家互联网支付机构的互联网业务的入金费率有望趋于一致。

就互联网征信机构而言，费率实际上是其对外提供服务收取的价格，其通常按查询数据笔数收取，部分查询业务免费，部分查询业务收费，总体而言，行业竞争已经开始趋于激烈。就互联网保险机构而言，费率通常就是保险公司向保险专业中介机构和第三方网络平台支付的费用占保费的一定比例。该项比例通常低于保险公司支付给业务人员的费用比例，因保险产品不同差异较大，本书不再赘述。

（六）市场开拓

与流动性风险的渠道类风险事项相同，市场开拓不确定性事项包括入金渠道、存管渠道和客户渠道三种类型。

第一，入金渠道，即金融科技企业缺乏足够的资金转入或融入渠道，给其带来的不利影响。就互联网小额贷款机构和互联网消费金融机构而言，若缺乏对外融资渠道，实际对外融资比例低于甚至远低于政策规定的对外融资比例，导致业务发展乏力，当然会给其带来不利影响。就互联网支付机构而言，缺乏足够的入金渠道，典型表现就是支持银行较少和/或充值网点不足（尤其是支持脱机交易的预付卡，须线下充值，即使线上充值也须线下网点向卡片加载金额）将导致其竞争力不足。当前，互联网支付机构多以支持的银行数量作为市场拓展的优势之一，可见入金渠道的重要性。当然，随着中国支付清算协会网联平台的建成，各中小型支付机构的入金渠道有望得以大幅提升，但部分支付机构支持银行数量的优势将丧失。但对于支持脱机交易的预付卡而言，网联平台对其入金渠道并无实质影响。对于互联网征信机构而言，通常不涉及入金渠道。对于互联网保险机构而言，入金渠道相当重要，往往决定客户是否购买其产品，开展万能险的机构更是如此。

第二，存管渠道，即金融科技企业缺乏适格客户资金存管方或资金存管方提供的支付功能不符合客户需求给其带来的不利影响。对于互联网小额贷款机构和互联网消费金融机构而言，其资金存放于银行，两类机构对资金存入银行的议价能力很强，不存在缺乏适格银行问题；同时两类机构与客户之间的资金流向主要是向贷款客户或合作商家转出资金，且交易频繁程度较低，银行现有支付功能通常均能满足其客户需求。因此，存管渠道通常不是两类机构的市场风险事项。对于互联网支付机构而言，通常情况下，银行比较看重客户备付金带来的存款，似乎不存在资金存管方缺失问题，但随着中国人民银行监管力度加大，备付金银行义务加重和工作量增加，加之中国人民银行有意降低客户备付金规模，互联网支付机构可能面临优质资金存管方短缺问题，当然，若将客户备付金存入中国人民银行，存管方不会短缺，但收益会受到损失。就支付功能方面，也存在备付金银行是否愿意为其开通代扣等功能问题，因此，在资金存管方不缺失的情况下，备付金银行提供的支付功能也可能难以满足其客户的支付需求。因此，存管渠道也是互联网支付机构的风险事项。对于互联网征信机构，与费率相似，存管渠道通过其合作伙伴间接向其传导。对于互联网保险机构，主要是第三方网络平台，其资金存管方对其市场业务的影响至关重要，轻则影响用户体验，重则导致平台违规面临关闭。

第三，客户渠道，即金融科技企业因客户引流渠道方面的原因导致客户需求不足的情形。与流动性风险分析相似，互联网小额贷款机构和互联网消费金融机构，在渠道引流的过程中，通常会面临有效渠道不足，导致优质贷款客户不足，市场开拓受限。对于互联网支付机构，从业机构之间对具有互联网支付需求的商户竞争已经白热化。对于互联网征信机构，其通常通过合作机构间接受到客户渠道的影响。对于互联网保险机构，也会受到客户渠道的影响。

二、主观状态

（一）恶意风险事项

恶意风险事项即金融科技企业因内外部人员或机构等的恶意行为影响其市场份额，进而对其产生不利影响的风险事项。此类风险事项通常也是操作风险的风险事项，实际上是金融科技企业发生了操作风险事件向市场风险传导。

对于互联网小额贷款机构和互联网消费金融机构而言，内部人员（如市场人员）在与贷款客户开展业务合作过程中，索取回扣等恶意行为偶有发生，该等行为必然会提升融资人的成本，降低两类机构的产品竞争力，进而降低其市场份额。就外部而言，一种情况是两类机构的人员（尤其是市场人员）离职，可能会带走部分优质客户，影响其业务拓展；另一种情况是外部人员恶意披露不真实的相关信息（如不良率指标）导致两类机构外部融资受挫。当然，外部机构恶意降低贷款利率，抢占市场份额的可能性很小。

对于互联网支付机构而言，与互联网小额贷款机构类似，内部人员（尤其是市场人员）恶意向合作商户索取利益的情况也偶有发生，同样会提升其对外费率，降低其市场竞争力；另外，内部人员恶意向竞争对手提供与合作商户的价格信息，也会影响其市场份额。通常情况下，离职人员带走客户名单导致互联网支付机构客户流失的可能性较小，毕竟商户合作需要进行系统对接，其切换成本较高。就外部而言，竞争对手和离职人员对其进行不实宣传、恶意宣传，或者有意披露其遭受处罚等信息，更有甚者合作商户的业务人员恶意引导合作商户的客户使用其他互联网支付机构的支付工具，通常也会影响其对外合作关系，最终也会影响其市场份额。

对于互联网征信机构和互联网保险机构而言，内部人员恶意向竞争对手泄露客户名单或价格信息，可能对其带来不利影响。由于切换成本低，离职人员带走客户名单也会影响其市场份额。就外部而言，主要是竞争对手实施恶意价格战，抢占市场份额，导致其市场份额大幅下降。

（二）非恶意风险事项

非恶意风险事项即金融科技企业因内外部人员或机构的非恶意行为影响其市场份额，进而对其产生不利影响的风险事项。与恶意风险事项类似，非恶意风险事项实际上也是金融科技企业发生了操作风险事件向市场风险传导。

互联网小额贷款机构和互联网消费金融机构：一是内部人员无意泄露两类机构敏感信息（如融资成本）将可能降低其对外拓展业务中的议价能力。例如与资产引流渠道合作谈判中，资产引流渠道会基于贷款利率和两类机构的融资成本估计大致利润空间，进而调整其渠道费用，内部人员无意泄露了真实融资成本，势必导致其在渠道费用谈判中处于不利地位。二是内部人员无意泄露不实不良信息，也可能导致其外部融资受挫。三是外部而言，前述利率、汇率等波动，均为外部非恶意风险事项。

互联网支付机构：一是内部人员误操作等影响商户合作关系导致商户流失或降低商户合作意愿，为内部因素方面的非恶意风险事项。例如风控人员因对商户业务模式理解有误，风险识别存在偏差，错误拒绝了优质商户；或者风控人员对商户业务模式不熟悉，风险识别时间过长，导致商户合作意愿降低等。二是如前所述，费率、商品价格等通常均为外部非恶意风险事项。另外监管机构和监管力度在本轮整治中，对互联网支付机构的市场份额影响极为重要。个别互联网支付机构被中国人民银行取消了部分省份部分业务的资质，甚至个别支付机构牌照被注销，监管措施和监管力度对市场份额的影响可见一斑。

就互联网征信机构和互联网保险机构而言，其非恶意风险事项主要包括利率、商品价格、费率等，对市场份额影响尤其重大。

区分恶意风险事项和非恶意风险事项的意义在于，对于恶意风险事项，若行业协会等第三方机构介入应对，效果更佳。

三、影响因素

如前所述，按影响因素，风险事项可划分为技术类风险事项和非技术类风险事项。

（一）技术类风险事项

技术类风险事项即金融科技企业因技术方面的原因影响其市场份额，进而对其产生不利影响的风险事项。技术类风险事项可进一步区分为技术进步、技术实施（接口规范、技术人员、联调环境）、技术维护等因素。

1. 技术进步

技术进步风险事项即技术进步导致金融科技企业的现有产品缺乏足够的市场接受力，进而给其市场份额带来不利影响的事项。

就互联网小额贷款机构和互联网消费金融机构而言，两类机构作为以资本为主要驱动力的金融科技企业，技术进步对两类机构信贷产品的影响相对较小。但总体而言，也存在一定影响。例如两类机构在互联网开展业务，必然面临电子合同效力和认证问题。在电子证据保全技术未规模化应用之前，两类机构对一定金额以上的借款合同，往往需要面签，在电子证据保全技术规模化应用之后，则无须客户面签。签约手续电子化后，两类机构的信贷产品在互联网上将更具有竞争力，进而提升两类机构的市场份额，反之，未实施签约手续电子化的机构，其市场份额会相对甚至绝对下降。

就互联网支付机构而言，其产品以支付工具为主，在互联网背景下，技术进步对支付工具的冲击很大。例如就预付卡而言，随着技术进步，M1逻辑加密卡已被破解，取而代之的是CPU芯片卡等高安全性的IC卡。对于已大规模发行或受理M1卡的互联网支付机构而言，除卡片升级外，它们还必将面临受理机具升级，不管是卡片升级还是受理机具升级，在升级过程中必然影响其市场份额。可见，技术进步通常为互联网支付机构的风险事项。

互联网征信机构和互联网保险机构，与互联网小额贷款机构类似，不再赘述。

2. 技术实施

金融科技企业的对外技术接口、技术人员和联调环境均可能影响其市场份额，这些因素通常是其市场风险事项。

就互联网小额贷款机构和互联网消费金融机构而言，一是对外接口越规范，在与合作渠道进行业务合作、系统对接过程中，合作渠道花费的人力和财力越少，合作项目上线越快，其市场份额可能越大，反之则可能越小，甚至最终合作失败，丧失市场份额。二是两类机构的技术人员配备越充足，技术能力越强，合作渠道技术对接越顺畅，合作项目上线越快，市场份额可能越高，反之可能越低。三是两类机构的联调环境与生产环境的差异越小，可支持的测试用例越多，则合作渠道系统对接后测试越充分，正式上线时间越短，则市场份额抢占速度越快，反正可能越慢。总体而言，两类机构与合作渠道进行系统对接频率较低，技术实施对其影响相对较小。

就互联网支付机构而言，技术实施主要在于商户端，商户可分普通商户和行业商户（含特殊的普通商户）两类。普通商户在系统对接方面通常表现为个性化需求少，互联网支付机构的现有接口能满足其需要。因此，互联网支付机构的对外接口规范、技术人员和联调环境对其市场份额的影响与互联网小额贷款机构相似。对于行业商户（潜在业务规模量大，且支付接口难以标准化的商户）和新兴业务普通商户即特殊的普通商户，其系统对接的个性化需求往往较多，互联网支付机构的现有接口往往很难满足其需求，此时互联网支付机构的技术人员数量和能力对其市场份额的重要性尤其突出。总体而言，互联网支付机构与商户进行系统对接频率较高，技术实施对其市场份额影响很大。

互联网征信机构以提供数据信息服务为主，系统对接频次较高，技术实施对其市场份额的影响与互联网支付机构相似。互联网保险机构以提供金融资产为主，且对外技术对接频次低，技术实施对其市场份额的影响与互联网小额贷款机构相似。

3. 技术维护

这类的技术维护指金融科技企业对信息科技系统的维护及时性和有效性对其市场份额带来的影响。就金融科技企业而言，其信息科技系统上线运行期间出现故障后，维护是否及时，能否在客户容忍的时间内迅速排除故障，对其市场份额影响往往较大。

就互联网小额贷款机构和互联网消费金融机构而言，技术维护表现在两个方面，一是面向贷款客户端的业务系统维护的及时性和有效性，二是对合作渠道端的业务系统维护的及时性和有效性。维护越及时、越有效，其客户流失的可能性就越低，反之亦然。总体而言，两类机构在互联网上开展业务，技术维护对其市场份额的影响相当重要。

就互联网支付机构而言，技术维护也表现在两个方面，一个方面是面向 C 端用户的业务系统维护的及时性和有效性，对于行业龙头企业而言，其及时性和有效性不足通常尚不至于导致 C 端用户流失，但对于非行业龙头企业，则及时性和有效性不足往往容易导致 C 端用户流失。另一个方面是面向商户端的业务系统维护的及时性和有效性，不管是行业龙头企业还是非龙头企业，其及时性和有效性不足，通常均会导致商户流失。尤其是行业商户，其业务规模大，对维护的及时性和有效性要求高，一旦维护的及时性和有效性难以满足其要求，轻则出现负面消息（曾发生某支付机构业务系统出现故障未在客户容忍时间内排除，导致其行业客户登报说明相关事宜的风险事件），重则导致合作终止（曾发生某互联网支付机构业务系统故障未在合作商户容忍时间内排除，最终导致合作商户转向其他互联网支付机构的事件）。

互联网征信机构，其客户通常为单位，技术维护对其市场份额的影响与互联网支付机构在商户端的影响相似。互联网保险机构，其客户通常为个人客户，技术维护主要体现在用户端，技术维护的及时性和有效性不足，通常尚不至于导致客户流失，但在行业风险加剧的情况下，容易引起投资人猜想，需对客户做出合理及时解释，方可防范化解。

（二）非技术类风险事项

除技术类以外的风险事项，均可列为非技术类风险事项，前面提及的利率、汇率、商品价格、股票价格、费率、监管政策和监管力度等均为非技术类风险事项。此外，用户体验作为一个重要的非技术风险事项，对金融科技企业的市场份额往往具有较大影响，在此，做简要分析。

就互联网小额贷款机构和互联网消费金融机构而言，两类机构在互联网上开展业务时，除信贷产品的利率等因素外，对 C 端用户而言，其用户体验对其市场份额影响往往较大。例如 A 机构的信贷产品需要用户上传身份证、房产证、银行卡等影印件，且需要贷款客户到其所在地面签；B 机构的信贷产品需用户上传身份证、房产证影印件，无须贷款客户面签，审批通过后才上传银行卡影印件。显然，B 机构信贷产品的用户体验更好，同等条件下，其市场份额会更大。就互联网支付机构而言，互联网支付定位为小额快速支付，与银行机构的网上银行等支付工具相比，用户体验对用户而言更为重要，因此用户体验是互联网支付的重要市场风险事项。互联网征信机构以单位客户为主，用户体验重要性相对较低。互联网保险机构而言，用户体验是机构较为重要的市场风险事项。

区分技术类风险事项和非技术类风险事项的意义在于，对于技术类风险事项，金融科技企业的可把控性更强，相反，对于非技术类风险事项，大多数金融科技企业的把控性较弱。

第三节 影响

一、风险因素

（一）利率

1. 基准利率与市场利率

基准利率的不利影响大。一是基准利率是其他利率的基础，且由中央银行确定，从业机构只能被动接受。二是基准利率对所有从业机构均有影响。三是基准利率既影响从业机构的收入，也影响从业机构的成本。

2. 长期利率与短期利率

因从业机构资产期限差异较大，长期利率和短期利率对从业机构的不利影响存在较大差异，总体而言不利影响较大。原因与基准利率相似，本书不再赘述。

3. 行业利率和异业利率

行业利率的不利影响大。一是行业利率与从业机构相关程度高，其不利波动对从业机构影响直接，往往波动越大不利影响越大。二是行业利率对整个行业从业机构均有影响，影响范围广。三是影响行业利率的因素往往是宏观因素，从业机构往往难以改变，只能被动应对。

异业利率的不利影响较大。一是异业利率与从业机构相关程度可能较低。二是异业利率往往会影响行业利率，进而对从业机构产生不利影响。三是异业利率的不利波动往往影响行业内所有从业机构。

4. 人民币利率和外币利率

人民币利率的不利影响大，主要在于从业机构均以人民币利率为基础开展业务，人民币利率涉及面广。外币利率的不利影响较大。主要在于以外币利率开展业务的从业机构极少。

（二）汇率

汇率的不利影响较小。一是以外币开展业务的从业机构较少，目前主要是部分互联网支付机构、部分互联网小额贷款机构和互联网消费金融机构。二是从业机构可对冲汇率风险，例如互联网支付机构可与用户商定汇兑损益承担方式，更为重要的是跨境支付的手续费高，足以覆盖汇率损失。

（三）商品价格

1. 抵质押品

抵质押品价格波动的不利影响大。一是抵质押品的价格直接影响融资金额，进而影响相关从业机构的业务规模。二是对于部分以抵质押品变现作为还款来源的业务，其价格波动甚至影响该项业务的持续性。

2. 受理机具

受理机具的不利影响较小。一是受理机具涉及的从业机构较少。二是受理机具在金融科技从业机构中所占的比重较小。

（四）股票价格

股票价格的不利影响较小。一是涉及股票价格的从业机构较少。二是股票价格所涉业务在从业机构业务中的比重较低。

（五）费率

费率的不利影响大。一是费率直接影响从业机构的收入和成本。二是费率直接决定从业机构的竞争能力。三是从实际情况看，部分从业机构在费率方面进行过度价格战，已对整个行业带来了较大的不利影响，部分行业大部分从业机构连续多年尚未实现盈利便是一例，长此下去，行业集中度过高，最终将损害公众利益。

（六）市场开拓

1. 入金渠道

入金渠道的不利影响大。一是对于互联网小额贷款机构和互联网消费金融机构而言，大多表现为融入资金渠道不够充足。二是对于互联网支付机构而言，大多数中小型机构普遍存在入金渠道数量受限，成本偏高的状况。

2. 存管渠道

存管渠道的不利影响较大。一是存管渠道主要影响互联网支付机构等机构，对互联网小额贷款机构和金融科技机构等机构的影响较小。二是存管渠道对互联网支付机构的影响极大。三是总体情况看，存管渠道的供给在相当长时期内，存在诸多不确定性因素。

3. 客户渠道

客户渠道的不利影响大。理由与其对流动性风险的影响相似，本书不再赘述。

二、主观状态

（一）恶意风险事项

恶意风险事项的不利影响大。理由与前述恶性风险事项相似，本书不再赘述。

（二）非恶性风险事项

非恶性风险事项的不利影响大。理由与前述恶性风险事项相似，本书不再赘述。

三、影响因素

（一）技术类风险事项

1. 技术进步

技术进步的不利影响大。一是技术进步具有较大的普遍性，往往影响同业态诸多从业机构。二是技术进步可能对从业机构的业务模式具有重大影响，甚至具有颠覆性，例如移动支付技术的兴起已导致卡基支付产品出现严重萎缩。三是技术进步具有不可逆性，从业机构只能被动接受，不可逆转其不利影响。

2. 技术实施

技术实施的不利影响大。一是从业机构在开展业务过程中，技术对接越来越多。二是技术对接直接影响从业机构的对外合作是否能最终落地。三是因技术实施问题导致合作失败的案例屡见不鲜。

3. 技术维护

技术维护的不利影响大。一是技术维护涉及所有从业机构，至少所有从业机构的面向 C 端用户的技术维护对其具有重大影响。二是技术维护具有较强的传导性，例如存管机构技术维护不及时可能向互联网支付机构等机构传导。三是实务中也确实发生过因技术维护方面原因导致从业机构丢失客户的现象。

（二）非技术类风险事项

非技术类风险事项范围较广，不利影响大小各异，应对思路也往往千差万别，在此略去。

四、其他风险

根据前文对风险的分类，本书针对其中五大类风险分别详细阐述，此外金融科技在开展业务过程中，还可能面临项目风险、战略风险、洗钱风险和声誉风险等风险，不再论述。

思考题

1. 请区分巴塞尔委员会和银保监会对市场风险定义的不同之处。

2. 参照巴塞尔委员会和银保监会对市场风险的定义，请结合金融科技各业态产品实际情况阐明市场风险的定义。

3. 请说明金融科技行业市场风险具有哪些特征。

4. 金融科技企业市场风险存在哪些风险事项？

5. 基准利率的不利影响因素有哪些？

下篇　风险管理

在上篇中，本书结合金融科技的几种常见业态，讨论了信用风险、操作风险、合规风险、流动性风险、市场风险等。在下篇中，本书将从从业机构和监管机构等角度，讨论全面风险管理问题。本书认为，从风险角度看，从业机构应当实施全面风险管理，构建全面风险管理体系，促使金融科技健康发展。全面风险管理体系由从业机构的全面风险管理体系和监管机构实施的监管沙盒和监管科技组成。

全面风险管理体系由识别体系、评估体系、应对体系、监察体系和披露体系五大体系构成，具体应对信用风险、操作风险、合规风险、流动性风险、市场风险五大风险。全面风险管理体系可由产品、时间和事件三要素之一启动，产品启动的情形通常为从业机构开发设计新产品时，一并启动识别、评估、应对、监察和披露等体系；时间启动的情形为从业机构定期（含首次）建立健全识别、评估、应对、监察和披露等体系；事件启动的情形为发生内外部事件时，从业机构择机启动识别、评估、应对、监察和披露等体系。另外，全面风险管理体系须由从业机构的股东（大）会、董事会、监事会和管理层等人员主导，在普通员工的广泛参与下，在全面风险管理文化的影响下，共同推进、共同实施。并且，全面风险管理体系还需要从业机构的客户、第三方机构（包括合作方）和社会公众的广泛参与。

全面风险防控体系由研制体系、核验体系、支撑体系、评价体系和披露体系五大体系构成，研制体系负责完成风险管理相关标准和规范的研制工作，核验体系则根据相关标准和规范对会员单位和申请单位进行核验，支撑体系为向会员单位和/或非会员单位提供支撑服务，帮助其实施全面风险管理。评价体系对会员单位等单位实施全面风险管理、落实相关标准和规范的情况进行评价，披露体系则向社会公众、会员单位披露相关评价结果等信息，向"一行三会"、公安部门、检察系统、法院系统、工信部和网信办等提交相关评价报告。值得注意的是，全面风险防控体系会适当"穿透"从业机构的全面风险管理体系，涉及八大风险的防范和监控。

第七章

全面风险管理体系（一）

如前所述，全面风险管理体系由识别、评估、应对、监察和披露五大体系构成，全面应对信用风险、操作风险等五大风险，结合较为丰富的全面风险管理体系建设实践经验，将其进一步细化为由五大体系、七大系统和五大风险组成的全面风险管理体系，具体框架如图 7-1 所示。

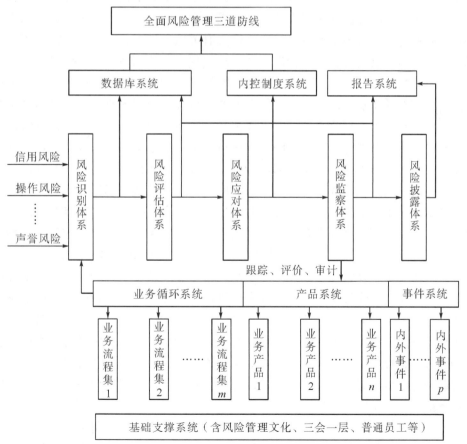

图 7-1　全面风险管理体系具体框架

第一节 基础支撑系统

一、组织架构

基础支撑系统为业务循环系统等其他系统和风险识别体系等其他体系提供支撑作用，具体包括股东（大）会、董事会、监事会、管理层和普通员工在风险管理中的角色定位和职责分工。关于股东（大）会、董事会、监事会和管理层的总体职责，《公司法》中已有规定，不再重复，在此，仅就风险管理方面的职责分析如下：

股东（大）会在风险管理方面的职责为：第一，在组建董事会时，应当重点考虑董事会成员中应当包括具备风险管理相关知识和能力的董事，以便其在公司日常风险管理中有效发挥作用；同时须考虑监事会成员中应有风险监察相关专业胜任能力的监事，以便其在风险管理尤其是风险监察中发挥必要作用。第二，制定公司章程时，明确董事会在风险管理方面的具体权限和职责。第三，在决定经营方针和投资计划时，主导战略风险、合规风险等风险的全过程管理。

董事会在风险管理方面的职责为：第一，须在董事会下设风险管理委员会和审计委员会，并配备足够专业胜任能力的人员开展相应工作。风险管理委员会的职责至少包括：一是制定风险管理基本制度，监督检查有关执行情况；二是审议批准年度风险容忍度指标，跟踪落实有关执行情况；三是对管理层在信用风险、操作风险等五大风险的风险管理情况进行监督，并提出完善风险管理的意见和建议；四是督促管理层采取必要的措施有效识别、评估、监测和控制/缓释风险；五是确保风险管理体系接受内部审计部门的有效审查与监督。内部审计委员会的职责至少包括：一是提议聘请或更换外部审计机构，对外部审计机构的工作进行评价；二是监督公司的内部审计制度及其实施；三是负责与内部审计与外部审计之间的沟通；四是审核公司的财务信息及其披露；五是协助制定和审查公司内部控制制度，对重大关联交易进行审计、监督；六是对财务部门、审计部门包括其负责人的工作进行评价；七是配合监事会的监事审计活动。第二，在制订年度经营计划时，如前所述，对五大风险分别确定经营目标。第三，设置风险管理部门、内部审计部门和业务部门，并明确其各自职责。一般而言，业务部门具体实施风险管理部门设置的风险防范措施、落实风险管理方案，配合风险管理部门开展其他风险管理工作，形成全面风险管理体系的第一道防线。风险管理部门牵头，在业务部门的配合下负责风险识别、风险评估、风险应对和风险监察等风险管理工作，并对风险管理体系的有效性进行定期评价，在董事会风险管理委员会和管理层的领导下，形成全面风险管理体系的第二道防线。内部审计部门对业务部门和风险管理部门等开展内部审计，与外部审计师、行业协会和监管机构一起形成全面风险管理体系的第三道防线。

管理层在风险管理方面的职责为：第一，分解、落实董事会制定的风险相关的经营目标。第二，配备专门高级管理人员领导风险管理部门开展风险管理工作，配备专门高级管理人员指导内部审计部门开展内部审计工作。第三，设置风险管理部门和内部审计部门的相关岗位，并配备足够专业胜任能力的人员。第四，组织实施全面风险管理文化等企业文化建设，形成敬畏风险、经营风险和管理风险的良好氛围。

普通员工的职责：第一，业务部门的员工具体实施风险管理部门设置的防范措施，落实风险管理部门提出的风险防范方案。第二，风险管理部门员工具体落实风险管理相关职责。第三，内部审计部门员工具体落实内部审计相关职责。

二、人员培训

为做实全面风险管理体系，建议从业机构对股东、董事、法定代表人、监事、高级管理人员、普通员工、客户、合作方等进行系统培训。

（一）股东

培训内容至少应当包括互联网思维、互联网精神、行业发展趋势、行业营销模式、战略（主要是总体战略）管理与战略变更、金融科技企业所在业态五大风险现状（尤其是合规风险、战略风险和市场风险）、风险管理相关知识、行业规范等。培训时间方面，鉴于股东时间有限，可考虑选择召开股东（大）会前后。培训人数方面，若条件允许建设对所有股东进行培训；若条件不允许，则培训人数至少应超过半数的股东，最好是累计表决权超过半数的股东。

（二）董事

培训内容至少应当包括互联网思维、互联网精神、行业发展趋势、行业营销模式、《公司法》、《关于促进互联网金融健康发展的指导意见》、《企业内部控制基本规范》、《企业内部控制应用指引》、《企业会计准则》、一行三会发布的部门规章、行业协会发布的相关规范和标准；企业所在业态五大风险的现状、特征及各类风险事项及风险管理具体知识等。培训时间方面，既可以选择董事会召开前后，也可选择其他合适时间。培训形式方面既可由企业内部相关专业人员进行培训，也可邀请外部专家进行不定期培训，当然也可按行业协会要求参加协会组织的专门培训。培训人数方面，最好是所有董事，至少应当培训半数以上董事会成员，并且董事会秘书应当接受培训。

（三）法定代表人

法定代表人通常为董事长，即董事会成员，也有法定代表人为总经理的情形。就培训内容而言，除董事培训内容外，还应当重点培训《合同法》（尤其是关于合同无效、效力待定和可变更可撤销相关内容、表见代理等内容）及相关司法解释、《民法典》及其相关司法解释等内容。在培训形式方面，既可由外部专家或内部专业人员择机进行，也可参加行业协会的相关培训。

（四）监事

培训内容至少应当包括《公司法》、《关于促进互联网金融健康发展的指导意见》、监管机构发布的部门规章、《企业内部控制基本规范》、《企业内部控制审计指引》和《企业内部控制评价指引》、《内部审计准则》、行业协会发布的相关规范和标准、从业机构相关管理制度和业务流程等。培训时间方面，与董事培训相似，既可以选择监事会召开前后，也可选择其他合适时间。培训形式方面以外聘专家和外部审计师为主，若行业协会组织相关培训，则最好参加。培训人数方面，所有监事都应当参加，对职工监事，由于其参与从业机构日常生产经营，还可适当提高培训的深度和难度。

（五）高级管理人员

培训内容至少应当包括《公司法》,《民法典》及其司法解释、《关于促进互联网金融健康发展的指导意见》,一行三会发布的部门规章和其他规范性文件,《企业内部控制基本规范》、《企业内部控制应用指引》,《企业会计准则》,《企业会计准则讲解》,行业协会发布的所有规范和标准,企业所在业态五大风险的现状、定义、特征及从业机构识别出的各种风险的具体风险事项、风险管理相关制度和风险管理业务流程等。培训时间方面,最好定期举行,条件不允许的至少应制订培训计划,按计划不定期举行。培训形式方面,应当是行业协会培训和内部自助培训并重。培训人数方面,所有高级管理人员均应当参与。

（六）普通员工

从业机构应考虑对所有普通员工进行基本制度和具体制度、业务流程、产品体系等方面的培训,同时还应针对不同类型员工进行有针对性的培训,大致情况如下:

1. 清分结算员工

关于清分结算员工,对于放贷为主业的从业机构（如互联网小额贷款机构和互联网消费金融机构）指负责处理从业机构与贷款客户之间资金收付的员工,这类员工通常为从业机构的财务人员;对于中介类从业机构（如互联网支付机构）,则指负责处理收款人与付款人之间资金收付指令的员工,此类员工,通常不得由从业机构的财务人员兼任。

培训内容至少应当包括清分结算管理制度、清分结算业务流程、清结算报表及其相关钩稽关系、从业机构与资金存管方之间的支付指令交互过程、客户出入金资金流顺序、从业机构与资金存管方之间的数据钩稽关系、从业机构与客户之间以及客户与客户之间的资金钩稽关系、从业机构与合作方之间的资金钩稽关系、资金不平账认定标准等。培训形式方面,应当以从业机构内部自助培训为主、行业协会培训交流为辅。培训时间方面:一是清分结算员工入职时进行系统性培训,培训合格后方可上岗;二是新产品开发时,清分结算员工参与产品开发工作,新产品上线前在测试环境中进行测试性培训;三是接入新资金存管方时,若可能,清结算员工参与从业机构与资金存管方之间的支付指令交互过程的设计,至少其应当在新资金存管方上线前,在测试环境中完成所有测试性培训。培训人员方面:清分结算员工应当设置 AB 角,所有清结算员工均应参加培训。

2. 债权债务管理员工

关于债权债务管理员工,对于放贷为主业的从业机构指负责管理从业机构与贷款客户和债权人之间债权债务的员工;对于中介类从业机构,则指负责管理其业务平台上投资人、融资人和担保人等之间债权债务（含主债权债务和从债权债务）的员工。

培训内容至少应当包括《民法典》关于债的相关内容、《公司法》及相关司法解释、业务合同（如借款合同及担保合同）、债权债务报表及其相关钩稽关系、从业机构与客户之间及客户与客户之间的债权债务钩稽关系、从业机构与合作方之间及合作方与客户之间的债权债务钩稽关系、债权债务不平账认定标准等。培训形式方面,与清分结算员工相同,以内部自助培训为主、行业协会培训交流为辅。培训时间方面:一是入职时进行系统性培训,培训合格后方可上岗;二是新产品开发时,债权债务管理员工参与产品开发工作，明确债权债务产生的具体时间和条件；三是接入新资金存管方时，资金存管方上线前在测试环境中进行测试性培训，厘清资金收付与债权债务产生之间的关系。培训人员方面：债权债务管理员工设置 AB 角，所有债权债务管理员工均应参加培训。

3. 客户服务员工

培训内容至少应当包括从业机构现有产品的产品说明书所有内容、客户操作流程、客户资金流程、常见问题及解答、业务合同（如注册合同、支付服务合同、借款合同等）、有关债权债务的常识等内容。培训形式方面，以从业机构自我培训为主。培训时间方面：一是入职时进行系统培训；二是新产品和资金存管方上线前进行针对性培训。培训人员方面：从业机构自有客户服务人员和外包服务人员均应参加培训。

4. 风险管理员工

培训内容至少应当包括常用风险识别方法、风险应对策略、风险评估方法（含定性评估和定量评估）等专业知识，计算机技术相关知识，统计学相关知识，《民法典》及其司法解释，《公司法》及其司法解释，《企业内部控制基本规范》，《企业内部控制应用指引》，《中央企业全面风险管理指引》，监管机构发布的规章和其他规范性文件，从业机构信息科技系统相关技术文档（如需求规格说明书、概要设计说明书、详细设计说明书、测试报告等），行业协会发布的相关规范和标准，从业机构业务系统与资金存管方之间的指令流和资金流情况。培训形式方面，风险管理专业知识以外部培训为主，其他相关内容则可外部培训与内部培训并重。培训时间方面，风险管理专业知识培训应在上岗前完成，其他知识培训可定期或不定期进行。培训人员方面，风险管理专业知识所有人员都应当参与培训，其他内容可区别岗位确定培训的具体内容。

5. 内部审计员工

培训内容至少应当包括审计方法、审计工作底稿、审计报告和审计工作流程等审计专业知识，从业机构信息科技系统相关技术文档，《公司法》，监管机构发布的规章和其他规范性文件，《企业内部控制基本规范》，《企业内部控制审计指引》，《企业内部控制评价指引》《内部审计准则》，行业协会发布的相关规范和标准，相关产品说明书等。培训形式方面，审计专业知识以外部培训为主，其他相关内容则可外部培训与内部培训并重。培训时间方面，审计专业知识培训应当上岗前完成，其他知识应在审计开始前完成。培训人员方面，审计专业知识所有人员都应当参与培训，其他内容可区别岗位确定培训的具体内容。

6. 其他员工

关于其他员工的培训，建议可以由人力资源部门牵头制订年度培训计划，就培训内容、培训时间和培训人员做出统一安排，并将风险管理相关内容纳入年度培训计划中，按计划实施培训。

（七）客户

培训内容至少应当包括产品相关的风险、产品交易结构、产品交易流程、产品资金流动过程等产品信息，从业机构在交易过程中的权利、义务和责任，监管机构和行业协会对从业机构的监管中需要客户配合的相关事项。培训形式方面，以在线培训为主，线下培训为辅。培训时间方面，至少应在客户使用从业机构提供的服务之前，完成相关内容的培训。培训人员方面，应当对所有客户进行培训。

（八）合作方

合作方的培训相对比较复杂，合作事项不同，往往培训内容、培训时间和培训人员也就不同。通常情况下，至少应当就资金清结算和合作业务量对账等事项，在合作事项正式启动前对相关业务人员进行培训。涉及信息科技系统对接的，在系统上线前，应当对合作方相关人员进行测试性培训。

三、风险管理文化建设

对于风险管理企业文化建设，建议将其纳入从业机构企业文化建设中一并进行。总体而言，企业文化实际上就是"一把手"文化，什么样的一把手实际上就决定了企业会有什么样的企业文化。因此，风险管理企业文化建设的首要工作是提升从业机构一把手对风险的认知和敬畏，在一把手的有意推动和潜移默化下，推进风险管理文化建设。

第二节　产品系统

产品系统是一个在产品小组的共同努力下，通过产品设计、产品实现和产品上线等产品过程，向市场提供产品的动态系统。从风险管理角度看，产品设计阶段应重点关注产品要素、交易结构、交易流程、资金流向、风险及防范等因素；产品实现阶段，需重点关注交易流程、资金流向和风险防范的具体落实情况；在产品上线后，则应重点跟踪交易流程、资金流向、风险防范措施的有效性和风险变动情况。总体而言，产品设计阶段对风险管理最为重要。

一、产品小组

人员构成：通常情况下，产品小组成员应当包括产品设计人员、清分结算人员、客户服务人员、技术人员、市场推广人员、风险管理人员。若与合作方联合推出产品，还应当包括合作方相关人员。另外，产品小组至少应当包括一名高级管理人员。

工作职责：产品设计人员负责完成用户操作流程、内部业务流程和外部合作流程的设计，设计产品的具体构成元素（如借贷类产品的期限、利率、金额），完成产品说明书相关内容。清分结算人员负责完成清分结算内部流程、清分结算报表设计、与相关方（如资金存管方）清分结算流程、设计资金流向并与相关方达成一致。客户服务人员在熟悉产品交易结构、交易流程、交易合同和资金流向等相关信息的基础上，从客户角度，设计常见问题及解答。技术人员根据产品设计人员、清分结算人员的工作成果，提出技术实现方案，包括与资金存管方之间的交互指令。市场人员在产品设计人员工作成果的基础上，进行市场分析，参与市场风险的识别、评估和应对工作。风险管理人员根据产品设计人员、清分结算人员、客户服务人员和技术人员的工作成果，在市场人员参与下，针对该项产品依次启动风险识别、风险评估、风险应对等体系，识别评估和应对产品可能蕴含的五大风险，同时将工作成果反馈给相关人员，改进和优化产品设计。高级管理人员负责处理相关人员之间的争议，对职责权限范围内事项进行决策，权限范围外事项提交相关机构（总经理、董事会等）决策。

二、交易结构

交易结构即产品所涉相关方及相关方的主要权利义务。

就互联网小额贷款机构和互联网消费金融机构而言，其交易结构中通常包括其两类机构自身、贷款客户、担保方、登记方（如房屋抵押登记机关、车辆抵押登记机关）、保管方（如质押车辆的保管方）、渠道方（如获客渠道方）和资金代扣方，其中两类机构自身与贷款客户之间为主债权债务关系；两类机构与担保方之间为从债权债务关系；登记方提供从债权（抵押债权）的登记服务，以使从债权发生效力或具有对抗效力；保管方负责保管两类机构收取的质押品；渠道方通常向两类机构引荐贷款客户；资金代扣方则在约定还款日从贷款客户指定账户代扣等额资金到两类机构指定账户。

就互联网支付机构而言，其交易结构中通常包括支付机构、付款方、收款方、备付金银行、入金渠道方和出金渠道方。其中，支付机构与付款方之间为委托付款关系；支付机构与收款方之间为委托收款关系；付款方和收款方之间为因相关法律行为产生的债权债务关系；备付金银行负责存管客户备付金，按支付机构支付指令完成资金收付；入金渠道按支付机构指令完成客户资金转入客户备付金账户工作；出金渠道按支付机构指令完成客户资金从客户备付金账户向指定账户划转工作。

互联网保险机构，就传统保险产品而言，其交易结构中通常包括保险公司、销售方、资金存管方和购买方，其中购买方与保险公司之间为投保人与保险人关系；销售方与保险公司之间通常为代理关系；资金存管方与购买方之间为委托付款关系；资金存管方与销售方之间为委托收款关系。就万能险等理财类保险产品而言，其交易机构中通常包括投资人、融资人、保险公司、资金存管方等相关各方，其中投资人与融资人之间为股权关系或债权关系；这类机构与投资人、融资人之间为居间关系；其他各方之间的关系与互联网小额贷款机构相似。

就互联网征信机构而言，其交易结构中通常包括征信机构、数据提供方、数据信息主体、数据信息查询方等各方，其中征信机构与数据信息查询方之间为债权债务关系（含非金钱债权债务）；征信机构与数据提供方之间也通常为债权债务关系；数据信息主体与数据查询方之间为委托关系；数据信息主体与征信机构之间为保密等非金钱类债权债务关系。

以上分析仅为相关业态交易结构的粗略分析，实际情况实际上还要复杂得多。交易结构的风险管理意义在于：一是明确交易各方权利义务，便于设计交易流程，进而划清各方风险管理的边界；二是基于准确的交易结构，可识别产品蕴含的相关风险事项；三是可通过调整交易结构，实施更好的风险管理，尤其是合规风险管理。

三、交易流程

交易流程与交易结构密切相关，通常情况下与交易结构设计同步完成。交易流程通常按5W方法构建，通过回答谁（who）、在何时（when）、在何地（where）、做何事

（what）、怎么做（how）等问题完成。

关于谁（who），通常为交易结构中的某一方，既可能是具体的人（投资人、付款人），也可能是某一方的信息科技系统。"谁"的风险管理意义在于：对于人实施的操作，须考虑民事行为能力问题，以避免法律行为效力相关风险；对于应由单位实施的操作，若非法定代表人实施，则须考虑授权问题，以免产生无权代理等问题。

关于何时（when），对于人工实施的操作，部分从业机构为通常为 5×8，即工作日上班时间；部分从业机构为 7×8，即每周七天的上班时间，也有 7×24，即每周七天，每天 24 小时均可实施。对于信息科技系统实施的操作，通常为 7×24 小时。"何时"的风险管理意义在于：交易时间往往决定交易各方的权利义务发生时间和履行时间，尤其是履行时间，未按履行时间履行义务往往产生违约责任，进而诱发风险。

关于何地（where），主要指交易各方参与交易的媒介（在互联网背景下，具体物理地点已相对次要，当然关于抵押、质押等必须线下办理的事宜除外）。就当前而言，"何地"无非手机屏、PC 屏和电视大屏三个媒介。三个媒介各有优劣，目前 PC 屏和手机屏为主流，尤以手机屏为甚。随着广电媒体的开放，电视大屏的高品质画面特性将逐渐凸显出来。"何地"的风险管理意义在于：首先，随着互联网竞争白热化，互联网获客成本已日渐飙升，从业机构如何渗入电视大屏开拓这一未饱和市场，对战略风险管理具有重要意义；其次，电视大屏的非移动性等特性对准确定位客户地理位置、准确判断其还款能力，进而对信用风险管理具有重要意义。

关于做何事（what），为产品设计的重点内容之一，并直接关系着交易各方的具体权利义务。其风险管理意义在于：首先，确定各方具体权利义务；其次，确定各方的风险边界，确定后续风险识别的重点；最后，对合规风险往往具有重要意义。

关于怎么做（how），事关交易各方的操作体验，尤其是用户体验，以至于直接关系着产品的最终竞争力。对于客户相关的部分，如前所述通常由产品设计人员完成，其他部分可能由清结算人员完成，也可能由技术人员完成。"怎么做"的风险管理意义在于：其通常也是风险管理的重点内容，是风险识别的重要输入之一。

至于具体产品的交易流程设计，由产品小组根据具体情况完成，不再赘述。在此仅就风险相关事项做一个简要说明。

四、资金流向

资金流向通常与交易流程和交易结构相关，与交易流程的关系最为紧密。资金流向通常包括何时（when）、从何账户（out account）、经过何种资金渠道（cash channel）、转出何种金额资金（how much）、花费多长时间（length）、转入何账户（in account）等要素。

关于"何时（when）"的问题，因产品不同区别较大，具体时间可能是一个、两个甚至是多个。互联网小额贷款机构和互联网消费金融机构，其发放贷款时至少会有一个放款时间，收回贷款本息时视还本付息方式可能为一个时间或多个时间；互联网支付机构，付款人向其划款为一个时间，其向收款人划款为另一个时间；互联网保险机构，投保人付款时间通常仅为一个；互联网征信机构若开展附加担保业务，在履行担保义务时，可能会存在一个放款时间。"何时"的风险管理意义在于：首先，时间的数量及准确确定是交易各方履行金钱支付义务的基础，越过时间界限，须承担继续履行义务并可能承担违约责任；其次，确定产品的时间清单可为风险防范提供支持（如期满前及时提醒）。

关于"转出账户（out account）"的问题：首先，应当区分账户类型是银行账户还是支付账户：一是不同账户类型其支持的最大合规限额不同；二是合作方接受程度不同，通常情况下合作方对银行账户接受程度高，开立所需内部审批手续相对简单，而对支付账户接受程度低，开立所需内部审批手续相对复杂。其次，应当明确账户是单位账户还是个人账户：一是不同账户入金和出金手续费通常不同；二是开立所需手续不同；三是资金限额也往往不同。最后，还应当明确账户是否具有代扣功能，这一功能将直接影响用户体验和资金安全。"转出账户"的风险管理意义在于：一是对合规风险管理具有重要意义；二是影响用户体验并进而对市场风险管理具有较大意义。

关于"何种资金渠道（cash channel）"的问题，即资金从转出账户划至转入账户中间需要经过哪些资金渠道，例如直接通过中国人民银行现代化支付系统、直接通过中国人民银行超级网银系统、经中国银联再经过中国人民银行现代化支付系统、直接连接商业银行系统、经过网联平台再转中国现代化支付系统甚至经过商业银行转互联网支付机构再转商业银行系统或接入中国银联转中国人民银行现代化支付系统等。"何种资金渠道"的风险管理意义在于：不同资金渠道的交易对手、成本、可靠性和接口复杂度通常不同，其中蕴含的风险种类、具体风险事项及其大小也往往不同。

关于"何种金额资金（how much）"的问题，具体包括两个问题：一是资金的币种问题。转出资金为外币，通常存在国家外汇管理局规定的限额，如果转出资金为人民币，则其限额通常由各商业银行自行确定。二是资金的金额分布问题。资金金额分布通常与划拨手续费密切相关，不同渠道其支持的金额不同，手续费计算方式也往往不同。"何种金额资金（how much）"问题的风险管理意义在于：一是资金金额与合规风险管理密切相关；二是与之相关的手续费金额与市场风险管理密切相关。

关于"花费多长时间（length）"的问题，即从付款方向转出账户所在机构（银行或支付机构）提交支付指令到资金到达转入账户所需的时间。通常情况下，这一时间为 1 个工作日，但实际时间视情况可能不到 1 个工作日。该问题的风险管理意义在于：一是与清分结算等相关的操作风险管理密切相关；二是对于 T+0 到账情况，与资金渠道一起还会与信用风险管理密切相关。

关于"转入何账户（in account）"的问题：首先，与转出账户相同，需区分三种类型的账户。其次，对于互联网支付机构的客户，其付款人转入的账户为其客户备付金账户，且按中国人民银行规定账户名称应有"备付金"后缀字样。再次，对于互联网保险机构的投保人，其转入账户不能是第三方网络平台的账户。最后，转入账户是否支持代扣功能，直接影响部分从业机构是否能顺利开展相关业务。该问题的风险管理意义在于：一是与合规风险管理密切相关，近期个别互联网支付机构未将付款人资金转入其客户备付金账户招致行政处罚便是一例。二是对于存在回款的产品，转入账户的代扣功能与信用风险管理密切相关。

以上仅为产品资金流向相关的主要问题，实际产品设计和开发过程中，还存在诸多具有风险管理意义的细节问题有待相关人员逐一识别、评估和应对。

数据流程通常与交易流程和资金流向关系极为紧密。数据流程通常包括谁（发送方）、在什么环节、经过何种渠道、向谁（接收方）、以何种形式、提交何种数据等问题。简言之，数据流程包括发送方、环节、发送渠道、接收方、发送形式、数据内容等问题。

发送方问题与交易流程中的"谁"的问题相同，其风险管理意义也相似。

关于环节的问题，也就是发送方提交数据的场景问题。就 C 端客户而言，提交数据的环节通常为开户、购买、支付等环节；就 B 端客户而言，提交数据的环节可能包括申请、需求上架、支付等环节；就支撑类合作方而言，提交数据的环节可能包括客户下单、客户支付、双方对账等环节。环节问题的风险管理意义在于：一是提交数据的环节越少，用户体验越好，进而产品的市场接受力可能越强，这对市场风险管理具有重要意义。二是提交数据环节越少，数据被泄露的可能性越小，由此引发操作风险的可能性越小。三是提交数据环节越少，风险识别、评估和应对的工作量越小，风险管理成效可能越好。

关于发送渠道的问题：首先是终端渠道问题，终端渠道通常有线下渠道、移动终端（如手机）、PC 电脑、后台服务器四种类型，终端渠道不同，交易成本、交易安全性和交易效率也就不同。其次是传输渠道问题，传输渠道通常有人工渠道、网络渠道两种，网络渠道又可进一步区分为专用网络、准专用网络和公共网络等类型。不同传输渠道，成本、安全性、可靠性和效率也不同。发送渠道的风险管理意义在于：终端渠道和传输渠道不同，其蕴含的风险事项、风险种类也就不同，其后续风险识别、评估和应对等工作也就相应有所区别。

关于接收方的问题：首先是接收方是行政机关还是平等民事主体，若为行政机关，则其接收时间、数据格式、发送方等通常均有统一要求，而对于平等民事主体，则发送方和接收方可以平等协商。其次，实际接收人是自然人还是信息科技系统，两者区别的意义与交易流程中"谁"的区别相似，不再赘述。接收方问题的风险管理意义在于：接收方为行政机关，则合规风险事项较多，接收方为平等民事主体，则更偏重于操作风险事项。

关于发送形式的问题：首先，明文形式还是密文形式，密文形式则由信息泄露诱发的操作风险和声誉风险等较低，而明文形式则恰好相反。其次，纸质形式还是电子形式，纸质形式传输效率较低、便捷性差且很难采用密文形式，电子形式则相反。最后，电子形式是技术接口形式还是文件形式，文件的传输效率较低、误操作引起的操作风险较高，技术接口形式由于信息科技系统的一贯性，其操作风险较低，同时传输效率较高。发送形式问题的风险管理意义在于：不同发送形式与后续风险识别、评估和应对等工作密切相关，甚至与对风险管理人员的专业素质要求也密切相关。

关于数据内容的问题：首先，内容是身份信息还是非身份信息，对于身份信息，其泄露通常会诱发操作风险和声誉风险，身份信息及其真实性可能涉及信用风险，而非身份信息则需要具体分析。其次，内容是资金相关信息还是资金无关信息，资金相关信息（如支付指令和支付响应信息）直接涉及资金安全，资金无关信息则需具体分析。最后，内容是交易数据信息还是交易辅助信息，交易数据信息（如订单信息、投标信息）通常涉及交易各方权利义务的发生或履行，交易辅助信息则通常与交易是否成功完成密切相关。数据内容的风险管理意义在于：一是身份信息涉及信用风险等风险管理；二是资金相关信息通常涉及清分结算等相关操作风险管理；三是交易数据信息通常涉及债权债务相关风险管理，交易辅助信息则通常涉及操作风险管理。

同理，上述论述仅为简要分析，实际产品设计过程中数据流程设计包含了前述要素的诸多流程，每个流程均需要逐一设计，并进行逐一风险管理后续工作。实际上，产品设计和相关风险管理工作是一个逐步迭代的过程，有待于产品小组相关人员共同配合，多轮迭代。同时产品设计通常需要在用户体验和风险管理两个方面进行权衡折中。

第三节　事件系统

事件系统是在事件管理小组共同努力下，收集、处理、披露和善后相关内外部事件，维护从业机构良好形象，提高从业机构风险管理水平和绩效的一个动态系统。从风险管理角度，收集环节应当重点关注事件收集的及时性和全面性，处理过程应重点关注事件处理的有效性和及时性，披露工作应当重点关注事件及处理结果披露的充分性和可信性，善后事宜应当重点关注对相关各方在后续阶段的反应和相关转化工作。在此，仅从事件界定、事件小组、收集环节、处理过程、披露工作和善后事宜，从风险管理角度做一个简要分析。

一、事件界定

事件指从业机构内外部发生的各种风险事项，风险事项的发生便为风险事件。由风险的定义可知，事件会给从业机构带来损失。按发生主体不同，事件可分为内部事件和外部事件。内部事件即从业机构自身发生的风险事件；外部事件即其他从业机构发生的风险事件。按风险类型，事件可分为信用风险事件、操作风险事件、合规风险事件、流动性风险事件、市场风险事件、洗钱风险事件、战略风险事件和声誉风险事件。

区分内部事件和外部事件的风险管理意义在于：一是损失不同，内部事件会给从业机构带来直接损失，外部事件可能会给从业机构带来间接损失，通常情况下直接损失往往较小。二是收集方式不同，内部事件可采用相关激励机制鼓励员工及时报送发生的事件，而外部事件通常由专门人员收集。三是处理方式不同，内部事件涉及整个事件的处理，外部事件更偏重于复核相关产品、制度和流程的风险防范措施。

按风险类型区分事件的风险管理意义在于：一是报告主体不同，就内部事件而言，信用风险事件的报告主体通常为财务部门人员或清分结算部门人员，而合规风险事件的报告主体通常为法律事务部门人员，操作风险事件的报告主体则为所有人员，其他风险事件也因种类不同而有所不同。二是处理方式不同，就内部事件而言，信用风险事件的处理通常为逾期处置工作，声誉风险的处置通常为公关应急处理工作，操作风险的处理则往往需要多部门配合完成，其他风险事件处置也会有所区别。三是风险管理后续工作不同。由后续分析可知，不同风险的风险识别、评估和应对机制存在较大差异，不同种类的风险事件，从业机构在进行复核时须经历的管理流程通常是不同的。

二、事件小组

人员构成：通常情况下，事件小组包括客户服务人员、市场人员、技术人员、风险管理人员、内部审计人员、人力资源管理人员。若涉及合作机构，往往还包括其技术人员、风险管理人员和市场人员。同理，事件小组至少应当包括一名高级管理人员。

工作职责：客户服务人员主要负责收集来自客户方面的事件信息，向客户披露事件处理情况，并维护后续客户关系。就互联网小额贷款机构和互联网消费金融机构而言，其客户主要是贷款客户；就互联网支付机构而言，其客户主要是个人客户，商户通常为其合作机构；就互联网保险机构而言，其客户主要是投保人；就互联网征信机构而言，其通常无此情况下的客户。

市场人员负责收集来自业务合作方的事件信息，与业务合作方协调处理方案。就互联网小额贷款机构和互联网消费金融机构而言，其业务合作方既包括为其提供资金的贷款方、为其提供获客渠道的渠道方，也包括为其提供担保的担保方；就互联网支付机构而言，其业务合作方通常为商户和备付金银行；就互联网保险机构而言，保险公司、保险专业中介机构和第三方网络平台，可能互为业务合作方；互联网征信机构的业务合作方通常包括数据提供方和客户。

技术人员负责为事件的收集、处理等提供技术支持。对于信用风险事件，技术人员的工作至少包括收集债权债务相关的电子证件；对于操作风险事件，技术人员的工作包括从技术角度分析原因，提出技术解决方案、实施经批准的技术解决方案；对于合规风险，技术人员的工作至少包括根据监管机构要求，调整信息科技系统相关参数，甚至调整信息科技系统的相关功能；而对于其他风险事件，技术人员也可能提供分析支持，不再赘述。

风险管理人员负责牵头处理内部风险事件，分析外部风险事件并据此复核从业机构的制度、流程和产品。对于内部风险事件，风险管理人员通常需要复核相关风险防范措施失效的原因及其他风险防范措施的有效性等后续风险管理工作。同时，因风险类型不同，其具体工作也有较大差别：对于内部信用风险事件，还需完成风险处置工作，包括催收、实现担保债权等工作；对于操作风险、合规风险和流动性风险等其他风险，还需牵头制订解决方案并督促实施。

内部审计人员的作用主要在于内部风险事件处理方面，发生内部风险事件后，内部审计人员重点复核相关风险防范措施、风险管理预案的执行情况（包括是否得到执行，是否得到一贯执行）并分析失效原因。另外，内部审计人员还应当分清风险防范措施和方案失效的责任人和责任的大小。

人力资源管理人员根据内部审计人员关于内部风险事件的责任认定，按风险管理绩效相关规定，追究相关责任人的责任。

高级管理人员处理相关人员之间的争议，对相关方案进行初步决策，并就相关重要事项与合作机构和商业伙伴进行沟通，以示重视和负责。

三、收集环节

收集环节与事件类型密切相关，不同事件类型，收集环节的具体工作差异较大。与产品系统的交易流程相似，收集环节也可按5W方法构建，即由谁（who，报告者）、在何时（when，报告时间）、在何地（where，报告渠道）、向谁（who，最终接受者）、报告何事（what，报告内容）等构成。

关于报告者的问题：区分外部事件和内部事件，外部事件最好由从业机构安排专门人员进行跟踪报告。如前所述，内部事件因诱发风险不同，差异较大，总体而言，可以分为员工和信息科技系统两种报告者，员工分为对事件承担直接责任的员工和其他员工，信息科技系统报告的效率较高且具有一贯性，但其误报率也往往较高，但承担直接责任的员工可能隐瞒不报，而其他员工隐瞒不报的可能性小得多。报告者问题的风险管理意义在于：一是对于内部事件能够采用信息科技系统报告的尽量采用信息科技系统报告，以提高报告效率和一贯性，尤其可以避免隐瞒不报的情况发生。对于外部事件，通常难以采用信息科技系统进行报告，须设置专门岗位进行报告。二是对于须由员工报告的内部事件，从业机构最好采用正向激励机制（如内部事件的第一报告者，若是直接责任人，应当减轻或免除其责任，若为非直接责任人，则应当给予奖励），避免漏报和隐瞒不报。三是风险管理人员应当就隐瞒不报等情形，专门设置相应的风险防范措施。

关于报告时间的问题：报告时间由发现事件的时间（发现时间）和发现后到报告前的核实时间（核实时间）两部分组成，理想情况下，发现时间应当为0，事件一旦发生即被发现，但难度较大。核实时间取决于核实的准确程度和详尽程度，要求核实得越准确越详尽，则其所需时间相对越长，反之越短。由信息科技系统实现的报告，其发现时间通常较短，但其往往难以进行准确详尽的核实，相反由人员完成的报告，其发现时间可能较长，但通常核实可做到相对准确和详尽。理想的配置是由信息科技系统完成发现、人员完成核实。报告时间的风险管理意义在于：一是从业机构可根据不同事件对核实准确性和详尽程度的要求，安排由人员实施发现与核实还是信息科技系统实施发现与核实，还是两者结合。二是最好根据预估的事件严重程度，区分情况设置核实时间，对于预计严重的内部事件，缩短其核实时间，尽快向接受者报告，反之可延长核实时间，以便进行详尽准确的报告。

关于报告渠道的问题：首先是报告工具问题，报告工具通常包括电话、短信、微信、电子邮件和纸质文件等工具。不同报告工具的安全性、及时性、准确性和可转达性往往不同，比如电话的安全性好、及时性强、准确性也较高，但向其他相关人员转达时往往容易出现偏差，其可转达性较差。相反，电子邮件形式的安全性较好、及时性较差、准确性也较高，但可转达性好，甚至可以实现100%无偏差转达。其次是报告路径问题。在报告路径的选择上，有逐层报告、并行报告和直达报告三种形式，逐层报告即按从业机构的组织结构层级由下往上逐层报告，直至报告到最终接受者；并行报告即同时向最终接受者及其以下各级人员报告；直达报告即直接向最终接受者一人报告。各种报告路径各有优缺点，逐层报告可尽量减少上级人员的信息过载和工作负担，但传递时间较长；并行报送传递时间较短，但容易导致最终接受者以下所有人员信息过载并消耗大量人员的精力；直达报告则传递时间较短，仅增加最终接受者的工作量，但难以发挥其以下人员的作用。报告渠道的风险管理意义在于：一是根据事件的严重程度和处理范围，选择报告工具，对于预计较严重的事件，通常应当选择电话等报告工具，对于须外部配合的事件，最好采用电话和邮件甚至纸质文件结合的方式进行报告。二是根据事件的严重程度选择报告路径，特别重大事件应当采用并行报告路径，重大事件可以选择直达报告路径，一般事件应当选择逐层报告路径。三是风险管理人员应当定期评估其报告工具和报告路径的选择是否适当，以便提高其风险管理水平和绩效。

关于最终接受者的问题：一是最终接受者的层级问题，即其在从业机构或者相关机构中的组织机构中所处的级别。最终接受者层级越高，其可调动的资源就越多、决策权限越大，但其精力往往越有限，反之亦然。二是接受者人数问题，即从业机构和相关机构中，报告者至最终接受者之间逐层报告路径上的人员数量，人员数量越多，逐层报告时间越长，但最终接受者可委任的方案执行人员越多。三是最终接受者人数问题，即从业机构和相关机构中最终接受者人数。例如互联网支付机构发生支付故障，大量客户入金失败，经初步判断原因在于客户备付金银行的信息科技系统问题，则相关机构为客户备付金银行。四是主导者问题，即在最终接受者为多人情况下，由谁主导整个事件的处理。最终接受者的风险管理意义在于：一是从业机构应当根据事件的预计严重程度确定最终接受者，通常情况下预计严重程度越大，最终接受者层级应当越高。二是从业机构应当根据初步查明的原因，确定相关机构的最终接受者，以便协同处理事件。三是从业机构应当根据事件初步原因与相关机构协商确定主导者，并由其最终确定整个事件的处理。

关于报告内容的问题，即报告者应当报告的具体内容构成问题，至少应当包括报告类型、事件类型、事件原因、事件描述、事件影响范围、预计事件损失（或严重程度）、预计涉及机构等内容。按详尽程度，报告内容有详细报告和简要报告之分，外部事件有足够时间收集整理相关资料，可采用详细报告；对于内部事件的初次报告，往往由于时间紧迫采用简要报告，当然对于内部事件的后续调查分析报告，应采用详细报告。事件类型即报告的事件是外部事件还是内部事件，是信用风险事件、操作风险事件还是合规风险事件等。事件原因即诱发事件发生的直接原因，不同事件的原因往往不同，并且往往决定是否涉及相关机构或客户。事件描述即对风险事件的简要描述，因事件类型不同，其描述差别较大，总体而言，对于初次报告应当尽量简洁明了。事件影响范围即风险事件直接影响的客户范围，影响范围小，则可列示具体清单；影响范围大，则只能列示客户大类及统计数据。预计事件损失（或严重程度）即报告者对事件可能造成的损失的初步估计或对其严重程度的初步判断。预计涉及机构即处理该事件可能涉及的从业机构的合作机构。报告内容的风险管理意义在于：报告内容的完整性和真实性对后续风险管理（含事件处置，相关产品、制度和流程的复核）具有重要作用。

四、处理过程

处理过程因外部事件和内部事件差异较大，外部事件的处理通常为制订并实施行动方案，复核现有风险防范措施和风险管理方案的执行情况和有效性。内部事件的处理则通常包括制订并实施事件调查分析方案和事件处理方案。相关方案通常可由风险管理人员牵头制订并实施。方案的具体内容千差万别，此处不做讨论。但方案通常须由多个行动计划组成，行动计划按 6W 原则构建，即为什么（why，原因）、谁（who，实施者）、何时（when，时间）、何地（where，地点）、做什么（what，操作步骤）和复核者（who）。

原因即实施该项行动的具体原因，也可以理解为实施该项行动的具体目标。方案的目标通常比较宏观、粗略，在制订具体行动计划时，通常需要将方案总体目标进行逐一分解，分解通常可按横向分解和纵向分解两个思路进行，横向分解即将目标分解为更加具体的细化目标，纵向分解则将目标分解为各种中间目标，随着若干中间目标的实现，最终实现方案目标。横向分解的主要目的在于分解任务、落实人员，以便协同推进。纵向分解的目的在于分阶段处理事件，以便降低处理难度和复杂度。例如某互联网支付机构发生重复清算风险事件，横向分解可分解出统计重复清算金额、完成所有重复清算商户的暂停付款工作、完成所有重复清算商户资金回收工作等目标；纵向分解可分解出重复清算原因得以查明、所有重复清算商户名单统计完毕、所有重复清算商户暂停支付和回收款项通知完毕、金额排名前 10 位的重复清算商户款项回收完毕、未收回款项小于暂停支付的款项、全部重复清算款项收回完毕等目标。原因的风险管理意义在于：一是风险管理人员可据此核实目标分解的完备性；二是风险管理人员可据此掌控事件处理的关键路径；三是复核人员可据此复核相应行动计划是否成功完成。

实施者即行动计划的实施人。实施者为每个具体行动计划必不可少的要素。与交易流程相似，实施者包括自然人和信息科技系统。例如清分结算人员整理、录入所有重复清算商户清单，清算数据管理进程按清单导出每个商户的清算交易记录，前者的实施者为自然人，后者的实施者便为信息科技系统。若是自然人则需进一步确定实施者的人数，与行动计划的粒度相关，行动计划越细，则实施者人数越少，反之亦然。建议理想情况下每个行动计划的实施者为 1 人，以便明确责任，若实施者为数人则需明确主导人。若为信息科技系统，在粒度方面需细化到具体的"进程（process）"或"网页"，以提升实施的准确性和可行性。实施者的风险管理意义在于：一是落实责任主体，便于行动计划的实施；二是风险管理人员可根据每项行动计划的实施者人数，判断行动计划的粗细程度，通常情况下，方案越细致可行性越强；三是通常情况下，信息科技系统准确性较高，风险管理人员可根据每项行动计划的实施者类型（自然人和信息科技系统），评估方案实施时间的可控性；四是可根据方案的实施者分配情况，判断资源冲突情况，据此予以调整。

时间包括行动计划的启动时间和结束时间，两者之间的距离为行动计划所消耗的时间。实施者为自然人，其启动时间和结束时间通常相对容易估计，若为信息科技系统，则时间通常需要科技人员根据经验方可做出粗略估计。在精确度方面，因实施者类型差异较大，实施者为自然人，其时间能精确到半小时已具有相当难度，而对于信息科技系统的启动时间，则可以精确到分钟，尤其是自动启动的"进程"，往往需要精确到秒钟。时间的风险管理意义在于：一是根据启动时间和结束时间，可以判断出整个方案的关键行动计划（其延迟完成将影响整个方案的完成时间）和非关键行动计划，并据此调整实施者。二是风险管理人员可根据方案预计时间和实际执行的时间，判断偏差，调整方案，以便及时处理事件。三是为实施者确定时间目标，避免行动计划实施的随意性，导致事件处理在时间上失控。四是时间为工作日和非工作日对方案实施具有重要意义，例如需要异地实施的行动计划，非工作日可减少交通堵塞消耗的时间，同时需要提前通知相关单位非工作日予以配合。

地点包括物理地点和逻辑地点两种类型，物理地点即实施者实施行动计划的地理位置，逻辑地点为实施者实施行动计划的终端（移动终端、PC 电脑、电视机顶盒、后台服务器等）。物理地点不同，实施者到达所需时间通常不同，例如某从业机构将其硬件加密机托管于外省机房，则因密钥体系受攻击事件须对加密机采取行动时，实施者到达时间较长，而对本地机房加密机实施行动计划的到达时间较短。逻辑地点不同，其安全性、便捷性往往不同。地点的风险管理意义在于：一是可根据到达物理地点的时间复核方案的可行性。二是根据物理地点复核方案成本支出的准确性。三是根据逻辑地点判断方案的安全性。

操作步骤即实施者实施行动计划的具体步骤。与实施者相似，操作步骤也存在一个粒度问题。操作步骤越细致，则现场实施时意外情况往往越少，反之亦然。另外，每个操作步骤需设置预期结果，每个操作步骤实际结果与预期结果一致，则行动计划执行正常，否则为异常情况。具体操作步骤构建因待处理事件不同差异较大，本书不再赘述。操作步骤的风险管理意义在于：一是可根据每个操作步骤的预期结果预判行动计划能否达到目标。二是在实施者为自然人的情况下，可根据操作步骤判断其是否具备相应胜任能力。三是根据操作步骤粗细程度可对方案可行性做出初步评估。

复核者对行动者实施行动计划的结果是否达到目标进行复核。关于复核者须关注三个问题：一是复核者类型问题，即由自然人复核还是由信息科技系统复核，自然人复核的准确性低于信息科技系统，但灵活性高于信息科技系统，理想情况是两者结合复核。二是复核粒度问题，即复核者仅对行动计划的最终结果与目标的一致性进行复核，还是需要对操作步骤的预期结果与实际结果的一致性进行复核。对于与资金相关的行动计划最好复核到操作步骤，其他行动计划可视情况决定。三是复核时间问题，即行动计划实施完毕即刻进行复核还是在后续行动计划开始前进行复核的问题。复核时间的问题往往与复核者紧缺程度相关，建议尽量安排在行动计划实施完毕即刻进行复核，尤其是与资金相关的行动计划和行动计划结果变动较快的行动计划。复核者的风险管理意义在于：一是确定适格的复核者对方案的成功至关重要。二是准确把握复核时间可能涉及方案实施正确性的判断。例如对不平账处理的复核，由于客户账户随时处于变动状态，非即刻复核较难判断行动计划的正确性。

五、披露工作

披露工作即对事件处理结果进行对内对外公布的相关工作。外部事件的披露通常披露对比复核结果，内部事件的披露则涉及事件处理的结果和事件原因等情况。在此，就披露涉及的总体要素进行简要讨论。与处理过程类似，总体要素也可按 5W 原则构建，即为什么（why，披露目的）、何时（when，披露时间）、何地（where，披露地点）、向谁（who，披露对象），做什么（what，披露内容）。对于重要的披露内容，还可设置复核者进行复核。

（一）披露目的

披露的总体目的是向当事用户和其他相关方说明事件的原委及处理情况，但因披露对象不同，具体目的有所差异。故，从业机构应当根据披露对象的不同，分别确定披露目的。同时，披露目的不同，则其披露内容、披露时间和披露形式也往往不同。披露目的的风险管理意义在于：一是根据所有披露工作的目的可判断整个披露工作是否达到应达到的目的。二是根据披露目的，可审核披露内容、披露时间等要素是否正确。

（二）披露者

披露者即以谁的名义进行披露的问题。与实施者不同，披露者通常为个人和从业机构自身，不可能成为信息科技系统，并且因披露对象不同，披露者的层级差异较大。披露对象为当事用户，则披露者通常应当为从业机构；披露对象为董事会，则披露者应当为总经理或风险管理总监；披露对象为股东（大）会，则披露者应当为董事会或董事长；披露对象为合作机构和商业伙伴，则披露者为从业机构；披露对象为监管机构或行业协会，则披露者应当为从业机构及法定代表人。披露者的风险管理意义在于：一是根据不同披露对象确定披露者，尤其是向监管机构或行业协会的披露，披露者通常为责任者。二是披露内容必须得到披露者确认后方可进行披露，以避免混乱和误解。三是外部事件和内部事件的披露者差异较大，对于外部事件，披露者通常为总经理或风险管理总监。

（三）披露时间

披露时间即事件处理完毕后，向披露对象披露的具体时间。披露时间涉及两个问题：首先是时间粒度问题，即披露时间的计算单位为周、天、小时还是分钟。通常情况下，事件越严重或影响范围（如当事用户）越广，其时间粒度越小，反之亦然。例如某互联网支付机构发生用户提现失败风险事件，则其时间粒度最好确定为分钟，即处理完成后多少分钟之内立即披露。其次是紧迫性问题，事件处理完毕至披露工作完成的时间长度问题。事件越严重，影响范围越广，其紧迫性越强，时间长度越短，其时间粒度也应当越小。披露时间的风险管理意义在于：披露时间的确定与披露目的的实现密切相关，应当根据披露目的、披露对象合理确定披露时间。

（四）披露地点

披露地点包括披露渠道和送达地点两个问题，披露渠道包括从业机构官网、微博和公众号、从业机构内部通道、点对点通道（仅对当事用户做一对一披露）、公众媒体、监管机构和行业协会官网等，不同的渠道往往对应不同的披露对象。送达地点即披露对象所在的具体地址，对监管机构和当事用户而言，送达地点尤为重要，监管机构可能要求从业机构送达纸质形式披露内容，当事用户可能要求事件处理结果的纸质材料。披露地点的风险管理意义在于：一是应当根据披露对象选择披露渠道和披露地点，以便披露信息的准确送达。二是不同披露渠道的受众多寡不同，披露内容的详尽程度也应当不同。三是不同披露渠道的效果通常不同。四是对于不同事件，往往需要选择不同的披露渠道。

（五）披露对象

披露对象即披露内容的接受者。如前所述，披露对象可能包括当事用户、合作机构、商业伙伴、社会公众、监管机构和行业协会、董事会或董事长、股东（大）会等。披露对象往往决定披露地点的选择，披露对象通常取决于披露目的，同时披露对象与披露内容密切相关。披露对象的风险管理意义在于：一是根据披露对象复核披露地点、披露内容和披露目的的一致性。二是披露对象对披露时间具有较大影响，一般情况下，当事用户对披露时间要求较高，从业机构内部人员对披露时间要求可能较低。

（六）披露内容

披露内容即向披露对象具体披露的信息及格式。具体包括内容详尽程度、内容格式等问题。一般而言，对外部单位和个人的披露，以简洁明了为原则，以详细烦琐为例外，对内部单位和个人的披露则相反。就内容格式而言，通常情况下为电子形式，如前所述，对当事用户、监管机构和行业协会往往需要后补纸质形式披露内容。披露内容的风险管理意义在于：一是根据披露对象不同，复核披露详尽程度。二是根据披露目的，复核披露内容能否达到其目的。三是纸质形式披露应严格按照内部流程办理。

六、善后事宜

对于内部事件，其善后事宜主要工作包括对事件处理过程的总结，对相关责任人员的责任追究，对相关各方反映情况的跟踪，尤其是对当事用户的维护管理。对于外部事件，通常不涉及善后事宜。善后事宜中风险管理应当关注的内容有：一是善后事宜责任人员的落实情况。二是当事用户维护管理的及时性和全面性。三是责任追究的客观性、公平性和适当性。四是对合作单位和商业伙伴回访跟踪的落实情况。善后事宜具体工作构建，大致可参照处理过程，不再重复。

第四节　业务循环系统

业务循环系统是从业机构所有人员（含股东、董事、监事、高级管理人员和其他人员）、信息科技系统、合作机构和客户在经营决策、业务操作、业务合作、使用服务和其他企业运营活动遵循的业务流程构成的动态系统，由于企业业务流程数量较多（通常在200个左右）、各业务流程处理事项差别较大，通常将业务流程按其侧重处理的事项划分为业务循环（若将企业业务划分为10个业务循环，则每个业务循环的平均业务流程在20个左右），由业务循环构成企业的业务循环系统。从业机构业务形态各异，业务流程及业务循环通常千差万别，在此并不讨论具体业态的业务循环和业务流程。

一、循环示例

在此，先给出一个清分结算业务循环示例（相关审批表和台账略去），然后结合该示例对业务循环系统进行简要讨论。

清分结算业务循环（示例）

一、融资者提现（11分钟）

（一）触发条件

清算出纳发现融资者提现申请。

（二）业务操作

1. 清算出纳复核手续费计算是否正确。（1分钟）

2. 清算出纳登录托管平台，填写提现信息。（0.5分钟）

3. 清算会计复核提现信息。（0.5分钟）

4. 清算出纳提交提现申请。（0.5分钟）

5. 项目经理向融资者确认资金到账（银行账户）情况。（2分钟）

6. 若未到账，项目经理启动重划账流程。

7. 若到账，清算出纳打印提现记录，项目经理登记放款到账台账。（2分钟）

8. 清算出纳打印划款银行回单装入档案袋。（2分钟）

9. 清算出纳登记融资者提现划款台账。（2分钟）

10. 清算出纳将档案袋移交项目经理。（0.5分钟）

（三）业务标准

1. 档案袋须包括提现记录、划款银行回单。

2. 融资者提现划款台账签字确认提现划款金额、清算会计复核。

3. 清算出纳每20分钟查看一次提现申请情况。

4. 清算出纳每月第一周二与项目经理核对融资者提现划款台账和放款到账台账的一致性。

（四）完成标志

资金到达融资者的银行账户。

（五）涉及部门、岗位

业务成本部门　项目经理

清分结算部门　清算会计

清分结算部门　清算出纳

（六）维护岗位

清算出纳

二、客户提现（7分钟）

（一）触发条件

1. 清算出纳发现客户提现申请，或者在线客服专员提示。

2. 提现存在手续费，若不存在手续费，则系统自动完成。

（二）业务操作

1. 清算出纳复核手续费计算是否正确。（0.5分钟）

2. 清算出纳登录托管平台，填写提现信息。（1分钟）

3. 清算会计复核提现信息。（0.5分钟）

4. 清算出纳提交提现申请。（0.5分钟）

5. 在线客服专员向客户确认资金到账（银行账户）情况。（2分钟）

6. 若未到账，在线客服专员启动重划账流程。

7. 若到账，清算出纳打印提现记录。（1分钟）

8. 清算出纳登记客户提现划款台账。（1.5分钟）

9. 清算会计复核客户提现划款台账并签字。

（三）业务标准

1. 2万元以上的提现申请，清算出纳通知在线客户专员，在线客户专员进行回访。

2. 系统自动实现的提现申请，清算出纳每月第一个周二由信息技术部门负责人提供数据，补录客户提现划款台账，打印放款记录。

3. 清算出纳每20分钟查看一次提现申请情况。

4. 每月第一个周三核对客户提现划款台账与业务系统记录的一致性。

5. 通常情况不启动该流程。

（四）完成标志

资金到达客户的银行账户。

（五）涉及部门、岗位

客户服务部门　在线客户专员

清分结算部门　清算会计

清分结算部门　清算出纳

信息技术部门　负责人

（六）维护岗位

清算出纳

三、重划账（51分钟）

（一）触发条件

在线客服专员向客户确认资金未到银行账户或者项目经理向融资者确认资金未到银行账户。

（二）业务操作

1. 在线客服专员或项目经理按重划账审批表办理重划账手续。（30分钟）

2. 清算出纳查询客户的托管账户资金流水，是否处于未划款状态，若处于未划款状态，在重划账审批表填写原因为划款未成功，否则转第3步。（2分钟）

3. 清算出纳与托管平台联系，托管平台查明原因进行处理，清算出纳获取原因及处理结果，若托管平台已将款项完整划至提现客户银行账户，在重划账审批表填写原因，转第5步，否则在重划账审批表填写原因，转第4步。（5分钟）

4. 清算出纳或其他人员按重划账审批表处理意见进行处理。（10分钟）

5. 清算出纳、在线客服专员、项目经理分别登记重划账台账。（2分钟）

6. 在线客服专员或项目经理向提现客户确认资金到账情况。（2分钟）

（三）完成标准

清算出纳、在线客服专员、项目经理各自维护台账，每月第一个周三上午完成对账。

（四）完成标志

资金到达提现客户银行账户。

（五）涉及部门、岗位

客服服务部 在线客服专员

项目承办部门 项目经理

清分结算部门 清算出纳

（五）维护岗位

清算出纳

四、重划账纠正（55分钟）

（一）触发条件

对账发现重复划账，或收到提现客户划账重复的通知。

（二）业务操作

1. 清算会计、公司会计、在线客服专员、客户经理按重划账纠正处理表办理审批手续。（30分钟）

2. 信息技术部门负责人查找划款电子依据，风险管理部门操作风险管理岗查找划款纸质依据。（5分钟）

3. 操作风险管理岗核实情况，提出处理意见，并填写重划账纠正处理表。（10分钟）

4. 相关人员按照处理意见执行。（10分钟）

（三）业务标准

1. 清算会计、公司会计、在线客服专员、客户经理各自处理发现的重划账。

2. 内部审计岗每月第一个周的周二抽查是否存在重划账。

（四）完成标志

资金追回。

（五）涉及部门、岗位

客服服务部门 在线客服专员

项目承办部门 项目经理

清分结算部门 清算会计

资金财务部门 公司会计

风险管理部门 操作风险管理岗

风险管理部门 内部审计岗

（六）维护岗位

操作风险管理岗

五、客户账户日核对（10分钟）

（一）触发条件

每天凌晨00：00系统自动启动。

（二）业务操作

1. 清算会计于9：00在业务系统中查看汇总账户核对表和账户日核对表。（2分钟）

2. 清算会计逐一核对是否存在不平账现象。

3. 清算会计导出汇总账户核对表和账户日核对表并保存电子档。（5分钟）

4. 如果存在不平账，清算会计启动托管账户不平账处理流程。（3分钟）

（三）业务标准

1. 如果存在不平账，清算会计在9：30前启动托管账户不平账处理流程。

2. 汇总账户核对表和账户日核对表保存在指定地点。

3. 如果存在不平账，登记托管账户不平账处理台账。

（四）完成标志

导出汇总账户核对表和账户日核对表并保存电子版。如果存在不平账，清算会计启动托管账户不平账处理流程。

（五）涉及部门、岗位

信息技术部门 维护人员

清分结算部门 清算会计

（六）维护岗位

清算会计

六、客户账户月核对（10分钟）

（一）触发条件

每月末凌晨00：00系统自动启动。

（二）业务操作

1. 清算会计每月第一周周一9：30在业务系统中查看汇总账户核对表和账户月核对表（2分钟）。

2. 清算会计逐一核对是否存在不平账现象。（5分钟）

3. 清算会计导出汇总账户核对表和账户月核对表并打印汇总账户核对表纸质档。（3分钟）

4. 如果存在不平账，清算会计启动托管账户不平账处理流程。

（三）业务标准

1. 如果存在不平账，清算会计在10：00前启动托管账户不平账处理流程。

2. 汇总账户核对表和账户月核对表保存在指定地点。

3. 纸质档在当天16：00前交行政管理部门存档。

4. 如果存在不平账，登记托管账户不平账处理台账。

（四）完成标志

导出汇总账户核对表和账户月核对表并保存电子版，同时打印汇总账户核对表纸质档。如果存在不平账，清算会计启动托管账户不平账处理流程。

（五）涉及部门、岗位

信息技术部门 维护人员

行政管理部门 行政专员

清分结算部门 清算会计

（六）维护岗位

清算会计

七、托管账户不平账处理（45分钟）

（一）触发条件

出现托管账户不平账。

（二）业务操作

1. 清算会计填写托管账户不平账处理审批表，并登记托管账户不平账台账。（5分钟）

2. 清算会计按托管账户不平账处理审批表办理相关手续（约0.5天）。（30分钟）

3. 清算出纳执行审批意见，并在托管账户不平账台账做记录（10分钟）。

（三）业务标准

1. 不平账当天处理完成。

2. 操作风险管理岗每月第一周周三核对托管账户不平账处理审批表和托管账户不平账台账的一致性。

（四）完成标志

不平账消除。

（五）涉及部门、岗位

风险管理部门　操作风险管理岗

清分结算部门　清算会计

（六）维护岗位

清算会计

八、投资客户对账（10分钟）

（一）触发条件

投资客户提出对账请求。

（二）业务操作

1. 在线客户专员接受用户请求。（1分钟）

2. 支撑专员生成客户资金流水明细表和客户股权流水明细表。（2分钟）

3. 客户服务部负责人复核客户资金流水明细表和客户股权流水明细表。（5分钟）

4. 在线客户专员将客户资金流水明细表和客户股权流水明细表发给投资客户。（2分钟）

5. 若投资客户反馈资金不平，则在线客服专员告知清算会计启动资金不平账处理流程。

（三）业务标准

1. 当天处理完成。

2. 客户服务部负责人复核客户资金流水明细表和客户股权流水明细表。

（四）完成标志

在线客户专员将客户资金流水明细表和客户股权流水明细表发给投资客户。

（五）涉及部门、岗位

客户服务部门　负责人

客户服务部门　在线客户专员

客户服务部门　支撑专员

（六）维护岗位

在线客户专员

九、项目公司股权对账（1天）

（一）触发条件

每月第一周周一9：00。

（二）业务操作

1. 项目经理生成项目公司股权流水明细表。（1分钟）

2. 项目经理走签章流程，并在项目公司股权流水明细表盖章。（30分钟）

3. 综合管理部行政专员将盖章后的项目公司股权流水明细表邮寄给项目公司，并登记项目公司股权对账台账。（2分钟）

4. 项目经理催促项目公司对账确认并回函，回函交综合管理部门存档。（1天）

5. 若项目公司回函不平，则启动债务不平账处理流程，并登记项目公司不平账台账。（2分钟）

（三）业务标准

1. 若对账不平，当天开始处理。

2. 项目公司回函应盖章。

（四）完成标志

收到项目公司回函。

（五）涉及部门、岗位

综合管理部门　行政专员

项目承办部门　项目经理

（六）维护岗位

项目经理

十、项目公司股权不平账处理（1天）

（一）触发条件

出现项目公司股权不平。

（二）业务操作

1. 项目经理填写项目公司股权不平账处理审批表，并登记项目公司股权不平账台账。（2分钟）

2. 项目经理按项目公司股权不平账处理审批表办理相关手续。（1天）

3. 清算出纳执行审批意见，并在项目公司股权不平账台账做记录。（约10分钟）。

（三）业务标准

1. 不平账当天处理完成。

2. 操作风险管理岗每月第一周周三核对项目公司股权不平账处理审批表和项目公司股权不平账台账的一致性。

（四）完成标志

不平账消除。

（五）涉及部门、岗位

风险管理部门　操作风险管理岗

清分结算部门　清算出纳

项目承办部门　项目经理

（六）维护岗位

项目经理

十一、项目公司资金对账（1天）

（一）触发条件

每月第一周周一9：00。

（二）业务操作

1. 清算会计生成项目公司资金流水明细表。（2分钟）

2. 清算会计走签章流程，并在项目公司资金流水明细表盖章。（3分钟）

3. 综合管理部行政专员将盖章后的项目公司资金流水明细表邮寄给项目公司，并登记项目公司资金对账台账。（2分钟）

4. 清算会计催促项目公司对账确认并回函，回函交综合管理部存档。（1天）

5. 若项目公司回函不平，则启动资金不平账处理流程，并登记资金不平账台账。（2分钟）

（三）业务标准

1. 若对账不平，当天开始处理。

2. 项目公司回函应盖章。

（四）完成标志

收到项目公司回函。

（五）涉及部门、岗位

综合管理部门　行政专员

项目承办部门　项目经理

清分结算部门　清算会计

（六）维护岗位

清算会计

十二、资金不平账处理（45分钟）

（一）触发条件

出现资金不平。

（二）业务操作

1. 清算会计填写资金不平账处理审批表，并登记资金不平账台账。（5分钟）

2. 清算会计按资金不平账处理审批表并办理相关手续。（30分钟）

3. 清算出纳执行审批意见，并在资金不平账台账做记录。（10分钟）

（三）业务标准

1. 不平账当天处理完成。

2. 操作风险管理岗每月第一周周三核对资金不平账处理审批表和资金不平账台账的一致性。

（四）完成标志

不平账消除。

（五）涉及部门、岗位

风险法务部　操作风险管理岗

清分结算部门　清算出纳

清分结算部门　清算会计

（六）维护岗位

清算会计

十三、错划账退款（50分钟）

（一）触发条件

客户提出或相关人员查出错划账。

（二）业务操作

1. 清算会计收到错划账提示，按错划账处理审批表办理手续。（30分钟）

2. 清结算部门负责人确认是否存在错划账，若不存在则终止该流程，并在错划账处理审批表签字确认，否则清算会计按错划账处理审批表继续下一步流程。（5分钟）

3. 清算出纳或公司出纳按错划账处理审批表处理意见处理错划账，登记错划账处理台账。（10分钟）

4. 公司会计按错划账处理审批表进行会计处理。（5分钟）

（三）业务标准

1. 清算会计接到错划账提示当日按错划账处理审批表启动该流程。

2. 操作风险管理岗每月第一周周三核对错划账处理审批表和错划账处理台账的一致性。

（四）完成标准

错划账被收回或划出。

（五）涉及部门、岗位

清分结算部门　清算会计

清分结算部门　清算出纳

资金财务部门　出纳

风险管理部　操作风险管理岗

（六）维护岗位

清算会计

示例为清分结算业务循环，该业务循环按客户资金与自有资金账户分开、清分结算部门和资金财务部门分开、清分结算人员与财务人员分开的原则进行设计，该业务循环偏重于处理与客户资金相关的事项。清分结算业务循环由融资者提现、客户提现、重划账、重划账纠正等13个业务流程构成。就具体业务流程而言，通常包括触发条件、业务操作、业务标准、完成标准、涉及部门及岗位和维护岗位六部分。触发条件即该业务流程启动的条件，达到该条件，业务流程应当立即启动。业务操作为该业务流程实施的具体操作，业务操作通常包含多个步骤，每个步骤设定了具体时间，设置时间的目的在于：一是便于管理人员估计完成某项或某项业务操作大约需要多长时间。二是便于内部审计人员开展绩效审计，提高执行效率。业务标准为实施业务操作必须遵循的相关标准或质量要求：一来便于操作人员按标准开展业务，保证业务质量；二来便于人力资源管理人员实施绩效考核；三来便于内部审计人员开展效能审计。完成标准即该业务流程完成的标志，也就是业务操作的最终结果到达何种效果方可视为业务流程结束。涉及部门及岗位为整个业务流程涉及的部门、每个部门下的具体岗位。涉及部门及岗位的意义在于：一是管理人员可以很容易理清该业务流程涉及的部门和岗位，一旦业务流程出现异常，便可以立即召集相关人员讨论研究。二是当企业产品或信息科技系统发生变化，需要调整业务流程时，可以立即召集相关人员讨论流程调整事宜。三是基于业务流程，人力资源管理人员可以比较轻松地梳理出每个部门的具体部门职责和每个岗位的岗位说明书。四是企业人员发生变动，新员工入职培训后，基于业务流程，其可以比较清楚具体地开展岗位工作，尽量减少由人员变动诱发的操作风险、信用风险等风险事件。维护岗位即负责该业务流程变动的识别、组织和实施的责任岗位，如前所述在企业运营过程中，可能因为信息科技系统发生了升级调整或新产品上线等，需要对原有业务流程进行调整，究竟是否需要调整、需要做哪些调整、怎么调整，需要落实具体岗位，流程维护岗位便为该具体责任岗位。

在对业务循环和业务流程有一定感性认识之后，将就梳理小组、流程类型、流程位阶、前置条件、梳理过程等问题继续进行讨论。

二、梳理小组

（一）人员构成

梳理小组的人员包括风险管理总监、风险管理人员、内部审计人员、技术人员、财务管理人员、清分结算人员、人力资源管理人员、市场人员、产品设计人员和行政管理人员。涉及信息科技系统外包开发的，还包括外包服务商的需求分析人员和软件设计人员等技术人员。涉及外部合作的，还可能包括外部单位的技术人员、产品设计人员等相关人员。

（二）工作职责

梳理小组的总体工作职责为全面梳理从业机构业务循环，将业务循环分解为业务流程，按示例所示梳理业务流程，并按相关规定对业务循环和业务流程予以发布。

风险管理总监：牵头制订业务循环梳理方案，将企业全部业务初步划分为业务循环，并将业务循环细化为业务流程，在梳理小组讨论基础上确定业务循环和业务流程的划分和名称等事宜，在相关人员梳理出业务流程之后，牵头组织梳理小组人员讨论形成业务流程集和业务循环送审稿。

风险管理人员：负责设计风险管理、配合监管机构监管和行业协会自律相关的业务流程，从风险管理角度对其他人员设计的相关业务流程提出改进意见，并为后续风险识别、评估和应对做好准备。

内部审计人员：负责设计内部审计、配合外部审计等相关业务流程，并从内部审计角度（如通过在业务流程中嵌入日志，以提升业务流程操作的可审计性）对相关业务流程提出改进意见，并为后续风险监察做好准备。

技术人员：负责设计技术开发、技术维护、安全管理等相关业务流程，就其他人员设计的须信息科技系统实现的业务流程的可行性等提出意见，并为后续技术实现做好准备。

财务管理人员：负责设计财务管理、会计核算等相关业务流程，就其他人员设计的须支付相关费用的业务流程的合理性等提出意见，并为后续支出做好准备。

清分结算人员：负责设计清分结算、交易数据管理等相关业务流程，如前所述，参与产品设计中相关清结算流程的设计，涉及外部业务合作的，清分结算人员还需与外部合作单位就清分结算流程达成一致。

人力资源管理人员：负责设计人员招录、绩效考核、纪律处分等人力资源管理相关的业务流程，并就其他人员设计的流程中涉及绩效考核等相关内容提出改进意见，为后续绩效考核做好准备工作。

市场人员：负责设计市场推广、市场管理、债权债务管理等相关的业务流程，并就清分结算业务流程等与市场相关的业务流程提出改进意见，为后续清分结算人员与市场人员之间的对账等工作做好准备。

产品设计人员：负责牵头设计产品设计、产品开发和产品上线等相关的业务流程，并就需要技术实现部分与技术人员进行密切沟通，保证产品相关的技术实现的可行性。

行政管理人员：负责设计行政管理、资产管理、采购管理、三会一层会议组织和召开等相关的业务流程，并就需要技术支持的相关部分与技术人员沟通，保障行政工作的效率。

三、流程类型

（一）内部流程与外部流程

业务流程按是否涉及其他合作单位，可划分为内部流程和外部流程。内部流程为业务操作不需要外部单位参与或配合的业务流程，例如互联网支付机构的交易数据入库流程等。外部流程为业务操作需要外部单位参与或配合的业务流程，例如互联网支付机构的对账流程，通常需要商户参与。

区分外部流程和内部流程的意义在于：一是两者的可控程度不同，内部流程从业机构可以完全掌控，但对于外部流程，从业机构往往很难完全掌控，例如在业务操作的时间设置上，内部流程从业机构可以自行决定，而外部流程则需要与外部单位达成一致或在调查统计的基础上合理确定。二是内部流程仅涉及内部人员，发生风险事件责任追究时，通常容易分清责任，而外部流程由于涉及外部人员，在信息不完全对称的情况下，有时难以分清责任。三是在流程调整时，内部流程调整的工作量相对较小，新流程上线也相对较快，而外部流程调整涉及外部单位，工作量相对较大，且新流程上线需告知外部单位，时间往往较长。

（二）人工流程与自动流程

根据业务流程的业务操作由信息科技系统完成还是由人工完成，可将其划分为人工流程、自动流程和混合流程。人工流程即所有业务操作均由人工实施的业务流程，例如互联网支付机构的商户现场核实与拍照流程。自动流程为所有业务操作均由信息科技系统实施的业务流程，例如互联网支付机构的数据清分业务流程等。混合业务流程即部分业务操作由人工完成、部分业务操作由信息科技系统完成的业务流程，例如示例中的客户账号日核对流程、客户账号月核对流程。实际业务中，人工流程和自动流程通常相对较少，而混合流程相对较多，当然具体情况与从业机构的信息化程度高低关系较大。

区分人工流程和自动流程的意义在于：一是两者对风险识别、评估和应对人员的要求不同，前者通常无须技术人员参与，而后者和混合流程往往需要技术人员的参与。二是两者对外部单位的要求也不同，前者的风险识别、评估和应对通常由外部单位的相关人员共同配合完成，后者和混合流程往往由对方的信息科技系统配合共同完成。三是两者对客户的影响不同，前者通常可以比较灵活地处理客户的个性化需求，对客户相对友好，后者和混合流程则相反。四是两者的风险管理有效性不同，前者由人工实施，存在一定的随意性，风险管理的有效性也具有不确定性，后者则具有极强的一贯性，风险管理绩效也往往较好。

（三）资金流程与非资金流程

根据是否处理资金（客户资金和自有资金），可将业务流程划分为资金流程和非资金流程。资金流程指业务操作处理客户或自有资金的业务流程，例如示例中的客户提现业务流程，直接处理客户存管账户中的资金，使其存管账户资金发生变动；互联网支付机构的备付金对账流程，涉及核对备付金收付余数据的一致性。非资金流程指业务操作不涉及或处理客户和自有资金的业务流程，例如互联网支付机构的商户反洗钱检查流程等流程，不涉及客户和自有资金，为非资金业务流程。

区分资金流程和非资金流程的意义在于：一是重视程度不同。由于资金流程涉及客户或自有资金，通常应当给予最高重视程度，非资金流程则可具体分析。二是影响程度不同。资金流程发生操作风险等风险时，可能直接导致客户或从业机构损失，其影响往往比较严重，而非资金流程则需要视情况确定。三是审计人员要求不同。资金流程的审计工作通常需要具有相关财务知识和信息技术知识的人员完成，而非资金流程则需区别对待。

（四）客户流程与非客户流程

按是否由客户参与，业务流程可划分为客户流程和非客户流程。客户流程指需要客户实施业务操作的业务流程，例如互联网支付机构的入金流程、支付流程等需要客户实施相应业务操作。非客户流程指业务操作无须客户参与的业务流程，例如互联网支付机构的备付金核对流程等无须客户参与。

区分客户流程与非客户流程的意义在于：一是是否需要考虑用户体验。客户流程必须考虑用户体验，其设计的优劣直接关系到从业机构业务产品的市场竞争力；而非客户流程对用户体验的要求相对低些。二是是否需要专门人员参与。客户流程通常需要专业人员参与，非客户流程则可视情况决定。三是自动化程度不同。客户流程应以线上操作为原则，线下操作为例外；而非客户流程则需具体分析。四是权衡程度不同。客户流程往往容易在产品人员和风险管理人员之间产生争议，需要在用户体验与风险管理之间进行权衡，而非客户流程则通常以风险管理人员意见为准，无须太多权衡。

四、流程位阶

不同业务流程可能需要从业机构的不同机构进行最终决定，进而产生流程的位阶问题。通常情况下，流程的最终决定机构或人员包括股东（大）会、董事会、监事会、管理层、个别高级管理人员甚至中层干部。最终决定机构层级越高，流程的位阶也就越高，相应地修改调整难度也就越大，消耗的时间往往也就越长。一般来讲，股东（大）会决定的流程通常有股东（大）会召集流程、股东（大）会表决流程、股东（大）会审议流程、股东（大）会决议形成流程等股东（大）会履行职责相关的业务流程。董事会决定的流程通常有董事会召集、审议、表决、决议形成等相关业务流程，基本制度制定相关的业务流程。监事会决定的流程有监事会会议表决、审议和决议形成等相关的业务流程。管理层决定的流程通常为跨不同部门的业务流程，即涉及不同部门的业务流程。个别高级管理人员决定的流程通常为其具体负责部门内部，跨不同岗位之间的业务流程。在产品设计人员和风险管理人员意见一致的情况下，部分客户流程也可由中层干部决定。

流程位阶问题，实际上也是业务流程类型问题，只是因其重要性比较突出，故单独进行讨论。流程位阶的意义在于：一是对于客户流程，在风险管理人员和产品设计人员意见一致的情况下，其最高决定机构可以为个别高级管理人员；意见不一致的情况下，最低决定机构为个别高级管理人员。二是为提高从业机构的执行力和效率，在符合相关法律和风险管理要求的情况下，尽量降低业务流程的位阶。三是对于风险管理和资金管理相关的业务流程，其决定机构最好确定为管理层。四是从风险管理角度，除流程决定机构外，其他任何机构和个人不得对流程进行调整修改。

专栏　金融科技企业真的不需要严格的业务流程吗?

近来，有一种比较流行的观点，即创业公司不需要复杂流程，创业公司的复杂流程控制被称为小企业的大企业病。于是，引发了金融科技企业是否需要严格流程控制的思考和讨论。对于一般创业公司，在创业初期的确无须设计过于复杂的业务流程以降低效率，制约活力。但这并不适合金融科技企业，理由为：一是金融科技行业不适合创业公司涉足。创业公司失败率很高，其他与公众生命财产安全无关的行业，创业公司创业失败往往仅影响创业者自身，而在金融科技行业进行创业，其失败则直接影响到公众的财产安全。就犹如医疗行业不允许普通人员进行创业是一个道理。二是金融是一件严肃的事情，轻则涉及客户的资金安全，重则影响金融稳定，其从业机构必须对相关业务实施严格复杂的流程管理，不可草率从事。三是效率和活力与资金安全和金融稳定相比，后者更为重要。从业机构的效率和活力对于其自身而言，当然重要。但就资金安全和金融稳定而言，则对其客户、区域甚至国家而言，更为重要。当然，就金融科技企业而言，对于不涉及客户资金和融资项目等事项，可以适当灵活处理。

五、前置条件

前置条件即从业机构建立业务循环系统的必要条件。在前置条件具备前，很难构建业务循环系统，前置条件不合理，也往往难以建立合理的业务循环系统。业务循环系统的前置条件至少包括组织结构、部门设置和岗位职责等内容。

（一）组织结构

众所周知，组织结构包括创业型组织机构、职能制组织结构、事业部制组织结构、M 型组织机构、矩阵制组织结构、H 型组织结构和多国企业组织机构等多种形式。因此，从业机构面临的首要问题便是组织结构选择问题。如前所述，金融科技企业并不适合创业公司，因此其组织结构应当排除创业型组织结构。矩阵制组织结构具有较大优势，且金融科技行业的产品设计、项目开发等工作涉及面广，因此可适当采用矩阵制组织结构。就从业机构的常规组织结构而言，初创期从业机构通常以职能制组织机构为宜（示例便是基于职能制组织结构设计），待业务规模发展到一定程度后，可考虑事业部制组织机构等其他组织结构。

职能制组织结构将从业机构常规业务划分为不同部分，每个部分由一个独立职能部门负责，管理层则由高级管理人员负责管理一个或多个职能部门。在职能部门中，清分结算部门、风险管理部门和内部审计部门通常为从业机构必须设置的部门，尤其是清分结算部门负责管理客户资金，必须与管理自有资金的资金财务部门分立。在高级管理人员方面，若对其存在客户数量和交易规模方面的业绩考核，则市场部门、产品部门和技术部门可由一个高级管理人员负责管理；若无前述业绩考核要求，则最好将市场部门和产品部门、技术部门分别由不同高级管理人员负责，否则其容易为降低技术实现难度、减轻技术实现工作量而减损客户体验。职能制组织机构的另一个要点是在每个职能部门下设置具体的岗位，同时每个岗位可配置多人。

关于矩阵制组织结构，即在职能制等职责结构基础上，为处理临时性任务设置项目组，从相关职能部门抽调人员参与项目组，完成特定工作。实际上前述产品小组、事件小组和本部分的梳理小组便为矩阵制组织结构。

（二）部门设置

如前所述，对于职能制组织结构，必须设置相应的职能部门，矩阵制组织结构也基于一定的职能部门。关于部门设置，比较突出的问题包括设置权限、部门多寡和部门职责三个问题。

按《公司法》的规定，部门设置为董事会的基本职责，董事长和总经理均无权决定部门设置。这种权限配置对传统稳定发展的行业完全必要和可行。但对于快速发展的金融科技行业，在"快鱼"吃"慢鱼"而非"大鱼"吃"小鱼"的情况下，从业机构若不能根据行业发展情况，迅速做出业务调整以及与之匹配的部门调整，则不免降低其竞争能力。为此，从业机构必须对部门设置权限进行适当变通：一种选择是将部门设置权限授予董事长，甚至总经理，以便其相机行事，提高企业的市场反应能力。另一种选择是董事会一次性设定一个比较全面的部门设置，授权董事长或总经理根据业务发展需要对相关部门进行适当合并，在业务发展到一定阶段再行分立。

关于部门多寡问题，经分析，传统互联网企业+金融从业机构，其部门设置往往较少，其至缺乏独立的风险管理部门和内部审计部门等必备部门；而传统金融企业+互联网的从业机构则往往相反，风险管理部门、内部审计部门为必备部门，但对互联网运营相关部门则配置不足。部门多寡是表面问题，实质在于从业机构是否深入认识到金融科技的风险实质，并结合互联网运营特点，设置相应的部门。如前所述，对于从业机构，清分结算部门等三个部门应当独立设置，当然对于规模较小的从业机构内部审计部门可以和风险管理部门合并。

关于部门职责，即从业机构在设置部门的基础上，必须明确部门职责，在业务循环系统和内控制度系统（又称"管理制度系统"，下同）建设完成之前，设置明确具体的部门职责具有极大的挑战性，往往只能规定一个比较粗略的职责框架，以指导业务循环系统和内控制度系统的建设，在两个系统建设完成后，尚需根据建设结果进行细化明确。也就是说部门职责的设定存在一个迭代过程。

（三）岗位职责

在设置部门之后，随之而来的便是设置具体岗位、明确岗位职责。按《公司法》的规定，岗位设置和岗位职责无须经董事会审定，按理不存在影响从业机构效率的相关问题，但部分从业机构可能面临岗位设置及人员配置需股东批准的问题。与部门设置权限相似，这势必严重影响从业机构的灵活性和市场竞争力。岗位设置权限和人员数量配置问题，有待从业机构管理层加强与股东沟通，尽量减少其对具体岗位设置和人员数量配置的干预。对于具体岗位设置，从业机构须把控的问题主要是岗位设置必须符合内部控制职责分离等原则，避免操作风险。对于岗位职责，与部门职责相似，同样存在一个迭代过程，在业务循环系统建设完成之前，通常只能做出一个粗略的设置，待业务循环建设完成之后，根据建设结果对岗位职责进行补充完善。

六、梳理过程

梳理过程也即业务循环系统的建设过程，总体而言，包括成立梳理小组、复核前置条件、制订梳理方案、初步讨论、草案审定和发布试行等过程。

（一）成立梳理小组

前面已提及梳理小组的大体人员构成，理想情况下，按前述构成抽调人员成立梳理小组即可。但在实务中，成立工作相对复杂些，尤其是从业机构高级管理人员较多的情况下更是如此。为比较顺利推进该项工作，建议最好由从业机构的董事长组织所有高级管理人员就梳理工作召开专题研究会，在管理层人员之间形成共识，明确目标和意义，这样后续梳理工作方可较为顺利。当然，若条件允许，可在梳理小组之上，设立所有高级管理人员参与的领导小组，定期听取梳理进展，及时进行决策。根据经验，若管理层对梳理工作缺乏足够的认知和共识，梳理工作很可能半途而废，至少难以达到预定目标。

（二）复核前置条件

主要任务：一是复核组织结构、部门设置和岗位职责等是否存在制约从业机构应对行业环境快速变化方面的问题。例如组织结构是否仍为创业型组织结构，部门设置权限是否进行了适当授权，岗位设置和人员配置权限是否由管理层决定等。二是复核组织结构、职能部门和具体岗位的职责是否相对清晰。包括股东（大）会、董事会、监事会和管理层之间的职责是否清晰准确（三会一层相关人员的培训工作由基础支撑系统提供）；部门职责是否具有完备性（所有部门的职责汇总后是否能覆盖从业机构的所有业务）、部门职责是否清晰（部门职责是否相对清晰，足以指导后续业务流程梳理工作）；岗位设置是否完备、岗位职责是否相对清晰。三是复核人员配置情况，即复核高级管理人员的职责分工是否合理，中层干部是否具备足够胜任能力，岗位人员是否到位。

复核人员：鉴于前置条件的重要性，复核前置条件最好由梳理小组组长亲自完成，同时便于其直接就复核情况向管理层及董事会提出改进意见。

复核结果：复核工作完成后，复核人员应当提出不符合之处，并逐一提出改进建议。对于影响后续工作的不符合之处（例如创业型组织结构调整为职能制组织结构），应当与相应决策机构达成一致后方可继续后续工作，对于影响较小的不符合之处，改进工作可与梳理工作并行。因此，复核人员必须审慎确定两类不符合条件的类型。

（三）制定梳理方案

梳理小组成立且达到前置条件的基础上，梳理小组便可立即着手制订梳理方案。梳理方案也就是整个业务循环系统建设的工作方案，因此梳理小组必须在梳理方案经充分讨论达成一致后开始行动。在制订梳理方案过程中，需注意几个问题：一是分阶段。如前所述，从业机构业务流程数量较多，涉及面广，很难一蹴而就。根据经验，梳理工作最好分阶段进行。对于涉及客户资金、风险管理方面的业务流程可放在后阶段梳理，以便梳理人员在取得比较丰富经验的基础上保证质量。二是定模板。梳理工作通常由多人进行，梳理工作开始前，若不确定统一模板，则必然导致各梳理人员梳理的业务流程的格式、要素、粗细程度等五花八门。因此，梳理方案应当明确业务流程的模板，各梳理人员均按统一模板梳理。示例为一种模板，各从业机构可根据自身实际情况确定切实可行的模板。三是定原则。业务流程的业务操作必须符合内部控制要求（如职责分离），同时还必须符合可操作性、可考核性等要求。因此，梳理方案须确定业务流程梳理中应当遵循的原则，一来指导梳理人员开展梳理工作，二来指导审查人员进行初步审查。四是责任到人。在梳理方案中，梳理小组首先须将从业机构所有业务按一定标准划分为若干业务循环，再将业务循环细分为业务流程，业务流程的具体要素由梳理人员补充完成。为提高梳理方案的可行性和可控性，应落实每个业务流程的梳理人员和初步审查人员、梳理完成时间和审查完成时间，梳理人员在梳理完成时间内完成具体要素的补充工作，初步审查人员在审查完成时间内审查完每个业务流程的完备性（所有要素是否补充完整）和合理性（业务操作是否违反原则和内控要求）。五是预留讨论时间。业务流程经初步审查人员审查后，通常情况下完备性和合理性并不存在太大问题。但实务中往往出现单个业务流程完备合理，但业务流程之间存在冲突的问题，尤其是不同梳理人员梳理的业务流程，业务流程之间的冲突往往难以避免。为解决此类问题，一方面梳理方案应指定专门人员统一把关（最好由梳理小组组长来把关），另一方面发现冲突后由梳理小组讨论解决。因此，梳理方案必须为讨论预留足够时间。

（四）初步讨论

在制订梳理方案后，梳理小组相关人员按梳理方案进行业务流程梳理，初步审查人员进行审查。之后，如前所述，需进行梳理小组内部讨论。初步讨论分两种情况：一种情况是梳理小组组长对业务流程的完备性、合理性和冲突进行统一把关。此时，初步讨论内容仅限于梳理小组组长尚有待征求各方意见的事宜，其他内容由其自行决策。另一种情况是梳理小组组长指定的其他人员进行统一把关。此时，通常需要被指定人员就审查出的相关问题逐一讨论，梳理小组组长在听取各方意见后决策。不管哪种情况，梳理小组均应就审查出的所有问题及解决方法逐一记录，以便向相关决定机构重点说明。另外，在初步讨论中，除相关业务流程的梳理人员和初步审查人员应当参与外，其他小组成员也最好参与，以便提高后续梳理和初步审查工作的质量。

（五）草案审定

业务流程经梳理小组讨论决定后，形成业务流程草案，梳理小组组长应根据流程位阶将业务流程草案交决定机构决定。在产品设计中涉及的业务流程，通常由产品小组内部决定即可。在提交业务流程草案时，梳理小组组长应当就初步讨论中涉及的问题向决定机构进行重点说明，以便其有针对性的决策。另外，决定机构在审定业务流程时，很可能会对业务流程的完备性、合理性等提出修改意见。对于这些意见，梳理小组组长应当区别对待，与实际情况相符的，可接受；与事实存在差异的，应当予以说明并据理力争，毕竟决定机构对业务的熟悉程度比较有限。切不可轻易折中妥协，以为后续业务运营埋下诱发风险事件的隐患。

（六）发布试行

业务流程草案经决定机构审定后，从业机构最好以公司名义发文公布。一来传达业务流程具有刚性的信息，所有人员只能尊重执行，不能随意变动，若要变动必须以公司另行发文为准。二来也可体现业务循环系统的正式性和规范性，以提高人员的遵守意识和对业务流程相关要求的敬畏。

业务流程发布之后，接下来便是试运行，在试运行中，风险管理人员应当密切关注试运行中的相关问题，结合试运行中的相关问题，风险管理人员便可启动系统性的风险识别、评估和应对等工作，以便进行业务流程的第二轮迭代。

思考题

1. 请简述股东（大）会在金融科技风险管理方面的职责。
2. 什么是产品系统？它在金融科技企业风险管理中如何发挥作用？
3. 什么是事件系统？它在金融科技企业风险管理中如何发挥作用？
4. 请简述事件的内涵。
5. 业务循环系统是指什么？

第八章

全面风险管理体系（二）

第七章介绍了基础支撑系统、产品系统、事件系统和业务循环系统。本章继续介绍管理制度系统、数据库系统和报告系统。

第一节　管理制度系统

与业务循环系统相似，管理制度系统是从业机构所有人员（含股东、董事、监事、高级管理人员和其他人员）、信息科技系统、合作机构和客户在经营决策、业务操作、业务合作、使用服务和其他企业运营活动遵循的管理制度构成的动态系统。从业机构业务形态各异，管理制度差别较大。在此，仅就管理制度系统的制度位阶、制度类型、与流程的关系、初建小组、建设方案、初建过程等共性问题做简要讨论。

一、制度位阶

按《公司法》的规定，董事会制定基本制度，总经理制定具体制度。除《公司法》提及的基本制度和具体制度外，管理制度系统所称的制度还包括出资人协议、公司章程、股东（大）会决议、董事会决议、管理层纪要等具有规范指导意义的文件。另外，也包括从业机构的分公司、职能部门在其职责权限范围内制定的具有规范指导意义的文件。

可见，管理制度系统所称的"制度"是指相关决定机构制定的具有规范和指导意义的文件。其中，决定机构包括股东（大）会、董事会、监事会、管理层、部分高级管理人员、中层干部等。从决定机构的权力层次看，股东（大）会处于决策权力顶端、第二是董事会和监事会、第三是管理层、第四是部分高级管理人员、最后是中层干部。与权力层次相应的便是制度的效力层次：公司章程类似于国家宪法，从业机构的任何制度均不得与之相抵触，具有最高效力（出资人协议仅约束股东，其对从业机构的影响通过股东（大）会形成的决议或章程体现，并不具有直接约束力）；股东（大）会制定的制度具有较高效力，任何其他制度均不得与之相抵触；顺次是董事会和监事会制定的制度；最后是中层干部制定的制度，其效力最低，不得与公司章程，董事会、监事会、管理层和部分高级管理人员制定的制度相冲突。

据此，管理制度系统的制度位阶为：出资人协议、公司章程和股东（大）会制定的制度作为第一位阶；董事会、监事会制定的制度为第二位阶；管理层制定的制度为第三位阶；部分高级管理人员制定的制度为第四位阶；中层干部制定的制度为第五位阶。制度位阶越低，修改变动的效率越高，反之亦然。

制度位阶的风险管理意义在于：一是灵活性问题。与业务流程相似，金融科技企业需要极强的灵活性以适应快速变动的市场，反映在制度位阶上，在风险可控的情况下，应将制度位阶"下沉"，尽量减少高位阶制度的数量，尽量增加低位阶制度的数量。一个理想的制度体系应该是制度位阶越高，其制度数量越少，制度内容越宽泛，反之制度数量越多，制度内容越具体。二是内容划分问题，即哪些内容应归入高位阶制度、哪些内容应归入低位阶制度。就金融科技企业而言，风险管理、内部审计、财务管理等相关内容应归入高位阶制度，而产品设计、市场推广、IT运营等内容最好归入较低位阶制度，以提升灵活性。三是冲突机制。如前所述，多个制定机构均可制定制度，随之而来的问题便是制度之间的冲突问题，具体包括低位阶制度抵触高位阶制度问题，同位阶制度之间的冲突问题，制度与法律冲突问题，制度与《企业内部控制基本规范》和《企业内部控制应用指引》等冲突问题。这样便产生了如何识别冲突及如何解决冲突的问题。

为解决前述问题及其他相关事项，从业机构最好制定《建章建制规则》，规范制度建设行为，提升制度的刚性、规范性和灵活性。在此，给出一个《建章建制办法（示例）》。

建章建制办法（示例）
第一章 总则

第一条　为规范公司建章建制工作，保障×××××公司（简称"公司"）的合法权益，根据《公司法》和《公司章程》等的规定，制定本办法。

第二条　公司制度和分公司规定的制定、修改和废止，适用本办法。

第三条　本办法所称公司制度是指公司各级决定机构审议通过的规范性文件。决定机构视情况可为董事会、监事会、办公会等。

第四条　本办法所称分公司规定是指分公司颁布的仅适用于本分公司的规范性文件。

第五条　公司制度和分公司规定的制定、修改和废止应当遵循计划性、时效性和适用性原则。

第二章 公司制度

第六条　公司制度的立项、起草、审查、审定、颁发、解释，适用本章之规定。

第七条　公司制度的名称一般称"规则""办法"，也可称"制度"。

第八条　董事会制定、修改和废止的基本制度，可由公司相关部门按照本章之规定立项、起草、审查和审定后，报董事会决议，其名称遵从前条规定。

前款所称的基本制度是指规范如下事项的制度：

（一）公司高级管理人员管理制度相关事项；

（二）财务会计管理制度相关事项；

（三）资产采购及管理相关事项；

（四）风险管理相关事项；

（五）董事会下设专门委员会相关事项；

（六）董事会认为应当由其制定基本制度的其他事项。

第九条　监事会可根据需要制定、修改和废止其履行职责所需的相关制度，该等制度可比照基本制度制定。

第一节　立项

第十条　每年年初由综合管理部牵头，结合公司实际情况，拟订年度制度建设计划。

第十一条　年度制度建设计划报经公司办公会审定由责任部门或责任分公司（本章统称"责任部门"）实施。

第十二条　原则上申请立项的部门或分公司为责任部门；根据公司领导指示制定、修改和废止的制度，由综合管理部报经公司领导确定责任部门。责任部门负责办理制度的起草、审查、审定、颁发、解释等事宜。

第十三条　年度制度建设计划在执行中可以根据实际情况报经董事长、执行董事和总经理同意后予以调整。

第十四条　未列入年度制度建设计划但又确需制定、修改和废止的制度，由与职责最相关的部门或分公司报经董事长、执行董事和总经理同意后修订并列入年度制度建设计划。

第十五条　各部门和分公司报送的立项申请，应当说明所要解决的主要问题、拟确立的主要制度和可能涉及的部门。

第二节　起草

第十六条　公司制度由年度制度建设计划确定的责任部门负责实施起草工作，形成公司制度草案。

第十七条　公司制度草案应当与主管部门相关规定和《公司章程》保持一致，对现行制度进行修订或废止的应特别予以说明。

第十八条　公司制度草案应当符合公司实际，具有可操作性，并与各部门和分公司职责相一致。责任部门应当就涉及其他部门和分公司职责的或者与其他部门和分公司关系紧密的规定，与有关部门和分公司进行充分沟通。

第十九条　公司制度草案应当按照公司公文处理相关规定排版，并以适当形式标明"征求意见稿"。

第三节　审查

第二十条　责任部门完成公司制度草案后，应当发送至公司各部门和分公司征求意见，并同时报送公司领导。责任部门应当为各部门和分公司留足时间供各部门和分公司研议公司制度草案，原则上一个公司制度草案征求意见的时间不得短于2个工作日。

第二十一条　各部门和分公司应当在前款规定时间内及时书面回复责任部门；逾期不回复的，不影响责任部门对公司制度草案的后续工作，同时责任部门可将其逾期情况报送综合管理部门，由综合管理部纳入绩效考评。

第二十一条　风险法务部应当依据现行法律法规和相关监管要求等规定，对责任部门发送的公司制度草案进行审查，并出具制度审查报告，原则上一个公司制度草案的审查时间不得短于3个工作日。

第二十二条　在征求各部门和分公司意见和风险法务部审查意见后，责任部门应当牵头召开由公司领导主持的专题会议，对公司制度草案进行研究，形成送审稿。责任部门在召开专题会议之前，应当书面回复风险法务部出具的制度审查报告，以便风险法务部在专题会议上就未采纳建议等发表意见。

第四节　审定与发布

第二十三条　公司制度送审稿由责任部门报请公司办公会审定。

责任部门在报请公司办公会审定公司制度时，应当将各部门和分公司的意见及采纳情况、风险法务部的审查意见及采纳情况一并提交公司办公会。

第二十四条　公司制度送审稿经公司办公会审定后，责任部门原则上应当在公司办公会结束之日起5个工作日内，根据公司办公会精神对公司制度送审稿进行修订，经风险法务部复核后，形成发布稿。

第二十五条　责任部门在形成发布稿后，应当立即按公司发文流程报经公司领导最终审定，并由综合管理部统一发布。

第二十六条　公司办公会认为应当由董事会制定、修改和废止的基本制度，责任部门应当按董事会相关议事规则报请董事会决议。

第二十七条　公司制度原则上自印发之日起施行。

第二十八条　责任部门负责跟踪其起草的制度的执行情况（如是否符合公司实际、是否符合监管要求、是否符合相关法律法规和政策规定等），并及时提出修订建议。风险法务部可在有关制度执行情况的审计中对制度适用性进行评估，并提出修订建议。

第五节　解释和其他

第二十九条　公司制度原则上由起草部门和分公司解释，最终解释权归最终审议通过机构。

第三十条　公司制度的解释与公司制度具有同等效力。

第三十一条　公司制度的修改和废止程序，适用本章的有关规定。

公司制度的部分条款被修改或者废止的，责任部门必须发布新的制度文本。

第三章　分公司规定

第三十二条　各分公司可参照本办法第二章开展分公司规定的制定、修改和废止工作。

第三十三条　分公司规定的名称一般称"某某分公司规定"。

第三十四条　涉及两个以上分公司的事项，应当制定公司制度。

第三十五条　涉及不同岗位的分公司规定和有关业务操作的分公司规定，原则上应当由风险法务部依据相关法律和《企业内部控制基本规范》及其配套指引进行审查。

第三十六条　送交风险法务部审查的分公司规定，风险法务部应当从以下方面进行审查：

（一）是否符合法律、《公司章程》和公司制度的规定；

（二）是否属于本分公司职能；

（三）是否应当制定公司制度；

（四）是否符合内部控制原则；

（五）其他需要审查的内容。

第四章　效力

第三十七条　《公司章程》和股东会决议具有最高的效力，一切公司制度和分公司规定均不得与其相抵触。

第三十八条　董事会通过的公司制度和董事会决议的效力高于办公会审定的公司制度；公司制度的效力高于分公司规定；分公司规定之间具有同等效力，在各自的规范范围内施行。

第三十九条　同一机构制定的公司制度和分公司规定，特别规定与一般规定不一致的，适用特别规定；新的规定与旧的规定不一致的，适用新的规定。

第四十条　不同分公司的分公司规定之间发生冲突时，由共同上级裁决。

第五章　附则

第四十一条　为执行公司制度和分公司规定，公司、分公司和各部门可拟定相关流程，进一步明确操作时间要求等要素，但相关流程均不得与公司制度和分公司规定相冲突。

第四十二条　本办法所称工作日及依据本办法制定的公司制度涉及的工作日，均指完整工作日。

本办法发布前已实行的公司制度适用前款规定。

第四十三条　本办法由公司董事会审议通过，由董事会负责解释，自××××年××月××日起施行。

二、制度类型

（一）决议纪要和制度规范

按制度的表现形式不同，制度可划分为决议纪要和制度规范。

决议纪要即制定机构以会议决议或会议纪要形式发布的规范、指导性文件。通常情况下，股东（大）会、董事会和监事会召开定期会议和临时会议后，均会以决议形式发布会议成果。其中，含有规范和指导意义内容的文件便是决议类制度。例如授权董事长行使决定公司职能部门的董事会决议，对后续公司运营具有规范指导意义；决定内部审计机构负责人必须向监事会负责并报告工作的监事会决议，对公司内部审计必然具有规范指导意义。同时，管理层全体人员或部分高级管理人员在对相关事项进行决策时，会形成会议纪要，对于具有规范指导意义的会议纪要，便是纪要类制度。例如管理层决定客户资金必须实行同卡进出的纪要，对产品设计、业务运营和市场推广均具有规范指导意义，便为纪要类制度；某高级管理人员与外部合作单位商谈业务的会议纪要中明确双方在未来三年内均采用差额结算机制进行资金清结算，该纪要内容对后续业务合作必然具有规范指导意义，也是纪要类制度。决议类制度和纪要类制度统称为决议纪要类制度。这类制度的特点为：一是形式相对隐蔽。制度规范的内容明确，很容易判断出其是否为制度；而决议纪要则需要根据其具体内容确定其是否具有规范指导意义，才能判断其是否为制度。因此，形式相对隐蔽。二是制定流程相对宽松。制度规范通常需要经过较为严格的流程，决议纪要则未必，尤其是纪要类制度，有时甚至是各方妥协的结果。三是刚性不同。由于决议纪要类制度制定流程相对宽松，因此，其刚性相对较弱，而制度规范则恰好相反。

制度规范指从业机构以章节条文形式发布的具有规范指导意义的文件。这类制度规范为制度的常见形态，其名称通常为某某制度、某某管理办法、某某规则等。这类制度的特点与决议纪要类制度恰好相反。

区分决议纪要和制度规范的意义在于：一是除制度规范外，风险管理人员务必关注和重视决议纪要类制度，对于决议类制度，应重点关注低位阶制度与之冲突的问题；纪要类制度，则应重点关注其对业务发展的影响，对风险管理（如市场风险、操作风险）的意义等。二是就同一机构的决议纪要和制度规范而言，决议纪要通常不得与制度规范相抵触，原因在于后者的制定流程更为严格。三是部分事项最好以制度规范形式发布。例如《劳动合同法》规定企业直接涉及劳动者切身利益的规章制度，应当与工会或者职工代表平等协商确定。若从业机构以决议纪要形式发布与劳动者切身利益相关的规章制度，明显欠妥。

（二）内部制度和外部制度

根据制度约束的对象，可将制度划分为内部制度、外部制度。

内部制度指仅规范指导企业内部人员和从业机构自有信息科技系统的制度。例如《股东（大）会议事规则》规范和指导股东及股东（大）会的相关行为，《董事会议事规则》规范和指导董事和董事会相关行为，《风险管理委员会议事规则》规范和指导董事会下设风险管理委员会自身及其委员的相关行为，《信息科技系统核心参数管理规定》规范和界定信息科技系统核心参数及保密规则并规范科技人员的配置等行为，《密钥体系管理办法》规范和指导从业机构密钥的生成、分发和销毁等行为。外部制度指涉及规范指导企业外部人员相关行为或外部单位科技信息系统的制度。例如互联网支付机构的《业务处理系统技术接口管理办法》，除规范指导其自有信息科技系统的技术接口参数、开放和关闭等事宜外，通常还规范指导商户方信息科技系统的技术接口接入方式、参数配置和启停机制等事宜。

区分内部制度和外部制度的意义在于：一是内部制度的约束对象仅限于企业内部人员或自身信息科技系统，企业对内部制度的可控制性强，从业机构可根据自身实际情况，结合相关规定进行制定，无须与相关方达成一致，也无须考虑其接受程度等。相反外部制度约束对象包括了外部人员和外部合作单位的信息科技系统，在制定和调整过程中须与相关方达成一致或评估制度对相关方的影响。二是内部制度涉及人员较少、涉及面较窄，在进行后续风险管理（识别、评估和应对）时，相对容易，反之外部制度相对较难。三是内部制度在制定和调整过程中，可由从业机构的中台人员和后台人员起草，而外部制度由于涉及外部单位尤其是客户，通常需要由前台人员起草，至少应主要征求其意见。

（三）风险制度和业务制度

按制度所规范指导的内容是否与风险管理相关，可将制度划分为风险制度和业务制度。

风险制度指规范和指导从业机构风险管理事宜的制度。例如从业机构的《全面风险管理制度》规范和指导从业机构实施全面风险管理的相关工作、落实相关部门职责、规定相关管理原则等事宜。互联网支付机构的《商户风险管理制度》规范和指导其对商户的准入标准、定期巡检、清分结算、强制解约等事宜，用以防范商户诱发的合规风险、操作风险和信用风险等风险。业务管理制度指规范和指导从业机构风险管理以外所有其他事宜的制度。例如从业机构的《会计核算制度》《财务报销制度》《工作会议管理办法》等通常不直接涉及风险管理事宜。当然，实务中要严格区分风险制度和业务制度较难，并且实际上所有制度最终均可视为风险管理制度，纯粹的非风险制度基本不存在。

区分风险制度与业务制度的意义在于：一是决定机构不同。金融科技业务本质上仍是金融，金融科技企业在实质上均为金融中介机构（当然有信息中介和信用中介之分）。风险对于金融中介机构具有极端重要性。因此，从业机构的风险制度为其基本制度，应当由董事会审定通过。即使在考虑增强从业机构灵活性进行适当授权的情况下，风险制度也不适宜董事会对外授权。相反，业务制度则可视情况由较低层级的决定机构审议通过。二是刚性程度不同。鉴于风险对从业机构的重要性，风险制度在制定和实施过程中，均应保持相当强的刚性，不宜出现过多的可自由裁量的内容。相反，为增加从业机构的灵活性、发挥人员的积极性，业务制度则可视情况做出一些可自由裁量的规定。三是表现形式不同。基于风险的重要性和风险制度的刚性，风险制度通常应当采用制度规范形式，不宜采用决议纪要形式，即使在特殊情况下采取了决议纪要形式，也应当尽快将其上升为制度规范形式。而业务制度则可视情况，灵活选取表现形式。

（四）监管相关制度和监管无关制度

按制度内容是否与法律、监管机构和行业协会的要求相关，可将制度划分为监管相关制度和监管无关制度。

监管相关制度及其内容为贯彻、落实法律规定、监管机构和行业协会的监管要求和标准的制度。例如互联网支付机构为落实监管机构关于客户备付金管理相关规定，制定的《客户备付金管理制度》。监管无关制度及其内容并非贯彻、落实法律规定、监管机构和行业协会的监管要求和标准的制度。例如从业机构制定的《清分结算管理办法》《信息安全管理办法》等制度。与风险制度和业务制度相似，实务中也存在部分制度难以区分其为监管相关制度和监管无关制度的情形。往往一项制度部分内容与监管相关，部分与监管无关，出于审慎考虑，这种制度也被视为监管相关制度。

区分监管相关制度和监管无关制度的意义在于：一是表现形式不同。监管相关制度直接反映法律、监管机构和行业协会的要求，监管机构和行业协会实施监管和行业自律时，通常要求从业机构将相关制度装订成册，甚至报其备案。因此，在表现形式上应当采用制度规范格式，而非决议纪要形式。而监管无关制度则可视情况采用两种表现形式。二是合规要求不同。监管相关制度的内容必须与法律、监管机构和行业协会的要求相一致，不得与之抵触，并对其进行细化和落实，因此监管相关制度相关草案在审查时，除内部控制相关要求外，还需要以法律、监管机构和行业协会的相关要求为依据进行合规性审查。而监管无关制度则通常仅需要从内部控制要求角度进行合规性审查。三是刚性要求不同。监管相关制度中法律、监管机构和行业协会有相关要求的，制度内容只能按照相关要求设定，从业机构不得设定自由裁量。相反，监管无关制度则可根据实际情况设定自由裁量规定。

（五）资金制度和非资金制度

根据规范指导事项是否涉及从业机构自有资金或客户资金，可将制度划分为资金制度和非资金制度。

资金制度指规范和指导从业机构自有资金或客户资金管理的制度。例如从业机构的财务报销、会计核算等相关制度，规范和指导其自有资金管理；互联网支付机构的清分结算制度及这类机构的资金不平账处理相关制度。这些制度均规范和指导该类机构的客户资金管理。非资金制度指规范和指导从业机构自有资金和客户资金外其他事项管理的制度。非资金制度不涉及资金，其中部分制度与资金制度相比，重要性较弱，但也有部分制度的重要性与资金制定相同。例如与客户债权债务管理相关的制度、与资金无关的风险管理制度等。

区分资金制度与非资金制度的意义在于：一是位阶要求不同。与风险制度相似，基于其重要性，通常由董事会等机构审定。同理，即使授权董事长行使董事会部分职权，也不应将资金制度的决定权授予其行使。相反，非资金制度则可以根据具体情况，决定由董事会审定还是授权董事长审定。二是合规要求不同。资金制度除须遵守内控相关要求外，还需遵循国家关于资金管理的相关规定，因此在进行制度合规性审查时，还需要以国家资金管理的相关规定为依据。三是与风险制度相似，刚性程度不同，此处不再重复。

（六）技术实施制度和人工实施制度

根据制度内容主要由信息科技系统实施还是由人工实施，可将制度划分为技术实施制度和人工实施制度。

技术实施制度指其内容主要由信息科技系统实施的制度。例如从业机构敏感数据加解密相关的制度，主要由相关软件系统和硬件系统（如硬件加密机）实施。互联网支付机构的数据校验相关制度，主要由其清分结算系统自动实施。人工实施制度则指其内容主要由人工实施的制度。例如从业机构公司治理（如三会一层议事规则）相关制度主要由人工实施。另外，大部分风险制度也由人工实施，当然随着大数据的发展和推广，部分风险制度也逐渐由信息科技系统实施。

区分技术实施制度与人工实施制度的意义在于：一是可行性考虑不同。技术实施制度需要考虑技术可行性。例如自动批量对账相关制度，若资金存管方存管系统尚不支持批量对账，仅支持逐个账户对账，则该项制度不具有可行性。人工实施制度的可行性则更需要考虑人员胜任能力问题。二是执行成本考虑不同。技术实施制度需要综合技术实施方案评估制度的实施成本。例如加解密制度要求对敏感数据进行硬件加解密，则需评估硬件加密机等相关硬件成本，若仅要求软件加解密，则其成本主要是开发人员成本。相反，人工实施制度的成本主要是人员成本以及由此增加的时间成本。

三、与流程的关系

在第八章业务循环系统部分，介绍了业务流程。业务流程与管理制度均具有规范和指导作用，那么两者之间是什么样的关系呢？广义上讲，业务流程实际上也是一种管理制度，只是其完全偏重于业务操作。在此，仅讨论本章意义上的管理制度与业务流程之间的关系。总体而言，两者既有区别也有联系。

（一）区别

两者的区别在于：一是具体程度不同。按照在第三章所述，制度通常做出原则性和方向性规定，而业务流程则对制度进行细化明确。也就是说，业务流程比制度更具体。二是制定依据不同。如前所述，制度存在位阶问题，一方面下位制度不得与上位制度冲突，另一方面下位制度通常需要以上位制度为依据。就业务流程而言，尽管也有位阶之分，但低位阶业务流程仅不得与高位阶业务流程冲突，无须以高位阶业务流程为依据。三是规范作用不同。由于制度相对偏重于原则和方向，其规范的通常是相对宏观的事项。相反，业务流程规范的通常是相对具体的事项。四是起草人员要求不同。制度相对偏重于原则，起草人员需要对相关宏观事项具有清晰的了解，反之业务流程梳理人员，则必须对业务操作细节相当熟悉。五是影响范围不同。制度通常对某一方面做出原则性和方向性规定，一旦制度出现错误，势必产生比较全面的影响。例如某股份公司的风险管理制度规定风险管理人员和市场人员应当将其持有的公司的股票质押给公司作为风险保证金。该公司所有风险管理人员和市场人员均将其持有的公司股票质押给了公司作为风险保证金。按《公司法》的规定，股份公司不得接受自身股票作为质押。该公司的该项制度规定导致所有股票质押保证金无效，其影响不可谓不全面。相反，业务流程相对具体，其出现错误时，造成的影响相对局限于某一或某种业务。

（二）联系

两者的联系在于：一是落实与被落实的关系。如前所述，在制度做出原则性和方向性规定之后，制度的具体落实由业务流程完成。也就是说，业务流程具体落实制度的具体要求，业务流程须以制度作为拟定依据。当然，在实务中也会出现另一种情况，即相关业务为新业务，从业机构缺乏足够实践经验，也缺乏相应制度参考，此时往往先设计相关业务流程试办业务，并在试办业务中不断修正业务流程，待取得足够经验后，再从业务流程中抽象出原则性和方向性的内容上升为制度。此时，业务流程和制度之间方才建立起落实和被落实的关系。二是多种对应关系。制度与业务流程之间存在着一对多和多对一关系，但通常不存在一一对应关系。通常情况下，一个制度规定了若干事项，每个事项均可能由一个业务流程实现，一个制度需要多个业务流程落实，两者之间便是一对多关系。反过来，也存在一个业务流程所涉操作涉及多项制度的情况，多项制度规定对应一个业务流程，两者之间构成多对一关系。但基本上不存在一项制度仅由一个业务流程实现的情形，因此两者之间不存在一一对应关系。三是决定机构重叠。从本章和第八章的分析可知，制度和业务流程的决定机构之间存在重叠关系，两者均可能由股东（大）会、董事会、监事会和管理层等机构决定。当然，实务中由于制度的原则性和方向性强，其决定机构通常比业务流程的决定机构的层级高。四是规范对象相同。不管是制度还是业务流程，最终均规范人的行为（对信息系统的规范实际上也是对人的行为的约束），并且两者规范的对象均涉及股东、董事、高级管理人员、普通员工、客户和外部单位相关人员。当然，两者在规范方面有所侧重。

四、初建小组

理想情况下，企业在筹备期间便同步启动管理制度系统的建设，筹备工作结束，管理制度系统也随之建设完成，各机构、各部门和各岗位严格按照相关制度开展业务工作。但实务中，往往是公司筹备期人手紧张、时间紧迫、相关事项极为繁杂，尤其是筹备期内企业的组织结构、部门设置和岗位职责均未确定，甚至高级管理人员和中层干部尚在招录之中，因此，筹备期内完成管理制度系统建设甚至启动管理制度建设均不可能。就参与的三家从业机构的筹备情况看，最好的情况为，筹备期内所需相关资金由某一股东方先行垫付，相关管理按该股东方管理制度执行，待公司设立完毕，注册资本金到位后再进行结算。同时，在筹备期内相关对外合同（如 IT 设备采购、资金存管）也以该股东方名义签订，合同签批也按该股东方的管理制度办理，待工商登记注册完毕，公司具备民事主体资格后，再以合同权利义务概括承受等形式将相关合同主体由该股东方变更为新设公司。

这样，在筹备期结束，从业机构业务开展一段时间，信息科技系统运行趋于平稳，高级管理人员、中层干部和普通员工逐渐到位后，管理制度系统的建设方才提上日程，也才具备基本条件（与业务流程梳理的前置条件类似，不再重复）。此时，便面临首次批量建设管理制度的问题。当然，若从业机构实际运营较长时间，并未系统性地建设管理制度系统，也面临首次批量建设问题。由于首次批量建设具有普遍性，本节后续部分，将就此问题从初建小组、建设方案和建设过程等方面进行讨论。

（一）领导小组

业务流程通常落实执行制度，需要决策的事项相对较少、重要性相对较低、争议事项相对较少，业务循环系统建设可不设置领导小组。相反，由于制度的原则性和方向性强，涉及面广、争议事项可能较多、需要决策的内容也较多，因此，管理制度系统的建设需要设置领导小组。

1. 人员构成

领导小组应当包括董事长、监事会主席、所有高级管理人员、风险管理部门负责人、内部审计部门负责人和信息技术部门负责人，领导小组组长最好由董事长担任，当然也可以由总经理担任。

2. 小组职责

（1）决定管理制度清单及拟规范的主要内容。

（2）初审应当管理层拟定并由股东（大）会、董事会和监事会审议通过的制度或股东（大）会、董事会、监事会授权草拟的制度。

（3）解决制度草拟过程中的争议。

（4）制订制度建设计划并督促制度建设计划执行情况。

（5）分析研究制度草案的可行性和可操作性，决定制度由技术实施还是由人工实施，决定制度的表现形式。

（6）复核制度的合规性。

（7）其他事项。

（二）实施小组

1. 人员构成

实施小组人员由风险管理总监、风险管理部门负责人、内部审计部门负责人、信息技术部门负责人、清分结算部门负责人、资金财务部门负责人、运营管理部门负责人、产品设计部门负责人、客户服务部门负责人、人力资源部门负责人和综合管理部门负责人等人员构成，小组组长由风险管理总监担任。实务中，前述部门从业机构可以视情况进行合并，相应的部门负责人职责由合并后的部门承担。

与业务流程梳理小组不同，实施小组成员为中层及以上人员，主要在于制度的原则性和方向性强，中层及以上人员方才具有相应的胜任能力和管理高度。另外，与业务流程梳理小组不同，外部单位人员通常不参与实施小组，若制度涉及外部单位或外部人员的，由市场营销、客户服务或信息技术相关人员与其进行沟通。

2. 工作职责

（1）拟定管理制度清单及拟规范的主要内容、制度建设计划，报领导小组批准后实施。

（2）按制度建设计划和制度清单，拟订制度草案。

（3）定期讨论制度建设中的问题，初步解决争议，将已解决争议和未解决争议的处理意见，报领导小组处理。

（4）审查制度的合规性。

（5）按前述六种分类方法，对制度草案进行归类，并将归类结果报领导小组。

3. 人员分工

风险管理总监：具体负责实施小组的各项工作；初步处理争议，对未解决争议提出初步处理意见；代表实施小组向领导小组提交制度清单、建设计划、制度草案等内容；向领导小组说明争议情况。

风险管理部门负责人：负责拟定全面风险管理、信用风险管理、操作风险管理、合规风险管理等各项风险管理制度，并就其他人员起草的管理制度从风险管理和合规性等角度提出改进意见，就风险管理总监对争议问题的处理方案提出相关建议。

内部审计部门负责人：负责拟定内部审计管理、外部审计管理、资金检查管理等各项审计管理制度和其他审计相关管理制度，并就其他人员起草的管理制度的可审计性提出改进意见，就风险管理总监对争议问题的处理方案提出审计相关建议。

信息技术部门负责人：负责拟定技术开发、技术运维、信息安全管理等相关管理制度，并就其他人员起草的技术实施制度的可行性进行分析，提出改进意见，并就风险管理总监对争议问题的处理方案中涉及的技术实现部分提出建议。

清分结算部门负责人：负责拟定客户资金管理、交易数据管理、账户数据管理、对账划账管理等相关的管理制度，并就相关制度内容征求外部相关方的意见或与其达成一致，分析评估外部相关方的反应。

资金财务部门负责人：负责拟定财务管理、资金管理、资产管理和财务报销等相关管理制度，并就其他人员起草的管理制度的财务可行性提出改进意见，风险管理总监对争议问题的处理方案，涉及财务支出或会计处理的，其应当提出建议。

运营管理部门负责人：负责拟定市场推广（线上、线下）、业务运营、营销渠道管理、分公司管理等相关管理制度，并就其他人起草的管理制度（尤其是产品设计部门负责人起草的制度）中影响市场份额的内容提出改进意见，风险管理总监对争议问题的处理方案，涉及市场份额的，其应当提出建议。

产品设计部门负责人：负责拟定产品设计、产品开发和产品实现等相关的管理制度，并就涉及外部单位和客户的相关事项，与其达成一致、征求其意见或征得其同意。

客户服务部门负责人：负责拟定客户二次开发、客户关系维护、CallCenter 管理等相关的管理制度，并就涉及客户的相关内容广泛征求客户的意见，并对产品设计部门和市场营销部门负责人起草的管理制度从客户角度提出意见。

人力资源部门负责人：负责拟定人力资源管理、人力资源规划、风险事件奖惩等相关的管理制度，并对其他人员起草的管理制度中涉及人力资源管理的部分提出改进意见。

综合管理部门负责人：负责拟定公司治理、行政管理、公文管理等相关的管理制度以及不归其他部门负责人起草的管理制度，并就其他人员起草的管理制度中涉及综合管理的相关事项提出改进意见。

五、建设方案

建设方案应当包括制度清单、责任人、制度模板、完成时间、初步审查等要素。

（一）制度清单

制度清单是建设方案的核心部分，其要素包括制度名称、制度类型（如前述六种类型）、制度目的、制度大致内容、制度依据、起草责任人、参与人员等内容。理想情况是制度大致内容相当详细，起草人员能比较准确、全面地完成制度起草，但实务中往往很难做到，因此需要设置制度目的，以指导起草人员完成制度的起草。制度依据即制度应当遵循的法律、监管机构或行业协会的要求和标准、上位制度（如某董事会决议）等，制度依据一方面为起草人员提供"上位法"依据，另一方面也便于审查人员进行合规性审查。起草责任人根据制度大致内容从实施小组中选派，值得注意的是起草责任人均为中层及以上人员，在实施过程中须专门强调不得由其他人员代为起草，防止部门负责人做"二传手"，以便提高制度质量。参与人员根据制度可能涉及的部门确定，参与人员则可根据实际情况，由被涉及部门安排普通员工参与，以便起草人员明确被涉及部门的具体情况及要求。

拟定制度清单最大的挑战便是完备性问题，即制度清单是否涵盖了从业机构开展业务必需的所有领域。要保证制度清单绝对完备难度很大。建议若从业机构已经建立了"风险识别体系"，则可由"风险识别体系"输出制度清单，否则实施小组可参照"风险识别体系"运行机制输出制度清单。

（二）责任人

责任人即制度起草人对制度草案的质量至关重要。因此，在拟定制度清单后，必须对责任人的专业胜任能力和文字功底进行逐一考察。在专业胜任能力方面主要包括责任人对制度涉及内容的熟悉程度，对涉及的公司业务板块的了解深度，对公司业务模式的掌握程度等。文字功底即文字表达能力，则责任人要能比较准确、精炼地起草制度。对于专业胜任能力，若责任人存在不足的，实施小组必须组织一次专门培训，就公司业务模式、交易结构、内控原则等进行一次比较全面的培训。正常情况下，中层及以上干部经过培训，其专业胜任能力应该能达到要求。对于文字功底，短期培训往往很难解决问题，一个可能的选择为对文字功底较弱的责任人指定文字功底较强的修订人员，辅助其修订制度文字。

（三）制度模板

与业务流程梳理相似，建设方案中应列明制度模板，避免制度草案格式五花八门。第一，首次批量建设的制度，在表现形式上均为制度规范形式，而非决议纪要形式。实务中，即使是制度规范形式的制度，也存在着多种表达形式，如有的企业采用"1、1.1、1.1.1……5、5.1、5.2"的表达形式，有的企业采用章节条文形式。本书认为，采用何种形式并不重要，重要的是形式须统一。第二，在制度草案附则部分，有的企业将制度解释权归为起草部门，有的企业将制度解释权归为决定机构。同理，制度模板应就此问题进行统一。第三，制度模板最好列示一定数量的原则性和方向性的制度内容，以提示责任人务必就原则性和方向性问题进行规定，而非具体业务操作细节。第四，管理制度中往往须对具体职能部门相关工作进行规定，有的企业直接在管理制度中明确规定职能部门名称（如清分结算部），有的企业则仅列明职能部门的通用名称（如清分结算职能部门）。建议以通用名称为宜，这样后续职能部门的调整仅需以通知等形式明确具体职能部门即可，无须修改制度。

（四）完成时间

为增加方案落实的可控性和可见性，完成时间应包括四个内容，分别是制度初稿完成时间、部门内部定稿时间、实施小组定稿时间、草案定稿时间。制度初稿完成时间也就是责任人完成起草、自我修改完成的时间。部门内部定稿时间即责任人就制度草案在所在部门内部讨论定稿的时间，由于责任人起草的制度通常与其所在部门工作密切相关，因此首先需要在部门内部人员之间征求意见，形成共识。实施小组定稿时间即制度草案在实施小组内部讨论定稿的时间，与前两个时间由责任人掌握不同，这一时间通常由实施小组组长统一安排，以便节省时间、提高效率。草案定稿时间即制度草案经领导小组讨论定稿的具体时间，这一时间通常由实施小组组长根据企业业务开展时间安排，与领导小组组长商议后确定。为很好地控制制度建设过程，保证制度建设按时完成，建议实施小组组长先与领导小组组长商定草案定稿时间，然后倒推实施小组定稿时间，再由责任人确定其他两个时间。

（五）初步审查

初步审查实际上包括责任人部门内部审查、实施小组审查、领导小组审查三道审查。当然，每道审查的人员不同，其侧重点也不同。部门内部审查更偏重于制度内容的完备性、可操作性并评估制度可能的外部影响。实施小组审查则更偏重于制度内容的合规性、对市场份额的影响程度等，在本轮审查中，风险管理人员应当对制度合规性进行专门审查，同时内部审计人员应当对是否符合内控要求进行审查。领导小组审查更偏重于争议解决方案的合理性，并对合规性进行复核，因此，此轮审查中实施小组组长应当对前述问题进行重点说明。值得注意的是，此轮审查中，对于应由总经理制定的具体制度，总经理具有最终决定权，而非董事长或其他人员。领导小组审查后，涉及制度草案修改的，实施小组组长也需要对修改部分进行复核。

六、建设过程

在对建设方案进行讨论后，在此结合前面内容，对建设过程进行简单梳理和讨论。建设过程通常分为成立建设小组、制订建设方案、审议制度草案和发布实施等步骤。管理制度建设的前置条件与业务流程梳理的前置条件相同，具体复核过程也大同小异，不再重复。

（一）成立建设小组

如前所述，建设小组包括领导小组和实施小组两个部分。成立建设小组包括成立领导小组和成立实施小组。成立建设小组的工作具体包括：第一，拟定小组成员名单，制定小组职责及相关人员职责。第二，召集小组所有人员举行启动会议，向所有小组成员说明小组职责、工作计划和小组成员职责。第三，针对小组成员进行必要培训。对于实施小组成员主要是专业胜任能力培训，对于领导小组，则须侧重于合规、内控相关的培训，当然也包括企业业务模式、交易结构等相关内容培训。

（二）制订建设方案

实施小组按本节第五部分的相关要求，制定建设方案草案，经小组内部讨论决定后，还需要将建设方案报领导小组批准。一来在领导小组成员之间形成共识，并使小组成员明确整个建设工作的工作量、进度安排和自身应当发挥的作用。二来建设方案中涉及的未解决争议需要领导小组进行解决，已解决争议的处理情况需要领导小组复核。为节省时间、提高效率，实施小组组长最好就建设方案中在领导小组层面容易诱发争议的部分，向领导小组组长进行提前沟通，说明具体情况，以便其及时准确做出决策，避免领导小组议而不决，甚至做出错误决策。

（三）审议制度草案

对于由总经理制定的具体制度，在领导小组审查时，总经理在听取小组成员意见后，进行了最终审定，此类制度已完成了制度草案审议工作，此步可略去。对于应当由更高层级机构审议通过的制度草案，则在领导小组审查之后提交相关机构审议。值得注意的是，对于更高级别机构审议的制度，向审议机构说明制度相关情况的未必是实施小组组长。因此，在提交审议机构审议之前，还需要确定提交审议的人员，提交审议人员可能还需要拟定相关提案或请示。

（四）发布实施

制度草案经审议机构审议通过，并按要求进行必要的修改后，企业应当以通知等形式发布实施。同时，通知中应当明确制度的审议机构、审议通过时间、制度实施时间等要素。

与业务流程相似，管理制度的制定也是一个多次迭代的过程。在制度执行一段时间后，结合执行情况和暴露出的问题，结合试运行中的相关问题，风险管理人员便可启动系统性的风险识别、评估和应对，以便进行管理制度的第二轮迭代。

第二节 数据库系统

数据库系统为风险识别、评估、应对、监察和披露等体系，业务循环系统、管理制度系统、产品系统、报告系统和事件系统等提供数据管理支持，条件成熟的从业机构，还可以基于数据库系统实现主动预警机制。在此，就数据库系统涉及的主要数据库做一个简要介绍。

一、基础数据库

（一）主要功能

基础数据库为数据库系统中的其他数据库和风险识别、评估、应对、监察和披露体系提供基础支撑功能，主要功能如下：

（1）保存其他数据库的元数据（如其他数据库的数据项说明、数据来源说明、数据质量说明等），以便于维护和管理其他数据库。

（2）保存其他数据库管理权限信息，并定期与其他数据库核验一致性，防范数据非法篡改和泄密等风险。

（3）保存风险识别等体系输入或产生的风险数据信息，以便相关体系正常运行。

（4）保存风险识别等体系的人员信息，记录接触风险数据信息的人员名单，防止风险数据信息非法篡改和泄露等风险。

（5）保存从业机构相关权限管理信息，记录从业机构所有人员在业务运营过程中具有的相关权限，便于实施权限最小化管理，为人力资源部门等职能部门定期统计相关人员具有的所有权限，并为及时收回离职人员相关权限提供良好支持。

（二）数据要素

1. 库表元数据

（1）数据库元数据。

数据库元数据包括数据库名称、数据库名、数据库用途、库表数量、数据库类型。

数据库名称为数据库在风险管理体系中的名称，通常以中文表示。例如信用风险数据库、流动性风险数据库等。数据库名即该数据库在数据库管理系统（DBMS）中的名称，通常按数据库管理系统（DBMS）要求命名，如 CR_ DB、LR_ DB。数据库用途用于详细描述数据库的使用情形、不适合使用的情形等具体用途。库表数量用于描述数据库中的所有表的数量，通过钩稽关系对非法增加库表起到一定核验作用。数据库类型包括时间序列型、即刻更新型两种类型。时间序列型数据库中的大多数表的数据具有时间标记，更新数据项实际上是添加记录而非直接更新该数据项。即刻更新型数据库中，大多数表的数据并不具有时间标记，更新数据项时，其更新前数据将被刷新丢失。

（2）表元数据。

表元数据包括数据库名、表名、表用途、表类型、表字段数量、字段1名称、字段1类型、字段1含义、字段1数据来源、字段1数据质量……字段 n 名称、字段 n 类型、字段 n 含义、字段 n 数据来源、字段 n 数据质量。

数据库名为该表归属的数据库的库名，如前面的 CR_ DB、LR_ DB。表名描述库中表的名称，与数据库名相同，按数据库管理系统（DBMS）规则命名，例如 authority_ tb。表用途具体描述该数据库表的用途，包括适用于哪些情况，不适用于哪些情况。表类型描述该表为时间序列型还是即刻更新型。表字段数量统计该表的字段的数量，与实际情况形成钩稽关系以便于检测表是否被非法增减字段。字段 1 名称描述该表的第一个字段的名称。字段 1 类型描述该表第一个字段的数据库管理系统（DBMS）定义的类型。字段 1 含义对该表第一个字段的用途进行详细说明。字段 1 数据来源描述该表第一个字段的数据来源于何处。字段 1 数据质量用于描述该表第一个字段的数据是否经过真实性核验。字段 n 名称描述该表第 n 个字段的名称，其他类同。其中 n 应该等于表字段数量的值。

2. 库表管理权限数据

库表管理权限数据包括数据库名称、数据库名、表名、授权者姓名、授权者 ID、受权者姓名或名称、受权者 ID、受权者类型、被授予权限、可否二次授权、授权日期、收回日期。

数据库名称、数据库名和表名前已论及。授权者姓名即授予权限的人员的姓名，与受权者不同，授予权限者只能是自然人，为控制风险，非自然人不得对外授权。授权者 ID 即授权者在数据库系统中的编号，用于解决人员同名问题。受权者姓名或名称对于自然人而言，指被授予权限的人员的姓名；对于非自然人而言（含计算机进程 Process），为被授予权限的主体的姓名。受权者 ID 即被受权者在数据库系统中的编号。受权者类型即被授予权限者为内部员工或非自然人实体，还是外部人员或非自然人实体。被授予权限即授权者授予被授权者的具体权限列表（如查询某字段、增加某字段、删除某字段等）。可否二次授权即受权者可否将其权限再授予他人，若被受权者为非自然人实体，则该项肯定为否。授权日期即授权者授予受权者权限的具体日期，精确到秒，值得注意的是该日期是授予权限的日期而非受权者行使权限的日期。收回日期即授权者收回其授予的权限的具体日期，同样精确到秒。

3. 风险数据信息

（1）风险点表。

风险点表包括风险点编号、风险点名称、风险点描述、识别人员姓名、识别人员 ID、识别方法、识别时间、录入时间、风险类型、可能性、评估方法、评估人员姓名、评估人员 ID、重要性、评估方法、评估人员姓名、评估人员 ID、应对策略、防范措施数量、防范方案编号。

风险点编号即风险点在全面风险管理体系中的编号，如 CR0018。风险点编号应当具有唯一性，以便唯一标示风险点。风险点名称即风险点的中文名称，以简要形式说明风险点的内容。风险点描述以详细形式说明风险点的具体情况。识别人员姓名即风险识别体系中识别出该风险点的人员的姓名。识别人员 ID 即风险识别体系中识别出该风险点的人员在数据库系统中的编号，该编号与库表元数据中的编号相同。识别方法指识别人员识别该风险点时所采用的识别方法（如敏感性分析、流程分析法、事件分析法和头脑风暴法等）。识别时间即该风险点被识别出来的首次时间，与库表元数据等不同，该时间精确到天即可，值得注意的是该时间与防范措施设置时间不同，两者之间的长短恰好为评估全面风险管理体系效率的指标之一。录入时间即风险点被实际录入风险点表的时间，该时间与识别时间之间的长短也为评估全面风险管理体系效率指标之一。风险类型指该风险可能诱发的风险的类型（如流动性风险、操作风险、信用风险等），值得注意的是一个风险点可能诱发多种风险，因此该数据项可能为多个数据值。可能性即该风险点发生的概率，对于可量化的风险点，其可能性为大于 0 小于 1 的数值，对于不可量化或难以量化的风险点，则为其发生的等级。评估方法即评估该风险点可能性所采用的方法（例如法律分析法、逻辑回归分析法、层次分析法、德尔菲法等）。评估人员姓名和评估人员 ID 即对风险点的可能性进行评估的人员的姓名和 ID，值得注意的是评估可能性可能是多人，因此这两个数据项可能为多个数据值。重要性即该风险点发生后，可能造成的损失，其具有货币单位，值得注意的是，某些风险点确实难以估计其损失的，可以进行定性估计（如小、大、巨大、特别巨大等）。评估方法即对该风险点的重要性进行评估所采用的方法（如对比分析法、历史分析法等）。评估人员姓名和评估人员 ID 即对该风险点的重要性进行评估的人员的姓名和 ID，与可能性相似，可能为多个数据值。应对策略即在对风险点的可能性和重要性进行评估后，根据评估结果所采取的策略（规避、降低、分担、承受）。防范措施数量即为应对该风险点设置的方法措施的数量，该数据项将与风险防范表形成钩稽关系。防范方案编号，对于重大的风险点（如信用风险相关的风险点），按常规方法设置方法措施往往不足以防范，此时需要有针对性地设置防范方案，此时该数据项用于记录具体防范方案的编号。通常情况下，防范措施与防范方案二者选其一，因此防范措施数量和防范方案编号往往具有互斥关系。

（2）风险防范表。

风险防范表包括防范措施编号、风险点编号、风险点名称、防范措施、执行部门、执行岗位、设计人员姓名、设计人员 ID、设计时间、审定机构名称、审定时间、启动时间、停止时间、有效性、评估时间、评估人员姓名、评估人员 ID。

防范措施编号用以唯一标示风险管理人员为风险设计的防范措施。风险点编号即防范措施用以防范的风险点的编号，该编号来自风险点表，与风险点表之间的钩稽关系在于该编号必须首先存在于风险点表中，否则为非法数据。风险点名称即该防范措施用以防范的风险点的名称，与风险点编号类似，也来自风险点表。防范措施用以描述防范措施的具体内容（例如"登记生效的担保物权未经登记机关登记前，运营管理部门运营专员不得发标借款标"）。执行部门即执行防范措施的责任部门，为提高执行效率，防止部门推诿，在设计防范措施时应掌控好防范措施的粒度，将每项防范措施落实到一个责任部门。因此该数据项仅具有一个数据值。执行岗位为执行防范措施的责任岗位，与执行部门相同，每项防范措施均仅由一个具体岗位执行。因此，该数据项也仅为一个数据值。设计人员姓名和设计人员 ID 即设计该项防范措施的人员的姓名和 ID，可能由多人参与设计，因此该项可能具有多个数据值。设计时间即设计人员针对风险点设计完成该项防范措施的具体时间，精确到天即可，该时间与风险点表中的识别时间之间的长短可作为评估全面风险管理体系效率的指标之一，需要注意的是，一个风险点可能需要多个防范措施，此时评估全面风险管理体系效率应选择所有防范措施设计时间中最晚的一个时间。审定机构名称即对设计人员设计的防范措施进行最终审定的机构的名称［如风险管理部门、风险管理总监、管理层、董事会、股东（大）会等］。审定时间即防范措施被审定机构最终审定的时间，与设计时间相同，该时间也可以作为评估全面风险管理体系效率的指标之一。启动时间即该项防范措施正式启动的时间，该时间也可作为评估效率指标之一。停止时间即该项防范措施被停用的时间。有效性即该项防范措施对防范风险点是否有效，其与停止时间之间具有钩稽关系，只有无效的防范措施才具有停止时间。评估时间指评估该防范措施有效性的时间，该数据项采用累加形式，每评估一次增加一个评估时间，该时间可以反映风险管理人员实施风险监察的频率和效率。评估人员姓名和评估人员 ID 为对该防范措施进行评估的人员的姓名和 ID。

（3）防范方案表。

防范方案表包括方案编号、风险点编号、风险点名称、方案概要、方案内容、涉及部门、涉及岗位、设计人员姓名、设计人员 ID、设计时间、审定机构名称、审定时间、启动时间、停止时间、有效性、评估时间、评估人员姓名、评估人员 ID。

方案编号即用以唯一标示防范方案的编号。风险点编号和风险点名称为防范方案应对的风险点的编号和名称，来源和钩稽关系与风险防范表相同，不再重复，值得注意的是一个防范方案往往可以同时防范多个风险点，因此该两个数据项可能具有多个数据值。方案概要用以简要介绍防范方案所采取的防范措施。方案内容记录完整的防范方案。涉及部门即执行防范方案涉及的部门，一个防范方案可能由多个部门执行，因此该数据项具有多个数据值。涉及岗位即执行防范方案涉及的岗位，同理该数据项也可能具有多个数据值。与风险防范表相同，尽管防范方案涉及多个部门、多个岗位，具体操作也应当落实到具体岗位，以避免推诿。其他数据项与风险防范表相同，不再重复。

（4）监察措施表。

监察措施表包括监察措施编号、风险点编号、风险点名称、防范措施编号、方案编号、监察措施、监察部门、监察岗位、设计人员姓名、设计人员 ID、设计时间、审定机构名称、审定时间、启动时间、停止时间、有效性、评估时间、评估人员姓名、评估人员 ID。

监察措施编号用以唯一标示一项监察措施。风险点编号、风险点名称和防范措施编号即该监察措施用以核查的用以防范哪个风险点的哪个防范措施，前两者来自风险点表，后者来自风险防范表。方案编号在监察措施为核查防范方案执行情况时采用，此时防范措施编号为空。防范措施编号与方案编号具有互斥关系。监察措施用以记录对防范措施实施情况进行检查的具体措施（如 IT 审计岗核查 Linux 操作系统的 Shell 日志，核查"为防范空间不足，操作系统维护岗定期检查磁盘空间"这一防范措施的执行情况）。监察部门即监察措施实施的责任部门，与风险防范表的执行部门相同，仅为一个部门，通常情况下为内部审计部门，但也可能包括外部审计机构、监管机构和行业协会、外部合作单位等外部单位。监察岗位即监察措施的具体执行岗位，通常情况下，为内部审计部门的相关岗位，也可能为外部审计师和其他经批准的外部人员。其他数据项与风险防范表相同，不再重复。

4. 访问权限表

访问权限表包括主体编号、主体名称/姓名、权限、范围、授权者姓名、授权时间、是否二次授权、授权类型、访问控制机制、访问控制机制保存地点、送存人员姓名、送存人员 ID、取回机制、控制措施备份存放地点、控制措施备份存放时间、收回时间。

主体编号即用于标示被授予权限主体的唯一性编号。主体名称/姓名，即被授予权限的主体为自然人时，为姓名，反之为名称。权限即被授予的权限的具体描述（如登录信用评分系统、查询指定人员的信用评分、批量查询借款人的信用评分、连接清算服务器数据库、查询清算数据库服务器等）。范围即权限使用的范围（如信用评分系统、后台服务器操作系统、后台服务器数据库系统、生产环境加密机、测试环境加密机等）。授权者姓名即向主体授予权限的自然人的姓名，同理，非自然人不得授权。授权时间记录授权者向主体授予权限的具体时间，对于信息科技系统的授权，与库表管理权限数据相同，应当精确到秒，对于非信息科技系统的授权（如进入机房、进入机要室、巡检密钥体系运行状态等）可精确到小时，甚至天。是否二次授权即主体能否将其被授予的权限再授予其他人员。授权类型与库表管理权限数据相同。访问控制机制即受权者据以行使其权限的凭证，例如查询借款人信用评分的凭证可能为信用评分系统的查询密码或查询 Ukey 等，进入机要室的凭证可能为机要室门禁卡、门禁密码甚至受权者的面部头像等。对于部分重要的使用频率极低的物理形式存在的控制机制（如密钥体系的密钥母卡），为防止丢失造成的操作风险事件，通常选择安全保护机制极高的地点予以保存（如银行对外提供的保险箱），该数据项用于记录该等物理控制机制的保存地点。保存时间用以记录保存的具体时间。送存人员姓名和送存人员 ID 用以记录送存该物理控制机制的人员的姓名和 ID。取回机制即取回物理控制机制须遵循的流程、须提供的资料等。保存机构通常对取回有比较严格的规定，例如必须由送存人员本人持有效身份证件方可取回，并且须持送存单位介绍信等。控制措施备份存放地点，对于密码等非物理形式存在的控制机制，为防止遗忘导致的风险事件，通常须配置备份措施并将其保存于严格控制地点（如授权者将密码书写密封后保存于机要室保险柜中），该数据项用于记录存放地点。控制措施备份存放时间用于记录备份机制的存放时间。收回时间即权限被收回的具体时间，精确程度与授权时间相同，不再赘述。

（三）管理人员

管理人员即对基础数据进行维护管理的人员，其因数据要素的不同而不同。维护管理工作具体包括向数据库表中增加数据、删除数据和修改数据等。

1. 库表元数据

该类数据最好由从业机构技术总监审核并报总经理批准，并由信息技术部门负责人执行。若信息技术部门负责人不熟悉数据库相关操作，至少应由其现场负责指挥数据库管理员（DBA）操作，并复核操作结果。同时，鉴于元数据的重要性，最好以纸质形式保存备份。

2. 库表管理权限数据

对于相关数据库的权限，由风险管理总监和技术总监等共同商定后报总经理批准，授权相关的技术操作既可由信息技术部负责人执行，也可由数据库管理员（DBA）

执行。

3. 风险数据信息

风险点表由风险管理总监授权人员或由风险识别体系和风险评估体系确定人员进行管理，风险防范表、防范方案表由风险管理总监授权人员或由风险应对体系确定人员管理，监察措施表由内部审计部门负责人或由风险监察体系确定人员管理。

4. 访问权限表

访问权限的具体授予由从业机构按相关管理制度和业务流程进行，对应的访问权限的管理，建议最好由人力资源部门负责人统一进行，以便人员离职或岗位变动时及时进行调整。

二、信用风险数据库

（一）主要功能

（1）收集保存客户的基本信息、工作情况、社交情况、经济情况、征信情况、消费行为、收视行为等数据。

（2）收集并保存客户还款数据信息，根据客户还款情况及时更新。

（3）收集并保存客户融资期限内经营状况或收视行为等相关信息。

（4）保存客户信用评分系统相关参数。

（5）保存担保物相关数据信息。

（二）数据要素

1. 融资客户数据

融资客户数据因从业机构各自数据渠道、采用的评分模型等不同而差异较大。在此，仅做部分列示，供参考。就个人融资客户而言，其数据情况大致如下：姓名、性别、年龄、身份证号码、家庭住址、婚姻状况、电视机顶盒所在地址、电视机顶盒型号、电视机型号、电视机上线时间等基本信息，工作单位名称、工作单位地址、参加工作时间、工作单位数量、工作年限、现单位工作年限、担任职务、工资收入等工作情况信息，手机号码、电话号码、QQ 号码、微信号码、微博账号以及社交通信方面的其他信息，月均收入、最近一年总收入、纳税记录、社保缴费记录、水电煤气缴费记录、通信费缴费记录、房贷余额、房贷月还款额、其他负债数据等经济状况信息。征信情况由个人征信部门提供。消费行为数据包括消费时间、消费地点、消费金额、商品名称、支付地点、支付方式（银行卡或信用卡刷卡、微信支付、支付宝支付、其他网络支付、银行卡代扣等）等数据。收视数据指融资客户通过电视大屏收视电视节目等相关内容的数据，包括开机时间、关机时间、开机频道（电视机开机后进入的第一个频道）、关机频道（电视机关机前的最后一个频道）、最常看电视频道、最常看电视节目、最常看电视的时间分布、次常看电视频道、次常看电视节目、次常看电视的时间分布、第三常看电视频道、第三常看电视节目、第三常看电视的时间分布、平均每天换台次数、平均每天开机次数、收视费欠费情况等数据信息。对于单位客户，其基本信息通常包括单位基本信息（如住所、法定代表人、注册资本金、实缴资本金、股东情况等）、法定代表人基本信息（可参看个人融资客户基本信息）及财务报表信息等相关财务信息。其征信信息来自征信机构。

2. 投资客户信息

通常情况下，投资客户并不涉及信用风险，但对部分开展预约投资功能（预约期内投资客户承诺投资，预约期满划款投标）的机构而言，则往往涉及信用风险管理问题。但投资客户往往很难像融资客户那样收集详尽信息，建议尽量收集如下信息：姓名、性别、年龄、手机号码等基本信息以及投资时间、投资金额、投资期限、利率、支付方式（互联网支付、电视支付、线上代扣等）、支付时间、资金到账时间、已收回投资金额、未收回投资金额等投资信息。

3. 担保人信息

对于个人担保人，可收集如下信息：担保人姓名、担保人性别、担保人年龄、手机号码、微信账号、QQ 号码、婚姻状况等基本信息以及工作单位名称、工作单位地址、参加工作时间、工作单位数量、工作年限、现单位工作年限、担任职务、工资收入等工作情况信息。若能按融资客户要求收集其他相关信息，也可一并收集。

对于单位担保人，可比照单位融资客户收集信息。同时，对于融资性担保公司等专业担保机构，还需要收集反映其担保杠杆、代偿历史记录和代偿能力等相关情况的信息。

4. 商户

对于互联网支付机构的商户，通常需要收集商户名称、住所、法定代表人或负责人姓名、注册资金、实缴资本金、开会许可证相关信息、三证合一相关信息、开通支付方式（银行卡收单、预付卡受理、互联网支付、电视支付等）、签约时间、技术联调通过时间、正式上线时间、结算周期、结算方式（商户申请提现、网银转账等）、商户编号、终端数量、累计交易笔数、累计交易金额、不平账次数、不平账笔数、不平账累计金额、最大不平账金额、受理终端编号、受理终端物理编号、受理终端安装时间、受理终端上线时间、受理终端累计交易量、受理终端累计交易金额、PSAM 卡编号等信息。

5. 融资客户还款信息

融资客户还款数据因机构不同差异较大，在此仅给出部分信息供参考：客户编号、客户姓名/名称、融资金额、融资期限、融资利率、还款方式（到期一次还本付息、分期付息到期还本、等额本息、等额本金等）、本期应还金额、本期还款时间、本期还款到期前 1 日存管账户资金余额、实际还款时间、支付方式（网络支付、线上代扣、网银充值等）、还款账号、对应融资标的、本期还款后尚待还款金额。

6. 支付客户还款信息

支付客户还款信息包括商户还款信息和付款客户还款信息两种情况，商户还款信息主要发生在重复清算时。付款客户还款信息主要发生在付款失败，互联网支付机构业务系统记录的情形。

商户还款信息包括商户编号、商户名称、商户地址、商户支付账户、商户累计交易金额、商户累计交易笔数、应划账金额、实际划账金额、实际划账时间、应收回金额、与商户核对确认后的应收回金额、通知商户收回款项的时间、与商户达成一致的还款时间、商户实际还款金额、商户实际还款时间、还款方式（网银充值、柜台汇款等）。

付款客户还款信息包括客户编号、客户名称/姓名、客户地址、客户支付账户、付款方式（网银充值、线上代扣）、付款时间、付款金额、入金渠道、入金渠道反馈入金金额、业务系统记录付款金额前支付账户余额、业务系统记录的付款金额、未到账发现时间、通知客户重新付款的时间、客户确认的未到账金额、客户承诺重新付款的时间、客户实际重新付款的时间、客户实际重新付款的金额。

7. 融资期内信息

融资期限届满前，从业机构会对融资客户进行贷后/投后现场及非现场检查和监控，收集其相关信息。信息具体内容因机构不同差异较大。总体而言既包括融资前提交信息的核实和跟踪，又包括融资期限内融资者的经营状况或消费行为等相关信息。

8. 评分系统信息

在对融资客户或商户进行信用评级评分时，往往涉及评分模型的设定、系统参数的设置等，此种信息对于评分系统的正常运行至关重要。具体而言，评分模型设定信息包括评分模型名称、评分模型用途（申请评分、行为评分和催收评分等）、输入指标数量、输入指标名称、输入指标得分标准、输入指标归类等信息。系统参数信息包括评分等级划分标准、评分等级违约概率、自动通过标准、自动拒绝标准等信息。

9. 担保物信息

（1）不动产担保物。

不动产担保物信息包括不动产名称、不动产所在地、不动产详细描述、不动产物权所有人、不动产物权生效时间、不动产上设置的用益物权类型、用益物权人、用益物权设置时间、用益物权到期时间、不动产上设置的担保物权、担保物权人、担保物权设置时间、担保物权担保的债权金额、不动产价值、不动产价值评估机构、不动产价值评估方法、新设不动产担保物权担保的债权金额、新设不动产担保物权类型、新设不动产担保物权人姓名/名称、新设不动产担保物权登记机关、新设不动产担保物权登记时间。

不动产名称即不动产担保物的名称（如某某房产、某某土地使用权）。不动产所在地为不动产的物理位置，应详细到具体街道门牌等，以使一般人员能准确定位，通常情况下以登记机关登记的地址为准。不动产详细描述指对不动产的面积、长度、宽度和高度等进行描述，最好配备结构图和示意图。不动产物权所有人即不动产物权的实际所有人，实际情况可能与登记机关登记的所有人有一定差异，尤其是夫妻共有房产情况，不动产物权所有人对后续担保物处置时具有重要意义，不然可能导致无权处分行为。不动产物权生效时间按《民法典》等相关法律确定，因不动产物权的产生方式不同差异较大，该时间对担保物权设定具有重要意义，仅当物权生效后，方可设置担保物权。不动产物权上设置的用益物权类型即该不动产物权上设置的地役权等用益物权，该用益物权对担保物的处置价格具有较大影响。用益物权人、用益物权设置时间、用益物权到期时间分别记录用益物权的权利人、设定时间和到期时间，具体情况根据用益物权合同确定。不动产上设置的担保物权记录该不动产上已经存在的担保物权类型（如普通抵押权、最高额抵押权等），已设定担保物权对新设立的担保物权具有重大影响。担保物权人、担保物权设置时间、担保物权担保的债权金额分别记录已经设立的担保物权权利人、设立时间（以登记时间为准）和其担保的主债权的金额，主债权金额对于确定拟设定的担保物权担保的债权金额具有重要参考意义。不动产价值为该不动产评估的市场价值。不动产价值评估机构、不动产价值评估方法分别记录不动产价值评估的机构名称和其采用的评估方法。新设不动产担保物权担保的债权金额记录在原担保物权之后，担保物所有人为新债权提供担保的债权的金额，该金额加上不动产原担保物权债权未偿还金额应当小于其评估价值的一定比例。新设不动产担保物权类型指拟设立的担保物权的类型（如普通抵押权、最高额抵押权、浮动抵押等）。新设不动产担保物权登记机关、新设不动产担保物权登记时间，即不动产担保物权的登记机关和登记时间，登记机关对于后续解除担保或其他工作具有意义，登记时间为担保物权生效时间，对控制操作风险和信用风险等具有重要意义。

（2）动产担保物。

动产担保物信息包括动产名称、动产详细描述、动产物权所有人、动产物权生效时间、动产上设置的担保物权、担保物权人、担保物权设置时间、担保物权担保的债权金额、动产价值、动产价值评估机构、动产价值评估方法、新设不动产担保物权担保的债权金额、新设不动产担保物权类型、新设动产担保物权人姓名/名称、新设动产担保物权登记机关、新设动产担保物权登记时间。

与不动产不同，动产上设置的担保物权类型包括普通抵押、最高额抵押和质押等情形，值得注意的是若动产已被质押，不要再接受其设置其他担保物权。另外，动产担保物权生效时间为抵押合同签订时间并非登记时间，登记仅具有对抗善意第三人效力。其他数据项与不动产担保物权相似，不再重复。

关于知识产权中的财产权、票据、股票、基金和应收账款等权利上设置的担保物权，不再论述，读者可参照不动产担保物权相关数据项设置风险数据库。

（三）管理人员

1. 融资客户数据

建议融资客户数据信息由运营管理部门负责信贷审批的人员负责管理，风险管理部门信用风险管理人员负责定期不定期复核。

2. 投资客户信息

投资客户信息，建议由客户服务部门负责业务支撑的人员管理，部门负责人负责定期不定期复核。

3. 担保人信息

担保人信息管理与融资客户数据管理相同。

4. 商户

建议商户信息由市场推广部门负责商户信息审查的相关人员管理，并由市场推广部门负责人复核，风险管理部门负责人不定期抽查。

5. 融资客户还款信息

融资客户还款信息管理与融资客户数据管理相同。

6. 支付客户还款信息

商户还款信息与商户信息管理相同，付款客户还款信息，建议由客户服务部门负责客户回访的人员管理，风险管理部门负责人负责复核和抽查。

融资期内信息管理与融资客户数据管理相同。

8. 评分系统信息

评分系统信息由风险管理部门负责信用风险管理的人员管理，风险管理部门负责人复核，风险管理总监抽查。

9. 担保物信息

担保物信息管理与融资客户信息管理相同。

三、流动性风险数据库

（一）主要功能

（1）收集并保存客户提现数据和对外付款数据，形成时间序列，为拟合出金需求分布提供数据支撑。

（2）收集并保存客户充值数据和应收款项到账数据，形成时间序列，为拟合入金需求分布提供数据支撑。

（3）收集并保存站岗客户资金数据，形成时间序列，为探寻站岗资金规律、资产开发等提供数据支撑。

（4）收集并保存站岗融资需求数据，形成时间序列，为探寻站岗资产规律、对接外部资金提供数据支撑。

（二）数据要素

1. 出金需求数据

出金需求数据包括需求编号、需求提交人、提交人类型、需求提交时间、需求提交通道、出金资金金额、出金资金币种、核准金额、核准币种、账户余额、出金账户、指定到账账户、存管资金人民币账户余额、存管资金外币账户余额、期待到账时间、实际出金时间。

需求编号按资金需求人每笔出金需求进行连续编号，同一需求人不同笔出金需求编号应当不同。需求提交人记录出金需求提交人的用户名，该用户名应当具有唯一性，为保护客户敏感信息，不记录客户的真实姓名或名称。提交人类型记录提交人为个人还是单位，类型不同，后续拟合的分布可能也不同。需求提交时间为从业机构业务处理系统收到提交人提交出金需求的具体时间，由业务处理系统记录，因此，应精确到秒。需求提交通道即出金需求提交的具体路径（如移动端、PC 端、电视大屏等）。出金资金金额和出金资金币种分别为提交人希望出金的金额和币种，最终是否以该金额和币种为准需要业务处理系统核实。核准金额和核准币种即从业机构业务处理系统经核准后的金额和币种，由于客户记忆出错等原因，需要对其出金金额和币种进行核实。账户余额为从业机构业务处理系统记录的该客户的资金余额，其提交的出金资金金额应当小于账户余额。出金账户即提交人的资金划出账户，对于互联网支付机构而言，通常为支付账户。指定到账账户即提交人指定的出金资金到达的银行账户，按监管机构规定，不同支付机构客户备付金账户之间不得转账，因此若出金账户为支付账户，则到账账户不能为其他支付机构的支付账户。关于存管资金人民币账户余额、存管资金外币账户余额，对大多数从业机构而言，其客户资金均为人民币，但对于从事跨境支付的互联网支付机构而言，则会有外币资金，因此需要分别设置两个账户，两个账户的余额若小于核准金额，则出现存管资金临时性或永久性短缺（流动性风险事件）。期待到账时间即提交人期望的资金到账时间，可采用 T+0、T+1、T+2 等形式。实际出金时间记录资金从存管账户转出的时间，资金转出后到指定账户的时间，从业机构通常难以控制，因此仅记录该时间。

2. 入金到账数据

入金到账数据包括入金编号、入金提交人、提交人类型、入金提交时间、入金提交通道、入金资金金额、入金资金币种、账户余额、入金账户、入金通道、出金账户、实际到账时间、实际到账金额、实际到账币种、入金状态。

入金编号为客户充值或付款操作的唯一性编号，与需求编号类似，同一客户不同入金操作编号不同。入金提交人和提交人类型与出金需求中的需求提交人和提交人类型相同。入金提交时间为从业机构业务处理系统收到客户提交入金操作的时间，精确到秒。入金提交通道与出金需求中的需求提交通道相同。入金资金金额和入金资金币种为客户充值或付款的资金金额和币种。账户余额为从业机构业务处理系统记录的该客户入金前的资金余额。入金账户即客户指定的或者从业机构指定的资金转入账户，对于客户转入资金，为其存管账户，对于从业机构自有资金则为自有银行账户。入金通道即资金从客户出金账户到入金账户所历经的中间渠道，可用于考核不同通道的质量。出金账户即客户资金转出的账户，通常为银行账户，对于部分从业机构其合作银行可能不同，因此该账户的开户银行范围可能不同。实际到账时间即资金实际到达存管资金账户的时间，对于业务处理系统记录者应当精确到秒，人工操作则至少精确到小时或半小时。实际到账金额为实际转入存管资金账户的金额，该金额应当小于等于出金账户的余额，否则应当提示客户入金异常，此时有的从业机构直接提示用户入金失败，有的可能降级处理。实际到账币种为实际到账资金的币种，若出金账户币种与客户提交币种不同，则通常应做失败处理。入金状态即记录该笔入金的资金状态（如未到账、失败、待核实等）。

3. 站岗资金数据

站岗资金数据包括采集时间、盈余账户数量、盈余账户总余额、平均余额、最大盈余账户金额、前十大盈余账户金额、前五十盈余账户金额、前一百盈余账户金额、余额占比 10% 的账户数、余额占比 50% 的账户数、余额占比 90% 的账户数。

采集时间为采集该项数据的具体时间，由从业机构业务处理系统采集，故应精确到秒。盈余账户数量即采集时刻余额大于零的存管账户数量，盈余账户总余额为余额大于零的账户余额之和，平均余额为盈余账户总余额/盈余账户数量。其余数据项意义比较明确，不再重复。

4. 站岗资产数据

站岗资产包括自达到发布条件之日起超过一定期限尚未被满足的融资需求。前述一定期限由从业机构设定，但通常比最长融资时间要短，例如 1 天、3 天等。

站岗资产数据包括采集时间、资产编号、资产名称、资产金额、资产期限、资产利率、达到发布条件时间、实际发布时间、资金满额时间、是否为站岗资产、站岗时间。

采集时间与站岗资金数据的采集时间相同，只是该时间可能由人工记录，可统一精确到小时。资产编号为融资需求的唯一性编号。资产名称、资产金额、资产期限、资产利率为融资需求的重要因素描述。达到发布条件时间即满足从业机构发布要求的具体时间，该时间由人工记录，精确到小时即可。实际发布时间即融资需求发布到从业机构业务平台，且投资人可以投资的时间，由业务处理系统记录，精确到秒。资金满额时间即融资需求资金全部募集满额的时间，由业务处理系统记录，精确到秒。是否为站岗资产即根据从业机构标准判断该笔融资需求是否为站岗资金。站岗时间为达到发布条件时间与资金满额时间之间的距离，若融资需求最终未必满额，则为融资需求下线的时间与达到发布条件时间之间的距离。

（三）管理人员

流动性风险数据库数据均为时间序列数据，故其管理主要是追加数据、更改数据（修改错误数据），通常不直接删除数据。

1. 出金需求数据

出金需求数据最好由从业机构提供信息科技系统功能，由客户服务人员管理，风险管理部门负责人定期抽查。

2. 入金到账数据

入金到账数据最好由从业机构清分结算人员在信息科技系统支持下管理，风险管理部门负责人定期抽查。

3. 站岗资金数据

站岗资金数据最好由从业机构市场营销人员在信息科技系统支持下管理，市场营销负责人定期抽查。

4. 站岗资产数据

站岗资产数据管理建议与站岗资金数据管理相同。

四、事件数据库

（一）主要功能

（1）收集并保存从业机构内部发生的各种风险事件涉及的相关数据，为风险识别、评估、应对、监察和披露等提供支持。

（2）收集并保存外部发生的各种风险事件涉及的相关数据，为从业机构进行风险识别、评估、应对等提供支持。

（二）数据要素

1. 内部事件数据

内部事件数据包括事件编号、事件名称、事件描述、报告人、报告时间、报告渠道、事件发生时间、事件风险类型、预计损失、预计波及人员、预计涉及机构、初步原因、实际损失、最终原因、最终影响人员、最终影响机构、处理方案、涉及风险点、风险点可能性修正、风险点重要性修正、风险点防范措施修正、防范措施监察机制修正、新增风险点、事件责任人、责任追究情况。

事件编号为唯一标示内部事件的编号。事件名称为内部事件的简单概括名称。事件描述为风险事件的详细情况描述。报告人指向相关机构或人员报告该风险事件的第一人。报告时间即报告人向相关机构或人员进行报告的具体时间，精确到小时甚至分钟。报告渠道须记录报告工具和报告路径。事件发生时间即发生该事件的具体时间，因风险事件类型不同，该时间的确定标准也往往不同，例如某种流动性风险事件的发生时间通常为客户提交出金需求的时间，延迟履行信用风险事件的发生时间为债权到期日，而声誉风险事件的时间则往往难以准确确定。因此，建议从业机构制定各类风险事件发生时间的相关标准。事件风险类型即事件主要的风险类型，例如操作风险、信用风险、流动性风险等。预计损失即报告人在报告时初步估计的损失金额。波及人员即事件影响到的内外部人员，同理，也需由报告人在报告时初步估计，便于开展后续工作。预计涉及机构为报告人在报告时估计的事件可能影响到或涉及的内外部单位。初步原因为报告人在报告时估计的诱发原因。实际损失为事件处理完毕之后确定的事件造成的损失，该损失与预计损失对比，可判断报告人员估计的准确程度。最终原因为事件处理完成后确定的事件发生的原因，该原因与报告人员初步判断对比可发现差别。最终影响人员为事件处理完毕后确定的事件影响到的内外部人员。最终影响机构为事件处理完毕后梳理出的事件最终影响或涉及的内外部单位。处理方案是事件小组对事件的处理方案。涉及风险点为事件本身涉及的已经识别出的风险。风险点可能性修正指根据事件发生的事实，对涉及风险点的可能性做出修正，若无修正也须标记，表明前期估计的准确性。风险点重要性修正指根据事件的实际损失，对涉及风险点的损失做出的修正，同理，若无修正也须标记。风险点防范措施修正指对涉及风险点的防范措施的调整，事件发生本身表明防范措施有效性不足，因此，通常需要调整防范措施。防范措施监察机制修正为对防范措施的监察措施的调整，风险事件的发生也可能是由于防范措施得当，但未得到执行所致，因此，通常也需要考虑监察措施是否得当。新增风险点即事件发生后识别出的新的风险点，事件的发生可能是风险识别存在漏洞，未设置防范措施，此时便会新增风险点。事件责任人为事件处理完毕后确定的最终责任人，值得注意的是若最终责任人在外部单位，则仅标明外部单位名称即可。责任追究情况即对最终责任人追究责任的情况，包括是否减轻责任、是否免除责任等。

2. 外部事件数据

外部事件数据包括事件编号、事件名称、事件描述、报告人、报告时间、报告渠道、事件发生时间、事件风险类型、可能原因、可能损失、可能影响人员、可能影响机构、涉及风险点、风险点防范措施执行情况、防范措施监察机制执行情况、新增风险点、演练情况。

事件编号为唯一标示外部事件的编号。事件名称、事件描述、报告人、报告时间、报告渠道、事件发生时间、事件风险类型等与内部事件相同，只是对于外部事件只能做粗略判断。可能原因、可能损失、可能影响人员、可能影响机构为事件小组对外部事件所做的分析判断。涉及风险点为若同类事件发生在从业机构，可能涉及的风险点。风险点防范措施执行情况为从业机构对涉及风险点的防范措施的执行情况的核查情况，核查其是否得到一贯执行。防范措施监察机制执行情况为从业机构对涉及风险点防范措施监察机制的落实情况的核查，同样核查其是否得到一贯执行。新增风险点即通过事件启动风险识别机制识别出的新风险点。演练情况即从业机构是否模拟事件，进行应对处理，例如某同业机构发生 DDOS 攻击事件，从业机构据此假定其也受到类似攻击，进行应对演练。

（三）管理人员

事件风险数据库数据与流动性风险数据库数据一样均为时间序列数据，故它们的管理工作内容相同。

不管是内部事件数据还是外部事件数据，建议均由风险管理部门人员负责管理，部门负责人负责核实，内部审计部门负责人负责抽查。

至此，简要介绍了信用风险数据库、流动性风险数据库和事件数据库等数据库系统中的重要数据库。对于操作风险、市场风险、合规风险等其他风险，从业机构也可根据需要建立相应的数据库。同时，在全面风险管理体系运行过程中的其他重要事项或机制（例如产品系统），也可比照事件数据库构建相应的数据库系统。不再赘述。

第三节 报告系统

报告系统为全面风险管理体系在运行过程中，相关人员出具相关报告，管理风险的一个动态系统。因从业机构业务形态不同，从业人员专业知识不同，具体报告类型和报告内容差别较大。在此，仅从作用、内容、责任人等角度，对部分报告做一个简要讨论。

一、信用评分报告

互联网小额贷款机构等开展准信贷或信贷业务的从业机构，通常需要对融资人进行信用评估。对融资人基于一定数学模型或大数据对其进行信用评分是一种比较常见的方式。在此，结合信用评分体系建设经验，对信用评分报告做简要讨论。

（一）报告作用

信用评分报告的主要作用为：

（1）对融资人基本情况、经济情况、工作情况、征信状况和行为数据等进行量化评分。

（2）根据量化评分结果，结合从业机构信用风险管理目标，确定是否同意融资人的融资申请。

（二）大致内容

报告内容通常包括融资人姓名/名称和其他基本信息，基本情况、经济情况等方面的得分情况以及总得分情况，信用评分系统的初步意见，风险管理部门的最终意见等内容。

（三）责任人员

因产品性质不同，信用评分报告的具体内容差异较大，撰写人员也差异很大。有的从业机构实行全自动审批，信用评分系统给出的结论为通过或不通过，此时报告撰写人员实际上为信用评分系统。对于自动审批+人工审批的从业机构而言，报告撰写人员通常为风险管理部门人员。

二、期间报告

在融资合同或合作协议到期前,互联网小额贷款机构对融资客户通常会开展贷后检查或评估工作,互联网支付机构通常会对商户开展日常巡检工作,这些工作完成后通常须撰写贷后检查报告、投后检查报告或日常巡检报告。这类报告统称为期间报告。

这类报告的作用主要在于对融资人资金使用情况等履约情况进行跟踪检查,防范信用风险等风险;对商户经营情况、受理设备完整性、安全性等进行检查,防范操作风险等风险。

就贷后检查报告和投后检查报告而言,通常报告融资人基本信息、融资人资金使用情况、融资人经营状况、融资人财务状况、融资项目进展情况、融资人债务增减情况等内容。就商户巡检报告而言,通常包括商户名称、商户编号、受理终端数量、受理终端 PSMA 卡等关键设备完整情况、受理终端物理位置变动情况、受理终端外观完整情况等内容。

贷后检查报告、投后检查报告和商户巡检报告通常由风险管理部门人员负责撰写,也可能由市场推广人员参与撰写。

三、担保物报告

在融资人或第三人提供担保物担保借款的情况下,互联网小额贷款机构,通常需要定期或不定期地对担保物进行巡查,并就巡查情况做专项担保物巡查报告。

担保物巡查报告的作用在于对担保物的完整性、其他物权设置情况、价值减损等情形进行跟踪,以防范担保物损毁、灭失、价值减损等未被及时发现带来的不利影响。

担保物巡检报告的内容应当包括担保物名称、担保物所在地、担保物所有人、担保物新增用益物权情况、担保物新增担保物权情况、担保物完整情况、担保物价值增加情况等内容。

担保物巡检报告与贷后检查报告撰写人类似。

四、了结报告

对于重要合同,在合同履行完毕后,应当就合同执行情况进行总结,全面梳理合同各方债权债务执行情况,并就后续债权债务情况进行安排。

了结报告的主要作用在于对合同权利义务执行情况进行清理确认,对后续债权债务执行做出安排。

了结报告的主要内容包括合同各方名称、合同各方有效身份证件号码(如营业执照注册号)、合同名称、合同签订时间、合同终止时间、合同终止事由、各方应履行权利义务、各方实际履行权利义务、相关设备收回情况(如受理终端回收情况)、各方尚待履行权利义务、尚待履行权利义务的后续安排等。

了结报告通常由合同执行部门撰写初稿,风险管理部门或法律事务部门复核。

五、合同审查报告

对于重要合同,从业机构最好就其内容完整性、可行性等进行全面审查,并出具合同审查报告，供管理层签批合同时决策。

合同审查报告的主要作用在于审查合同的可行性、完整性、合规性和不利条款等事项，为决策者签批决策提供参考。

合同审查报告的内容主要包括合同名称、合同各方、技术可行性意见、经济可行性意见、时间可行性意见、内容完整性意见、合规性意见、不利条款修改意见（最好给出修改后的内容）、产权归属意见以及总体签批意见（修改后签订、不可签订、直接签订）等。

合同审查报告通常由法律事务部门负责起草，同时信息技术部门、资金财务部门等人员负责相应部分。另外，建议合同审查报告与外聘律师意见分开，采用独立审查形式，以提高审查覆盖范围，保证审查质量。

六、制度审查报告

在管理制度建设过程中，通常需要对管理制度的合规性、合理性以及制度之间是否存在冲突等事项进行审查。此时，建议可针对具体制度草案出具制度审查报告。

制度审查报告的作用为对制度草案内容进行审查，审查意见供起草人和决定机构决策。

制度审查报告的内容主要包括制度名称、制度目的、制度的合规性意见（含法律和内控原则要求等）、制度合理性意见（如职责分工是否合理、原则方向是否合理）、制度可行性意见（包括技术可行性、经济可行性等）、制度可审计性意见（如相关内容是否留痕等）、制度内容修改意见（最好附建议修改后的内容）等内容。

制度审查报告可由风险管理部门出具，内部审计部门、信息技术部门和资金财务部门等部门参与。

同理，从业机构也可比照制度审查报告要求相关人员出具流程审查报告。

七、内部审计报告

内部审计为风险监察体系的重要环节，其工作成果需以书面报告形式体现，内部审计报告为其中重要的一种书面报告。

内部审计报告的作用为就制度执行情况、流程执行情况、合同执行情况、资金（客户资金和自有资金）管理情况等进行风险监察，向管理层和治理层报告全面风险管理体系的执行效率和效果。

内部审计报告包括制度执行报告、流程执行报告、合同执行报告、资金检查报告等报告。制度执行报告包括报告制度名称、制度涉及部门、执行偏差、偏差原因分析、责任人、制度修订建议等内容。流程执行报告与制度执行报告内容相似，不再重复。合同执行报告包括合同名称、合同各方、截至检查时各方应履行权利义务、截至检查时各方实际履行权利义务、付款进度、执行偏差、偏差原因分析、责任人、建议等内容。资金检查报告包括账户数量、账户名称、出金合规性评价、入金及时性评价、不平账处理合理性评价、相关凭证完整性和规范性评价、相关凭证装订规范性和及时性评价等内容。

内部审计报告通常由内部审计部门负责，对于合同执行报告，可由法律事务部门人员参与。

思考题

1. 请简述管理制度系统的含义。
2. 数据库系统是指什么？
3. 金融科技企业风险管理中的报告系统是什么？
4. 合同审查报告包括什么？其作用是什么？
5. 内部审计报告主要包括哪些？

第九章

全面风险管理体系（三）

基础支撑系统、产品系统、事件系统、业务循环系统、管理制度系统、报告系统和数据库系统为全面风险管理体系提供支撑功能、输入要素或结果输出与呈现，本章将讨论全面风险管理的风险识别、评估、应对、监察和披露等过程体系，这些过程体系将以前述系统为输入要素或其产生的输出结果呈现为前述系统。

第一节　风险识别体系

风险识别体系即一个风险识别小组以业务循环系统、管理制度系统、产品系统和事件系统等为输入要素，借助于流程分析法、事件分析法、头脑风暴法、法律分析法等识别方法，识别企业面临的信用风险、操作风险、合规风险、流动性风险、市场风险、洗钱风险、战略风险和声誉风险等风险的具体风险点，并将风险点输出到数据库系统的风险点表中，待风险评估小组进行评估的动态系统。简言之，风险识别体系就是识别企业面临的各种具体风险点的一个动态系统。

各从业机构产品体系、业务形态差别较大，风险识别体系往往千差万别。在此，仅就风险识别体系的体系目标、总体思路、识别小组、识别方法和工作机制等共性问题做简要讨论。

一、体系目标

风险识别体系的目标包括基本目标和最高目标。最高目标为识别出从业机构面临的所有风险点，要达到此目标具有相当挑战性，同时出于成本效益考虑，从业机构往往也很难要求相关风险识别体系识别出其面临的所有风险点。但最高目标具有理论分析意义和业绩考核意义。例如若从业机构发生风险事件，则很可能是因为其风险识别不足，存在风险点遗漏，风险事件越频繁，往往其遗漏风险点越多，则其离最高目标也就越远，相应地其风险识别体系的业绩就越差。基本目标为风险识别体系识别出的风险点应当达到的最低目标。理论上，基本目标与最高目标之间的差距越小，风险识别体系的绩效越好，全面风险管理体系越完善，反之亦然。关于如何确定基本目标，取决于各从业机构的风险管理目标和其治理层的经营策略。

总体而言，我们认为，基本目标至少应该确定为：涵盖第二章至第六章所有风险的风险事项，即对前述风险事项，从业机构结合自身业务实际，对其进行一次具体化，将每个风险事项细化为平行的风险点。在这些风险点之下，实际上还可以进一步细化出更具体的风险点。

二、总体思路

风险识别体系的总体思路如图9-1所示。风险识别体系包括输入、处理和输出三部分。输入部分是风险识别体系的启动部分，如前所述，分为产品、事件和定期三种情况，产品开发、设计和上线过程中，需要进行风险识别。发生内外部风险事件时，需要启动风险识别。另外，在管理制度系统建设、业务循环系统建设以及后续优化提升过程中，也需要定期启动风险识别工作。处理部分为识别小组依据《企业内部控制基本规范》、《企业内部控制应用指引》、相关法律、行业信息等外部信息等，采用相关风险识别方法，识别风险点的过程。输出部分中，最主要的输出为风险点，其保存在风险点表中。管理制度系统建设过程中通过风险识别体系构建拟建制度清单时，其输出部分还应当包括规章制度建设建议等内容；在定期借助风险识别体系进行管理制度优化提升时，其输出部分还应当包括规章制度调整建议。对于业务循环系统的第二轮迭代，其输出部分应当包括业务流程调整建议。另外，风险识别体系在对起草人起草的制度草案进行风险识别时，还会出具制度审查报告；在对重要合同进行审核时，还会出具合同审查报告。在风险事件处理完成后，还会出具风险事件报告，甚至可视情况出具风险描述手册。

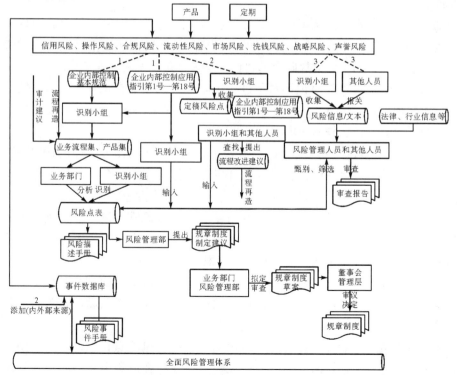

图9-1　风险识别体系的总体思路

三、识别小组

（一）人员构成

识别小组人员通常应当包括风险管理总监、风险管理部门负责人、内部审计部门负责人、技术人员、法律事务人员、市场人员、产品设计人员、清分结算人员、财务人员、客户服务人员、人力资源管理人员、行政管理人员、外部专家。对于涉及外部单位的产品、事件或制度流程，理想情况下应当由外部单位人员参与识别小组，实务中可行性较小。因此，涉及外部单位的部分，通常由对接外部单位的人员代替，识别出相关风险点后，由其负责与外部单位沟通核实。在风险识别过程中，需要就风险识别拟订工作方案，讨论定稿后实施，同时往往需要对相关事项进行决策判断。为此，有必要设置识别小组组长，建议识别小组组长由风险管理总监担任。

（二）职责分工

风险管理总监（小组组长）：根据风险识别任务和目标，牵头拟订风险识别工作方案，经识别小组讨论定稿后牵头实施风险识别工作，并对实施进度进行全面把控。对风险识别过程中的重大事项和争议事项进行决策。牵头对风险识别的工作成果进行小组内部讨论，形成一致意见后，报董事长或总经理审批。

风险管理部门负责人：全面梳理输入部分，形成风险识别对象，与风险管理总监讨论决定后列入风险识别工作方案。按工作方案全程参与风险识别工作，重点识别风险管理过程本身存在的风险和信用风险等风险。全面整理相关人员识别出的风险点，记录识别小组讨论会议情况，形成风险识别工作的最终成果，以便风险管理总监提交董事长或总经理。

内部审计部门负责人：从审计角度对识别对象进行风险识别，就《企业内部控制基本规范》《企业内部控制应用指引》的所有内容，对识别小组成员进行重点培训和问题解答。全程参与识别小组对风险点的讨论，从审计角度发表专业意见。

技术人员：从技术角度对识别对象进行风险点识别，牵头识别出技术方案、技术流程、技术实现、技术运行、技术管理制度等方面存在的风险点。参与技术相关的风险点的小组讨论会议，从技术角度发表专业意见。

法律事务人员：从法律角度对识别对象进行风险点识别，牵头识别出产品方案、产品合同、交易结构、交易流程、资金流向和管理制度等方面存在的风险点。参与法律相关的风险点的小组讨论会议，从合规性等角度发表专业意见。

市场人员：从市场份额和客户预期等角度对识别对象进行风险点识别，牵头识别出产品定价、客户预期行为、客户管理制度等方面的风险点。参与市场份额相关的风险点的小组讨论会议，从市场份额影响等角度发表专业意见。

产品设计人员：从用户体验等角度对识别对象进行风险点识别，牵头识别出用户体验、交互设计、产品管理制度等方面存在的风险点。参与产品设计相关的风险点的小组讨论会议，从用户体验等角度发表专业意见。

清分结算人员：从清分结算等角度对识别对象进行风险点识别，牵头识别出客户资金、清分结算、资金存管制度等方面的风险点。参与客户资金管理和财务管理相关的风险点的小组讨论会议，从客户资金安全等角度发表专业意见。

财务人员：从企业自有资金角度对识别对象进行风险点识别，牵头识别出资金管理、会计核算、财务管理制度等方面的风险点。参与财务管理和客户资金管理相关的风险点的小组讨论会议，从资金安全角度发表专业意见。

客户服务人员：从客户关系维护与管理等角度对识别对象进行风险点识别，牵头识别出知识库管理、客户转换、客户回访等方面的风险点。参与产品设计、客户管理相关的风险点的小组讨论会议，从客户管理角度发表专业意见。

人力资源管理人员：从人力资源管理等角度对识别对象进行风险点识别，牵头识别出人力资源管理、风险事件责任追究和人事管理制度等方面的风险点。参与人事管理相关风险点的小组讨论会议，从人力资源管理角度发表专业意见。

行政管理人员：从行政管理等角度对识别对象进行风险点识别，牵头识别资产管理、行政管理、公司治理和治理制度等方面的风险点。参与行政管理相关风险点的小组讨论会议，从行政管理角度发表专业意见。

外部专家：外部专家通常包括技术、清分结算、法律和风险管理方面的专家，主要补充内部人员的专业水平，并保证风险识别工作的独立性和全面性。因此，外部专家应参与前述所有方面的风险点的识别工作，并对每个方面的风险点的全面性等发表意见。

以上为针对相关人员专业情况进行的分工，并就相关人员参与小组讨论会给出了建议，若时间允许，建议所有识别小组人员均尽量参与小组讨论会，以提升质量。

四、识别方法

风险识别的方法较多，各有优缺点及其适用情形，在此，仅就曾使用过的一些方法，做简要介绍。

（一）流程分析法

流程分析法为结合业务循环系统中的业务流程，逐步分析业务流程的每个业务操作可能包含的风险点的方法。很显然，该方法适用于存在业务流程的情况，包括已经梳理出业务流程的情形和具有具体业务操作的产品等情形，其主要过程如下：

1. 准备业务流程

流程分析法启动前，牵头人员需要提前准备业务流程相关资料，具体包括业务流程名称、业务流程所在业务循环、业务流程启用时间、业务流程涉及的产品（与产品相关的业务流程）、业务流程涉及的技术系统、业务流程完整内容（格式可参见业务循环系统部分）等内容。牵头人员在召集分析会议之前，应将相关资料提前发送给分析人员，以便其熟悉业务流程相关内容，尤其是外部专家，可能需要现场熟悉相关业务操作、体验相关产品流程。

2. 确定分析人员

通常情况下，可通过业务流程中的"涉及的部门、岗位"部分确定业务流程分析会议参与人员。但对于外部流程则需要增加市场人员和客户服务人员参与，对于涉及信息科技系统完成的业务流程，需要追加技术人员参与。

3. 召集分析会议

在确定分析人员并提前发送相关资料，牵头人员确定分析会议时间和地点后，便可召集分析会议。在召集分析会议时需要注意的是，分析会议不宜像项目评审会议那样严肃，会议气氛以轻松为主，以便激发参会人员的积极性，即使参会人员发言不当也应予以容忍。对于会议地点，在条件允许的情况下，可选择在室外等可使参会人员尽量放松的地方。

分析会议可由牵头人员主持，由其选择业务流程，逐个业务流程进行分析。在开始分析时，主持人每列示一个操作步骤，由所有参会人员分析该步骤可能发生的疏忽、错误、舞弊（含岗位、时间、条件和具体情形等）等情形，并针对每种情形讨论具体的原因、发生的可能性大小（为后续风险评估做准备）、可能造成的影响、大致防范措施（为风险应对做前期准备）。在操作步骤讨论结束后，主持人简要总结本步骤识别出的风险点，经参会人员再次确认后，便可启动下一操作步骤的分析，直到业务流程的每个操作步骤均讨论完毕。在业务流程的每个操作步骤均讨论完毕后，主持人还应当将业务流程的所有业务操作串联起来，并向参会人员核对该业务流程已经识别出的风险点，再次就整个业务流程是否还有未识别风险点进行讨论。

在参会人员讨论过程中，很可能发生争议，引发争议通常表明分析会议效果不错，激发了参会人员的思考。此时，主持人应当重点记录争议的焦点、争议各方的观点、支持和反对人员情况等。

另外，在分析会议中也可能出现另外一种情况，主持人宣布一个操作步骤后，参会人员均不发言，无任何讨论，出现这种情况是分析会议失败的征兆。为避免这种情况发生，主持人应当提前就每个操作步骤准备一两个风险点，在参会人员均不发言的情况下，抛出准备好的风险点，以拓宽参会人员思路，激发其思维，促使积极发言。当然，也存在某个操作步骤确实无风险点的情况，此时主持人可直接进入下一个操作步骤。

4. 形成风险点草案

每个业务流程每个操作步骤均完成讨论后，形成风险点草案。每个风险点应当包括风险点编号、风险点名称、风险点描述、风险点影响、风险点发生的可能性、大致防范措施、对此风险点的争议等项目。

5. 风险点定稿

在风险点草案基础上，识别小组组长可召集识别小组相关人员，讨论已识别风险点，并重点讨论风险点的争议部分。识别小组组长在听取参会人员（含外部专家）意见之后，对争议部分进行决策形成风险点定稿版本。

（二）头脑风暴法

头脑风暴法即牵头人员组织参与人员，针对风险识别对象，实施头脑风暴，激发参与人员积极识别风险点的方法。该方法通常可与流程分析法等方法结合使用。其大致过程为：

1. 准备风暴主题

牵头人员首先针对风险识别对象，确定风暴主题。为比较准确地确定风暴主题，以便参与人员积极讨论，达到识别风险效果，通常情况下，需要牵头人员对风险识别对象具有一定了解，并对风险点有相对粗略的认识。建议牵头人员可根据第二章至第六章提及的相关风险的风险事项，初步确定风暴主题，甚至可以直接将相关风险事项作为风暴主题。例如，针对数据唯一性风险事项，牵头人将风暴主题确定为"导致数据唯一性受到破坏的情形"。当然，也可根据牵头人员的实际工作经验确定风暴主题。例如清分结算人员可以针对清分结算过程中可能出现的重复入库问题，确定风暴主题为"诱发重复入库的情形"。

2. 确定参与人员

与流程分析法确定参与人员的方法不同，头脑风暴法的参与人员通常由牵头人员根据风暴主题确定。确定参与人员须遵循的原则为：一是平等性原则，即参与人员地位平等以便其积极发言，减少顾忌；二是熟悉原则，即参与人员应当对风暴主题相当熟悉，以免"离题万里"；三是内外结合原则，即参与人员既要有内部人员，同时也应当尽量增加外部人员，以便扩展思路，打破惯性思维。

3. 实施头脑风暴

在确定参与人员和风暴主题之后，牵头人员便可召集相关人员围绕风暴主题，实施头脑风暴。此时，牵头人员应当担任风暴会议的主持人，至于风暴会议的地点，与流程分析法相似，应当选择轻松活跃的地点，不宜选择严肃沉静的地点。风暴会议开始后，由主持人宣布风暴主题，由参与人员即兴发挥，围绕风暴主题进行发言和讨论。与流程分析法相似，必要时主持人应当对参与人员进行积极引导，避免"冷场"或偏离主题。在一个风暴主题讨论结束之后，主持人对参与人员的意见进行归纳总结，并向其确认。之后，便可转向下一风暴主题。

4. 形成风暴草案

与业务流程分析法相似，头脑风暴会议结束后，主持人应当形成风险点草案。与流程分析法的不同之处在于：一是风险点完备性可能不足。由于头脑风暴法本身的局限性，可能出现风暴主题项下相关风险点遗漏的情形，与业务流程分析法相比，完备性略显不足。二是具体要素较少。头脑风暴法往往仅要求参与人员识别出具体的风险点和大致影响等因素，往往对风险点的原因、可能性大小和大致防范措施等难以进行系统性讨论。因此，风险点的具体要素通常较少。

5. 补齐风险点草案

在风暴草案基础上，主持人需要根据具体情况，对每个风险点，补齐风险点编号、风险点名称、风险点描述、风险点影响、风险点发生的可能性、大致防范措施等项目。对于风险点描述和风险点影响等头脑风暴识别出的内容，可进一步就补充内容向参与人员复核。

6. 风险点定稿

与流程分析法相同，在风险点草案的基础上，识别小组组长可召集识别小组相关人员讨论定稿风险点，形成风险点定稿版本。

（三）事件分析法

事件分析法为从已经发生的风险事件出发，分析事件发生的原因，导致事件发生的环节，检讨总结出风险点的方法。如前所述，风险事件包括外部风险事件和内部风险事件两种类型。对于外部风险事件，往往只能猜测估计其原因和环节，其识别出的风险点往往相对粗略。但对于内部风险事件，由于信息比较充分，从业机构往往能够比较准确地分析出原因和环节。从业机构便可就整个借款标的发布流转流程进行梳理排查，找出具体的风险点。下面，就内部事件的事件分析法大致过程做如下简要讨论：

1. 组建分析小组

与事件系统部分提及的"事件小组"不同，分析小组侧重于风险识别角度。当然，在实际工作中，两个小组可能部分人员重叠，但工作职责有所区别。建议对于事件分析法的分析小组最好由风险管理总监担任组长，风险管理部门负责人、内部审计部门负责人、信息技术部门负责人等人员为组员。

2. 准备分析提纲

在事件系统部分，提及了"事件调查分析方案和事件处理方案"，该等方案偏重于对事件发生和处理过程的分析。事件分析法中的分析提纲，则更关注风险事件发生的环节和具体原因，两者侧重点有所不同。分析提纲可按类似审计工作中的"穿行测试"思路进行设计，从事件发生的源头开始逐步分析，核实事件涉及的业务循环和业务流程，根据每个业务流程涉及的职能部门、具体岗位或外部人员（如客户），构建分析提纲。如按"业务循环（1）、业务流程（1-1）、业务操作（1-1-1）、应该进行的业务操作、实际进行的业务操作（档案或痕迹）、操作差异、应当达到的业务标准、质量偏差"此类模式构建分析提纲。操作差异指具体岗位人员或外部人员没有按业务流程规定的业务操作办理业务，遗漏了相关业务操作或增加了相关的业务操作（理想情况下，岗位人员和外部人员等操作人员不能增加相关业务操作，但在相关设计不严密的情况下，可能出现操作人员增加业务操作的情况）。例如负责发布借款标的的运营专员未核实真实有效的房屋抵押登记权属证书是否存在，便擅自发布借款标的，便为操作差异。质量偏差指操作人员实施的相关业务操作没有达到业务流程中业务标准规定的相关要求。前述运营专员进行了房屋抵押登记权属证书核实工作，但未核实其真实性和有效性，便是质量差异。

3. 实施调查分析

分析小组按照分析提纲，根据相关档案资料或业务操作日志，逐项核实相关部门和相关岗位的业务操作，如实填写实际进行的业务操作、操作差异和质量差异，直到所有分析提纲核实填写完毕。在逐项核实过程中，值得注意的是若确实存在操作差异或质量差异，分析小组除了填写信息之外，还需对相关档案或痕迹留存复印件或影印件。

调查分析结束后，分析小组应当撰写调查分析事实认定书，对调查中确认的事实进行认定，并且事实认定书应当经其提及的岗位人员签字确认。对事实认定书提及的外部人员，尽量要求其签字确认，至少应获得其对事实认定书真实性的意见。

4. 查找原因与环节

事实认定书经相关方确认后，分析小组调查分析中发现的操作差异或质量偏差，确定事件发生的原因和具体环节。实际工作中，可能出现无操作差异和质量偏差的情形，此时恰好表明存在未识别风险点，业务流程或管理制度本身存在漏洞且未被发现。

5. 识别风险点

根据查找出的原因和环节，分析小组便可进行风险点识别。若调查分析未发现操作差异和质量偏差，则风险点往往比较明显。反之，则需要分析人员具体分析差异或偏差的原因，再确认是否存在风险点，存在哪些风险点。

6. 举一反三

在对事件涉及的业务循环和业务流程进行调查分析，识别出风险点之后，分析小组还可以对照原因和环节，对类似业务循环和业务流程进行研究分析，以确认是否存在遗漏的风险点。

事件分析法识别出的风险点比较准确，因此通常无须召集识别小组成员再次进行讨论，仅分析小组内部讨论即可。另外，对于外部风险事件，分析小组首先需要分析其可能的原因，其次分析自身可能涉及的业务循环和业务流程，最后再参照"举一反三"步骤做法，识别风险点。

（四）法律分析法

法律分析法即识别人员通过查找从业机构应当遵循的法律［含行业协会规范、相关部委的规范和指引（如《企业内部控制基本规范》及其指引）］中的强制性规定和效力性规定，结合自身业务实际情况，识别风险点的方法。法律分析法不仅能识别出合规风险的风险点，实际上也能识别出信用风险、流动性风险、操作风险和洗钱风险等风险的风险点。如通过分析《支付机构客户备付金存管办法》关于不得提前办理支付业务的规定，可以识别出"提前办理支付业务，付款人拒绝付款"这一信用风险点。又例如通过分析《企业内部控制应用指引》关于"三重一大"的规定，可以识别出"管理人员擅自挪用资金"这一操作风险点。总体而言，法律分析法的大致步骤如下：

1. 设立分析小组

法律分析法因分析的具体法律不同，分析小组成员差别较大。通常情况下，风险管理总监应当担任分析小组的组长，视情况组员可能包括信息技术人员（涉及技术标准或技术实现等时）、内部审计人员（涉及内控规范、审计规范等时）、财务人员（涉及会计准则、财务制度、税收法律等时）、法律事务人员（涉及法律、监管规则和行业业务规范等时）、外部律师（涉及诉讼实务等时）。同时，为提高风险管理人员的业务水平，建议风险管理部门所有人员均应当参与到法律分析小组中。同时，对涉及市场拓展的相关规定，最好邀请市场人员参与分析，至少列席，以便更好地开展市场拓展工作。

2. 确定分析依据

小组组长在设立分析小组后，应当根据相关小组成员的专业构成，有针对性地选择需要分析的法律依据。当然，在实务中也可先确定分析依据，然后再选择适格的小组成员。具体方法取决于从业机构的年度计划。在确定分析依据时，需要注意的是，每次分析会议不宜选择过多依据，以不超过两项法律为宜，以便提高分析质量。

3. 拟定分析提纲

分析提纲可以表格形式列示，便于分析过程中记录识别出的风险点。相较而言，法律分析法的分析提纲容易列示。例如可按"风险点编号、风险点名称、风险点描述、源自法律、可能性、风险点影响、重要性、初步防范措施、争议事项"形式列示即可。其中源自法律即通过其分析出该风险点的法律名称。可能性为分析小组对该风险点发生概率的初步判断。风险点影响为风险点发生后可能产生的影响，为定性描述内容。重要性为分析小组对该风险点发生后的损失大小的初步判断，对于合规风险的风险点，其大小可通过法律相关的罚则条款等进行判断，对于涉及效力的合规风险点，也可通过相应行为无效、效力待定、可变更可撤销等情况初步判断损失大小。初步防范措施为分析小组对风险点设置的防范措施，以为后续风险应对体系做准备。争议事项为分析小组关于该风险点的争议记录情况。

4. 实施分析工作

在确定分析提纲之后，分析小组便可根据依据的法律，逐条研读分析法律条款，分析识别风险点。与流程分析法相似，分析小组组长担任主持人，其每阅读完一个法律条文，小组成员就该法律条文可能具有的风险点进行讨论。关于会议组织情形也与流程分析法类似，不再重复。

5. 定稿风险点

分析会议结束，分析小组组长按照分析提纲格式汇总、整理风险点，形成风险点草案。根据争议风险点的多寡和依据法律的专业化程度，决定是否召开识别小组会议讨论定稿风险点。对于争议风险点较少、依据的法律专业化程度较低的法律，可由分析小组自行定稿风险点草案，反之则以讨论决定为宜。

至此，简单介绍了几种风险点识别方法。实际工作中，还可能包括合同分析法、方案分析法等风险识别方法。例如法律事务人员在审查业务部门提交的合同文本时，便是基于相关法律和合同条款规定，结合从业机构自身业务实际情况，识别其中的风险点，此时法律事务人员采用的便是合同分析法。又例如风险管理人员审查信息技术部门提交的技术方案时，基于相关技术规范、业务需求等，核实方案中可能存在的技术漏洞、技术瑕疵等，便是采用方案分析法识别风险点。这两种识别方法的不同之处在于，其识别出的风险点往往直接以审查报告形式体现，并不进入"风险点表"中，且通常不以小组会议形式进行识别。关于其他风险识别方法，不再讨论。

五、工作机制

在讨论了识别小组和识别方法之后，本部分将结合图 9-1，对风险识别体系的工作机制做相对详细的介绍。如图 9-1 所示，风险识别体系大致包括定期识别、事件识别和产品识别三个机制，图中标示"1"的部分为定期识别机制，标示"2"的部分为事件识别机制，标示"3"的部分为产品识别机制。

（一）定期识别机制

定期识别机制包括业务流程风险点识别和制度清单识别两部分，业务流程风险点识别负责识别业务循环系统中的业务流程相关的风险点，并据此进行业务流程的第二轮迭代，同时识别产品系统中相关的业务流程和资金流向等相关风险点。制度清单识别为管理制度系统相关人员等借助于风险识别体系构建拟建制度清单或拟修订制度清单。

1. 流程识别

（1）识别小组研读《企业内部控制基本规范》（以下简称《基本规范》）和《企业内部控制应用指引第 1 号—第 18 号》（以下简称《指引》），掌握其基本精神和基本原则。

（2）识别小组熟悉业务流程集和产品集，对其中业务流程按《指引》进行归类，尽量将其归入《指引》中的某一号。在内部审计机构出具审计建议或识别小组出具流程再造建议时，识别小组应当再次核实和确认业务流程集和产品集中的业务流程的合理性和合规性，并视情况启动流程改进工作。流程进行改进后，识别小组应当同步启动"定期识别"机制识别风险点。

（3）识别小组采用法律分析法，对业务流程进行风险点识别，定稿风险点后，将其输入"风险点表"中。

（4）识别小组采用流程分析法，对业务流程进行风险点识别，定稿风险点，对重复识别的风险点根据最新情况进行修订完善后，剔除重复风险点，之后将其输入"风险点表"中。

（5）识别小组采用头脑风暴法等其他识别方法，对业务流程进行风险点识别，定稿风险点，修订并剔除重复风险点后，将其输入"风险点表"中。

（6）风险管理部门获取风险点表中相关风险点，按业务流程进行归类整理，提出业务流程改进建议，择机启动流程再造。（该步骤图中未标示）

（7）风险管理部门视情况，从风险点表中获取风险点，按所涉部门归类整理后形成风险描述手册，发给相关部门、风险管理总监、管理层和治理层相关人员。

2. 制度识别

（1）识别小组研读《指引》，掌握其总体精神。

（2）识别小组梳理其提及的风险及相应类型，可按"指引编号、列示的风险、条款要求、制度响应"形成"制度表格"。制度响应即从业机构现有制度对相关条款的落实情况，可分为"未落实""部分落实"和"全部落实"等情形。

（3）识别小组采用法律分析法，对照自身实际情况，识别风险点，并填制"制度表格"。

（4）识别小组定稿风险点，并将风险点输入"风险点表"中。

（5）风险管理部门从"风险点表"中获取风险点，补充完善"制度表格"（主要考虑在流程识别中已识别的风险点）。

（6）风险管理部门对"制度表格"中的制度响应进行归类，整理出"未落实"或"部分落实"的《指引》内容，提出《规章制度制定建议》（含修订建议）。

（7）风险管理部门和业务部门再按照管理制度系统制定规章制度。

（二）事件识别机制

事件识别机制负责处理内外部事件触发的风险识别工作。其大致步骤如下：

（1）识别小组采用事件分析法，识别风险点。

（2）识别小组将事件相关数据录入事件数据库。

（3）识别小组定期从事件数据库中获取信息，按风险事件类型归类整理后，印制风险事件手册，发送至相关部门、风险管理总监、管理层和治理层相关人员。

（4）识别小组根据定稿风险点和《指引》，再次查找、识别其他业务流程（对于内部风险事件）风险点，若业务流程存在不合理、不合规之处，提出业务流程改进建议，择机启动流程再造。

（5）识别小组将定稿风险点和从其他业务流程识别出的定稿后的风险点输入"风险点表"中。

（6）风险管理部门从"风险点表"中获取最新添加信息，视情况启动规章制度制定或修订建议。

（三）产品识别机制

产品识别机制负责处理产品触发的风险识别工作和其他信息触发的风险识别工作。风险管理人员和其他业务人员在实际工作中获悉的可能导致不利影响的信息，此时也需要进行风险识别工作。产品机制的大致步骤如下：

（1）产品识别机制的启动包括三种情况：一是风险管理人员等识别小组成员收集、获悉可能产生不利影响的风险信息；二是其他人员向风险管理人员等识别小组成员报送可能产生不利影响的风险信息；三是其他人员向风险管理人员等识别小组成员提交相关文本（如产品设计文本、合同文本、制度草案文本、业务流程草案文本等）。

（2）识别人员根据获悉的风险信息和文本，收集相关法律，研读《基本规范》和《指引》，收集相关行业信息、竞争对手信息、相关产品信息等信息。

（3）风险管理人员和其他人员对风险信息进行甄别、筛选，采用法律分析法等相关方法识别风险点，并将定稿风险点输入"风险点表"中。

（4）风险管理人员和其他人员审查相关文本材料，识别风险点，实施风险评估，商讨应对措施，提出改进建议，形成审查报告。

（5）审查报告报相关人员或机构决策后，涉及部门按报告建议和决策人员意见管理风险。

第二节　风险评估体系

风险识别体系识别出风险点之后，接下来便是风险评估工作。在此，仅就风险评估体系的体系目标、总体思路、评估小组、方法选择、工作机制等简要讨论。

一、体系目标

鉴于风险评估的重要性、复杂性和可行性，先就定性评估与定量评估、直接评估与间接评估进行讨论，然后再分析风险评估体系的体系目标。

（一）定性评估与定量评估

定性评估即对风险或风险点发生的概率大小或损失大小，采用定性的方法进行评估，评估结果只能给出大致等级，而不量化出具体数值。定性评估主要适用于样本数据不足、定量评估成本过高甚至暂时缺乏定量评估工具或方法的场合。定性评估的优点在于所需数据较少（甚至无须样本数据）、成本相对较低、定性评估的可行性通常较高；缺点是评估结果比较粗略、精确度较低，对后续风险应对工作的意义相对较小。

定量评估则是对风险或风险点发生的概率大小或损失大小，采用数量方法进行评估，评估结果为具体量化数值，可直接使用该数值，也可根据该等数值划分等级的方法。定量评估通常适用于样本数据充足、定量评估成本在可接受范围、存在行之有效的量化评估方法或工具的场合。定量评估的优缺点与定性评估恰好相反。

如上所述，定性评估和定量评估各有优劣，在实务中，定性评估和定量评估往往缺一不可，两者结合使用。一是对不同风险的风险点需要同时采用两种方法。例如对信用风险的债务人延迟履行，往往采用定量评估方法（如信用评分方法），但对信用风险的担保物管理相关的风险点，则可能需要采用定性评估方法。又例如对操作风险中业务操作相关的风险点，往往采用定性评估方法，但对信息系统软硬件故障相关的操作风险点，则可采用定量评估方法（如浴盆曲线拟合分布方法）。当然，实务中各种风险对两种方法适用比重上会有不同，例如信用风险往往更偏重于定量评估方法，而操作风险则往往偏重于定性评估方法。二是对同一风险或风险点的发生概率和损失大小，也可能同时采用两种方法：一是对发生概率采用定量评估方法，对损失大小采用定性评估方法。例如对信用风险诱发的声誉风险，其发生的概率可基于信用风险相关样本数据进行定量评估；但对声誉风险发生后的损失大小，则往往只能采用定性评估方法。二是对发生概率采用定性评估方法，对损失大小采用定量评估方法。例如对可疑交易分析相关的洗钱风险，其发生的概率可采用定性评估方法，但对损失大小则可能采用定量评估方法。

（二）直接评估与间接评估

直接评估即直接对风险点发生的概率和损失，采用定性或定量评估方法进行评估。直接评估的优点在于评估的粒度精细，后续风险管理工作更有效；不足之处在于评估工作量很大，有时甚至不可行；部分风险点的直接评估结果对后续风险管理意义有限，例如融资人的性别为信用风险的一个风险点，通常情形下女性发生延迟履行的概率低于男性的概率。完全可以基于样本数据对性别这一风险点诱发延迟履行的概率进行直接评估，但评估结果并不能直接用于授信决策，其后续风险管理意义比较有限。

间接评估即按一定规则汇集相关风险点，形成风险点集，然后对该风险点集发生的概率和损失大小，采用定性或定量评估方法进行评估。间接评估的优缺点恰好与直接评估的相反。与定性评估和定量评估相似，直接评估和间接评估在实务中往往需要结合使用，并且根据风险种类不同，两者所占的比重也往往不同。当然，与定性评估和定量评估不同的是，对发生概率采用直接评估，则损失大小也往往采用直接评估，反之亦然。

（三）目标界定

风险识别体系的目标为综合采用定性评估和定量评估、直接评估和间接评估方法，对风险点或风险点集的发生概率和损失大小进行评估，为后续风险管理提供支持。

总体而言，从业机构尽量采用定量评估方法，视情况选择直接评估和间接评估方法。值得注意的是，从业机构在采用间接评估方法时，第二章至第六章提及的每个风险事项对应一个发生概率和损失大小便无法实现。前面章节的叙述更多偏重于理论分析，为风险管理的理想状态，实务中不宜过度拘泥，宜作变通处理。若需符合前述规则，可将相关风险点集汇总为一个风险事项即可。

二、总体思路

风险评估体系的总体思路如图 9-2 所示，图中列示了三个除风险种类不同外，其余结构完全相同的纵向流程图，旨在提示读者：一是风险评估工作需要按风险种类进行，不同种类风险采用的评估方法、所需的评估人员、人员的专业素质要求往往不同。二是不同风险可能采用的直接评估和间接评估防范的比重也往往不同。图中第一个纵向流程图中的"信用风险",与第二个纵向流程图的"操作风险（点）"和第三个纵向流程图的"合规风险点"之间存在明显差异,试图表明信用风险的评估更多偏重于间接评估,操作风险评估则可能直接评估和间接评估并重,合规风险评估则更多偏重于直接评估。当然,实际工作中,需要从业机构结合自身情况确定,图示仅为参考。

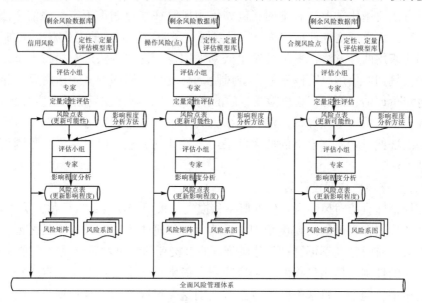

图 9-2　风险评估体系的总体思路

与风险识别体系相同,风险评估体系也包括输入、处理和输出三个部分。输入部分包括风险点或风险点集,定性、定量评估模型库和剩余风险数据库。风险点或风险点集为待评估其发生概率和损失大小的评估对象。定性、定量评估模型库为从业机构进行风险评估的方法,具体情况将在后面部分介绍。剩余风险数据库为从业机构采用"承受"策略应对的风险集合。之所以需要对其中的风险进行评估,在于随着时间的推移,其发生概率和损失大小可能发生变化,导致"承受"策略已失效而应当采用其他策略。例如互联网支付机构之前基于《非金融机构支付服务管理办法》及相关业务管理办法（最高处罚为 3 万元）,对部分业务的合规风险点采取了"承受"策略,但本轮整治和续牌过程中,中国人民银行采取了取消牌照、高额处罚等措施严格管理支付机构,支付机构必须根据最新情况调整评估结果,改变"承受"为"规避"等策略。对剩余风险数据库中的风险点进行评估还有一个理由就是避免剩余风险点数量累积到一定时候产生聚集效应,诸多剩余风险点融合为大概率、高损失的风险事项。处理部分为评估小组和专家基于评估模型中的方法,对评估对象的发生概率和损失大小进行评估。输出部分为将发生概率和损失大小更新到"风险点表"中。

三、评估小组

（一）主要工作

评估小组的主要工作有:

（1）结合从业机构实际情况,推荐评估方法,形成候选评估模型库。

（2）对候选评估模型库中的定量评估方法,利用适量的样本数据进行训练和验证,经有权机构批准后，纳入评估模型库。

（3）对候选评估模型库中的定性评估方法，选择适当的风险点进行实验，经有权机构批准后，纳入评估模型库。

（4）对拟评估的风险点进行核实整理，对拟采用间接评估的风险点进行归集。

（5）对拟评估的风险点，从评估模型中选择适当方法，开展风险评估。

（6）风险评估结果报经有权机构批准后，更新至"风险点表"。

（二）小组构成

与识别小组不同，因风险评估专业性强，定性评估和定量评估差别较大，并且不同种类风险的评估往往对专业背景要求不同。因此，需要根据不同风险种类组建不同的评估小组。建议至少需设置信用风险评估小组、操作风险评估小组、市场及流动性风险评估小组、合规及洗钱风险评估小组、战略及声誉风险评估小组五个评估小组。当然，条件允许的情况下，每种风险设置一个评估小组最为合适。

1. 信用风险评估小组

该小组的主要职责为前述评估小组主要工作在信用风险评估方面的细化和具体化，不再重复。同时，对于信用风险中涉及的操作风险点等其他风险的，该小组也应当进行初步评估，然后交由操作风险评估小组等其他风险评估小组进行二次评判。

在人员构成方面，该小组成员应当包括数学模型（如 logistics 模型、层次分析法）专家、统计学专家、SAS 等软件人员、运营人员、技术人员、客户服务人员和风险管理总监等人员。前三者负责评分模型等模型的设计、训练和验证工作。运营人员则基于训练后有效的数学模型开展信用评分工作。技术人员负责提供模型所需要的数据、按专家要求完成数据准备工作（数据清洗、数据转换等），并视情况根据专家要求将相关模型嵌入业务处理系统之中，实现评分的自动化或半自动化。客户服务人员在对数学模型适当了解的基础上，在客户请求被拒绝时，对客户予以积极解释和说明。风险管理总监全程负责把控整个评估工作，对重要事项和争议事项进行决策。值得注意的是，模型的最终参数（如数据项目的评分表或指标值的权重等）应当对运营人员和客户服务人员保密，以防范其引导客户伪造数据通过审核。

另外，对于风险识别阶段已经初步估计的风险点的可能性和重要性，往往比较粗糙，对于信用风险管理的意义有限。因此，对于信用风险的风险点，建议直接用评估小组的结果予以替换。

2. 操作风险评估小组

该小组的主要职责为前述评估小组主要工作在操作风险评估方面的细化和具体化，不再重复。涉及其他风险须进行初步评估，再提交相关评估小组进行二次评判。需要注意的是，操作风险往往风险点较多，而且大部分需要采用直接评估法进行评估。若每个风险点均采用数学模型等进行量化评估，一来工作量极大，二来往往缺乏足够样本数据支撑。因此，总体而言，操作风险通常采用定性评估与定量评估相结合的方法。

在人员构成方面，小组成员应当包括数学模型（如德尔菲法、敏感性分析法等）专家、风险管理总监、风险管理部门负责人、内部审计部门负责人、技术人员、法律事务人员、市场人员、产品设计人员、清分结算人员、财务人员、客户服务人员、人力资源管理人员、行政管理人员、外部专家。在职责分工方面，与识别小组完全相同。

值得注意的是，在风险识别阶段，识别小组已经对各个风险点的可能性和重要性进行了初步评估，建议对于采用定量评估的风险点，可直接用评估结果替换之，对于采用定性评估的风险点，评估小组在定性评估前，可出当时的牵头人员对初步判断的情况进行说明，然后再基于初步判断的结果进行定性评估，并以评估结果替换初步判断结果。

3. 市场及流动性风险评估小组

该评估小组职责为前述评估小组主要工作在市场风险和流动性风险评估方面的细化和具体化，不再重复。涉及其他风险的，进行初步评估后交由相关评估小组二次评判。之所以将两类风险合并为一个评估小组，主要考虑两类风险在评估方法方面，具有较大的相对相似性。

在人员构成方面，该评估小组应当包括数学模型专家、市场人员、清分结算人员、运营人员和风险管理总监等。数学模型专家可基于流动性风险数据库中的时间序列数据等拟合某种分布，然后基于该分布评估流动性风险；也可基于排队模型等构建资金、资产排队模型，基于时间序列数据拟合参数，据此评估流动性风险。同理，关于市场风险，模型专家也可基于相关宏观数据、行业数据等构建数学模型，对市场风险进行评估。值得注意的是，本书定义的市场风险，除利率、汇率、商品价格和股票价格等传统因素外，凡影响从业机构市场份额的均可能成为市场风险因素，因此在模型构建时，数据模型专家除利用传统模型外，还需要积极探索新模型。市场人员主要负责收集影响市场份额相关的传统因素外的其他数据，便于数学模型专家评估风险。清分结算人员主要为数学模型专家提供清分结算相关数据，便于数学模型专家拟合资金出入金分布，评估流动性风险。运营人员则基于相关模型，对流动性风险和市场风险开展日常评估工作。风险管理总监职责与其在信用风险评估小组中的职责相同，不再重复。

4. 合规及洗钱风险评估小组

该评估小组职责为前述评估小组主要工作在合规风险和洗钱风险评估方面的细化和具体化，不再重复。涉及其他风险的，进行初步评估后交由相关评估小组二次评判。之所以将两类风险合并为一个评估小组，主要考虑洗钱风险实际上也是合规风险，评估方法可以共通。在评估方法方面，除部分情形下需要采用数学模型进行评估外，多数情况以定性评估为主，当然法律分析法等非数学模型评估法，也可以得出量化评估结果。

在人员构成方面，该小组应当包括风险管理总监、数学模型专家、法律事务人员、运营人员、技术人员和清分结算人员。数学模型专家负责开发可疑交易相关的分析评估模型。法律事务人员则结合法律条文，采用法律分析法和德尔菲法等方法，对发生概率进行定性分析，对损失大小进行定量评估。运营人员和清分结算人员为模型专家提供数据支撑。技术人员视情况将数学模型嵌入业务处理系统之中。风险管理总监职责与其在信用风险评估小组中的职责相同，不再重复。

5. 战略及声誉风险评估小组

该评估小组职责为前述评估小组主要工作在战略风险和声誉风险评估方面的细化和具体化，不再重复。涉及其他风险的，进行初步评估后交由相关评估小组二次评判。之所以将两类风险合并为一个评估小组，主要考虑两类风险通常需要具有相当管理经验和管理高度的人员进行评估。在评估方法方面，需要分情况确定是定性评估还是定量评估。

在人员构成方面，该小组应当包括风险管理总监、数学模型专家、战略管理人员、应急管理人员和技术人员。数学模型专家负责基于情景模拟等方法开发战略风险评估模型和声誉风险评估模型。战略管理人员与模型专家共同探讨开发战略风险评估模型。应急管理人员与模型专家共同探讨研究声誉风险评估模型。技术人员视情况将数学模型嵌入业务处理系统之中。风险管理总监职责与其在信用风险评估小组中的职责相同，不再重复。

四、方法选择

关于风险评估的方法和数学模型，国内外学者进行了大量的理论研究，可谓硕果累累。本书出于风险管理实务的考虑，加之水平所限，不对相关方法和模型本身进行研究，仅就几种常用方法和模型的适用场合及优劣做简要讨论，供读者参考。

（一）逻辑回归

软件工程领域的瀑布模型为一种相对古老经典的软件开发模型，随着软件工程的快速发展，敏捷开发模型、原型开发模型等各种开发模型层出不穷。但实务中，最常使用的还是瀑布模型或其改进版本。同样的道理，在信用评分领域，逻辑回归方法是一种相对古老经典的评估方法，尽管现在陆续出现了各种评估方法，但实务中最常用的还是逻辑回归方法，只是不同建模人员往往会对相关输入变量进行不同的预处理。

逻辑回归方法主要适用于信用风险评估建模，其 X 变量可为融资人的性别、年龄、婚姻状况、职业、工作年限、月均收入等变量。Y 变量理论上可为两种状态的任何变量，就信用评分模型而言，Y 变量通常为"好客户"或"坏客户"。实务中可能会对 Y 变量做适当变换。

逻辑回归方法的关键在于：一是 X 变量的选取。某变量是否能作为 X 变量既取决于其与 Y 变量之间的相关关系，也取决于该变量的数据可得性。两者均需满足方有可能作为 X 变量。因此，通常有种说法，建模方法固然重要，能否获得足够样本量的强相关变量更为重要。二是 Y 变量的构建。关于 Y 变量的构建，主要是"好客户"和"坏客户"的判断标准问题。三是样本数据量。曾有信用评分建模专家表示，逻辑回归建模的样本量至少为十万级。

逻辑回归方法的大致步骤为：第一，收集候选 X 变量及相关样本数据。第二，准备相关样本数据的 Y 变量。第三，采用相关性分析等方法初步筛选 X 变量，形成入模候选变量集。第四，对 X 变量和 Y 变量进行适当变换，形成模型变量。第五，基于变换后的 X 变量和 Y 变量进行逻辑回归。第六，对模型进行适当校验，对 X 变量进行增减（增加变量则从入模候选变量中选取）。第七，增加变量后再次进行逻辑回归。重复第五、第六和第七步，直到得到满意结果。第八，对训练结束的模型进行适当变换，得出评分模型。

逻辑回归方法的优点在于：具有严密的数理基础，模型效果较好，评估客观性和前后一致性强。不足之处在于对样本量要求较高，一般从业机构根本无法达到其要求。

（二）层次分析法

与逻辑回归相比，层次分析法所需样本数据相对较少，其相关指标的权重并不由样本数据训练，而是采用专家对比方法获得。与逻辑回归相似，层次分析法也需要构建相应的 X 变量，但不同之处在于其无须 Y 变量。因此，层次分析法尤其适合样本数据少、严重缺乏 Y 变量的场合。该方法既可以用于信用风险评估建模，也可用于操作风险、合规风险等风险的评估建模。

层次分析法的关键在于：一是层次结构的设计。该法要求首先选择评估对象影响最大的几个主要因素（以不超过 9 个为宜），其次，对每主要因素再构建对其影响最大的第二层主要影响因素，最后，对每个第二层因素构建第三层影响因素。通常情况下，以不超过 3 层为宜。因素层次选定后，评估体系的总体框架和 X 变量也就确定了。因此，层次结构设计极为重要。二是权重矩阵的计算。权重矩阵（也称判别矩阵）也就是同层因素之间的相对重要性。实际操作中，权重矩阵由专家采用两两比较的方法得出初始矩阵，然后经过一定校验之后，将其转换为权重矩阵。

层次分析法的大致步骤：第一，设计层次结构，形成变量层次体系。第二，外聘专家对同层变量做两两对比，得出初始矩阵。第三，对初始矩阵进行检验，基于校验通过的初始矩阵计算权重矩阵。第四，对底层变量做标准化处理，以便进入模型计算。第五，从底层变量开始，逐层向上计算上一层次的变量值。第六，最顶层指标值便是评估值。

该方法的优点在于所需样本数据少，不需要 Y 变量。缺点在于由于权重矩阵是专家对比判断的最终结果，具有较大的主观性。在客观性方面，明显不如逻辑回归。

（三）拟合分布

拟合分布法即假设风险点或风险点集的发生概率或损失大小服从某种分布（如正态分布、浴盆曲线、泊松分布、二项分布、复合泊松分布等），基于现有数据进行统计推断，以确定该分布的具体参数，在分布参数确定后，便可基于该分布评估发生概率或损失大小。

拟合分布的关键在于：一是分布的确定。在拟合分布之前，对发生概率或损失大小的分布假定至关重要。实务中，最好借鉴他人研究成果直接确定，例如网络上的数据报文服从泊松分布等。二是统计推断。基于积累的数据，采用数理统计方法，对分布的参数进行统计推断（例如正态分布的均值和方差）。

拟合分布的大致步骤：第一，查阅资料，确定数据可能服从的分布。第二，确定分布须估计的相关参数。第三，根据样本数据，计算参数估计值。第四，利用统计推断判断参数估计值。第五，所有参数估计完成后，确定数据服从的分布函数。第六，根据分布函数进行风险评估。

拟合分布的优点在于客观性较强，所需样本数据相对较少。缺点在于拟合精度不高的情况下，估计偏差较大。拟合分布通常适合市场风险和流动性风险等风险的估计。

（四）法律分析

在风险评估阶段的法律分析法与风险识别阶段的法律分析法相似，主要是通过对法律条文的分析，评估合规风险和洗钱风险等风险事件发生后的损失。

该方法的关键在于：一是条文定位。采用法律分析时，需对风险点发生可能导致的罚则条文或效力条文进行定位，以便依据该等条文进行金额评估。对于部分风险点，其发生后的违规事实相对清晰，可以比较准确定位罚则条文，但部分风险点发生后，由于法条竞合等，往往难以确定罚则条文，其罚则条文定位相对较难，此时需要借助专业律师进行定位。二是金额估计。对于罚则类条文，通常规定了处罚的区间，损失金额相对容易估计。但对于无效、效力待定、可变更可撤销等效力类条文，则通常需要借助于专业律师的经验，方可估计其大致金额。建议此时最好结合德尔菲法，邀请多位专业律师进行估计判断。

该方法的大致步骤：第一，依据风险点识别阶段记录的"源自法律"项目，查找具体法律。第二，判断风险点的性质（罚则类还是效力类）。第三，定位对应的罚则类条文或效力类条文。第四，根据定位条文的规定，结合德尔菲法等方法，估计损失金额。第五，对估计金额进行复核。

该方法的优点在于估计具有客观依据，不足之处在于主观性较强。

（五）德尔菲法

德尔菲法为一种主观性专家评估法，由众多专家（通常不超过20人）对评估对象（发生概率或损失大小）进行评估，若专家评估一致（通过方差等因素判断）则停止，否则继续进行下一轮评估。由于该方法主观性很强，建议将其作为一种定性评估方法使用。

该法的关键在于：一是专家的选取。专家专业胜任能力和专家对评估对象的关注程度直接决定了评估结果的优劣，因此，最好从专业水平和责任心等方面选择专家。二是一致性的判断。专家意见的一致性为该方法结束的条件，在初步使用该方法时，往往难以确定一致性条件。建议初期可以评估轮次替代一致性判断（如经过5轮便认为一致），待积累一定经验后，再考虑用方差等作为一致性判断标准。三是组织方法选择。根据专家是否见面，德尔菲法可分为封闭型和开放型两种，前者的专家为背靠背判断且相互不见面不讨论，后者的专家则为当面判断并且每轮判断后进行一定的交流讨论。

该法的大致步骤：第一，确定评估对象和组织方式。第二，根据评估对象设计评估问卷，选择参与专家。第三，根据组织形式发放评估问卷，专家实施评估（开放式方式下，专家还需进行交流讨论）。第四，收回问卷计算结果，确定一致性。第五，未达到一致性要求，则重复第三步和第四步，达到一致性要求后结束。第六，根据专家评估结果，确定评估对象值。

该方法的优点在于无须样本数据支撑，缺点在于主观性较强。

至此，对几种常用方法做了简要介绍，实际使用时还会有诸多细节问题有待解决。总体而言，风险评估难度相对较大，尤其是对于业务规模较小的从业机构，更是如此。

五、工作机制

在此，结合图9-2对风险评估体系的工作机制做简要介绍。其工作过程大致如下：

第一，评估小组分工协作，完成评估模型库的建设工作。

第二，风险管理总监牵头完成风险评估任务分解，将待评估任务落实到具体评估小组。

第三，评估小组按分工从"风险点表""剩余风险数据库"中或相关审查报告中选择风险点，视情况形成风险点集。

第四，评估小组从评估模型库中选择适当的评估方法（除非经特别批准，不得从评估模型外选择评估方法），获取评估模型相关参数，启动风险评估工作。对需要其他小组二次评判的交由相关小组实施二次评判。

第五，评估小组完成评估工作，形成评估结果报告，报告每个风险点的发生概率和损失大小的评估结果。

第六，评估小组根据评估发生概率和损失大小，提出应对策略建议（规避、降低、分担和承受）。

第七，风险管理总监收集各评估小组的评估报告，复核完整性和一致性。

第八，对于来自"风险点表"的风险点或形成的风险点集，将可能性和损失大小更新至"风险点表"中，对于来自相关审查报告等的风险点，直接将其写入审查报告之中。

第九，风险管理部门从"风险点表"中获取风险点数据，绘制风险评估系图，列示风险矩阵，将系统和矩阵提交风险管理总监和管理层等阅览。

第十，启动风险应对体系。

值得注意的是，对于采用自动审批机制的信用风险评估，其评估工作通常由信息科技系统基于预定评估模型自动快速完成，评估结果形成后，信息科技系统根据预定策略自动完成部分甚至全部风险应对工作。

第三节　风险应对体系

在对风险点或风险点集的可能性和重要性做出定性或定量评估之后，风险评估体系还初步设置了风险应对策略。本节将紧接着讨论风险评估体系的后续体系风险应对体系。

一、体系目标

风险评估体系的目标为：复核并设定风险应对策略，根据风险应对策略，应对小组为风险点或风险点集设置防范措施或设计防范方案，经风险管理总监提交有权机构批准后，相关部门和相关岗位落实防范措施、执行防范方案，防范风险，形成全面风险管理的第一道防线。

二、总体思路

风险应对体系框架如图9-3所示，也分为输入、处理和输出三个部分。输入部分包括风险数据库（风险点表）和相关审查报告，以及董事会制订的经营计划、决定的风险承受度和管理层制定的经营目标。风险点表和相关审查报告中的风险点为主要输入内容，风险承受度、经营目标为重要辅助参数。处理部分为应对小组根据一定原则最终设定风险点（集）的应对策略，并为每个风险点（集）设置多项防范措施建议、风险管理措施建议和风险防范方案建议，该等建议经管理层批准后，更新至风险点表或相关审查报告中，并形成风险控制责任矩阵。输出部分为经管理层批准的风险控制责任矩阵、风险防范措施、风险管理措施和风险防范方案。

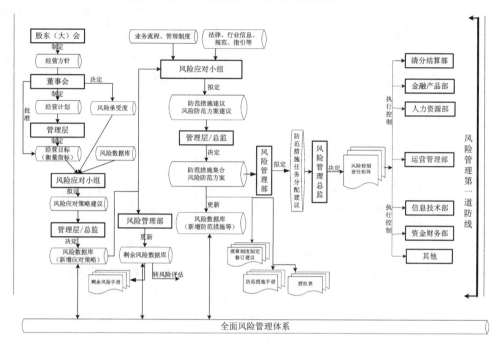

图 9-3　风险应对体系框架

三、应对小组

（一）人员构成

应对小组由风险管理总监担任组长，组员包括风险管理部门负责人、内部审计部门负责人、信息技术部门负责人、法律事务部门负责人、市场推广部门负责人、金融产品部门负责人、清分结算部门负责人、资金财务部门负责人、客户服务部门负责人、人力资源部门负责人、综合管理部门负责人和外部专家（技术和法务等）。防范措施、防范方案的设计和可行性讨论，通常需要外部单位配合，因此，尽可能邀请资金存管方、硬件供应商（如加密机、读卡器和 Ukey 供应商）等外部单位的人员作为外部专家参与。确实无法邀请到的，可由对接外部单位的人员代替，设计出相关防范措施或防范方案后与其共同讨论确定。对于信息科技系统外包开放服务商，基于从业机构在合作中的地位和其他人员在风险应对体系中的重要性，应当要求其委派系统分析师和软件设计师等人员参与风险应对小组。同时，还可从其他提供类似服务的服务商处邀请专家参与风险应对小组。对于涉及法律事务的重大防范措施或防范方案，还需要聘请外部律师参与研究评判。

（二）职责分工

小组组长：牵头拟订风险应对工作方案，报经总经理批准后牵头实施风险应对工作，全程把控风险应对工作，对风险应对过程中的应对策略，技术、法律等专业性较强的重大事项，一般争议事项进行决策，对重大争议事项提出初步处理意见，负责对风险应对工作形成的应对策略、防范措施和防范方案等形成初步意见，经小组内部讨论后，报管理层或治理层审批。

风险管理部门负责人：就本部门工作涉及的相关风险点（集），提出应对策略建议；根据最终确定的应对策略，提出防范措施或防范方案建议；全程参与应对小组会议，对所有应对策略建议、防范措施建议和防范方案建议发表意见。

内部审计部门负责人：就本部门工作和外部审计工作涉及的相关风险点（集）提出应对策略建议；根据最终确定的应对策略，提出防范措施或防范方案建议；全程参与应对小组会议，对所有防范措施和防范方案建议的可审计性发表意见，并提出改进建议。

信息技术部门负责人：就本部门工作及信息科技系统相关的风险点（集），提出应对策略建议；根据最终确定的应对策略，提出防范措施或防范方案建议；全程参与应对小组会议，委派人员参与其他部门的防范措施和防范方案设计工作，提出由信息科技系统实施的防范措施或防范方案；对所有防范措施和防范方案建议的技术可行性发表意见，并提出改进建议。

法律事务部门负责人：就本部门工作涉及的相关风险点（集）和与法律相关的风险点（集），提出应对策略建议；根据最终确定的应对策略，提出防范措施或防范方案建议；委派人员参与其他部门的防范措施和防范方案设计工作，提出法律方面的防范措施或防范方案；参与法律相关的防范措施和防范方案的小组会议，从法律角度提出改进建议。

市场推广部门负责人：就本部门工作涉及的相关风险点（集）和影响市场份额的相关风险点（集），提出应对策略建议；根据最终确定的应对策略，提出防范措施或防范方案建议；参与市场份额相关的防范措施和防范方案的小组会议，从提高市场份额角度提出改进建议。

金融产品部门负责人：就本部门工作涉及的相关风险点（集）以及与用户体验、用户交互相关的风险点（集），提出应对策略建议；根据最终确定的应对策略，提出防范措施或防范方案建议；参与产品相关的防范措施和防范方案的小组会议，从改善用户体验等角度提出改进建议。

清分结算部门负责人：就本部门工作涉及的相关风险点（集），提出应对策略建议；根据最终确定的应对策略，提出防范措施或防范方案建议；参与客户资金相关的防范措施和防范方案的小组会议，从客户资金安全与对账划转的可行性等角度提出改进建议。

资金财务部门负责人：就本部门工作涉及的相关风险点（集），提出应对策略建议；根据最终确定的应对策略，提出防范措施或防范方案建议；参与客户资金和自有资金相关的防范措施和防范方案的小组会议，从资金安全和操作规范性等角度提出改进建议。

客户服务部门负责人：就本部门工作涉及的相关风险点（集），提出应对策略建议；根据最终确定的应对策略，提出防范措施或防范方案建议；参与客户转换和客户维护等相关的防范措施和防范方案的小组会议，从提升客户忠诚度等角度提出改进建议。

人力资源部门负责人：就本部门工作涉及的相关风险点（集），提出应对策略建议；根据最终确定的应对策略，提出防范措施或防范方案建议；全程参与小组会议，对所有防范措施和防范方案建议的可考核性发表意见，并提出改进建议。

行政管理部门负责人：就其他风险点（集），提出应对策略建议；根据最终确定的应对策略，提出防范措施或防范方案建议；参与行政管理、资产管理等相关的防范措施和防范方案的小组会议，从资产安全等角度提出改进建议。

外部专家：参与其专业技术领域内的风险点（集）的防范措施和防范方案的设计，并对其他外部专家设计的防范措施和防范方案发表意见，提出改进建议。应风险管理总监要求，对重要事项和争议事项等发表意见。

四、策略选择

如前所述，风险应对策略包括规避、降低、分担和承受四种。策略选择既与风险点（集）的可能性和重要性密切相关，也和从业机构的风险偏好等风险政策相关。就应对策略选择政策而言，从业机构可根据可能性和重要性的状态组合，给出指导性意见，便于应对小组成员提出建议。风险管理总监在对应对小组的策略建议进行决策时，再根据风险点的具体情况进行微调。例如将可能性划分为高、低两种形态，重要性区分为强、弱两种情况，则每个风险点（集）必然属于（可能性高、重要性强）、（可能性高、重要性弱）、（可能性低、重要性强）、（可能性低、重要性弱）四种情况之一。对可能性高、重要性强的风险点（集），采取规避策略；对可能性高、重要性弱的风险点（集），采取降低策略；对可能性低、重要性强的风险点（集），采取分担策略；对可能性低、重要性弱的风险点（集），采取承受策略。当然，实务中往往并非如此简单，还需具体问题具体分析。另外，为提高应对策略建议的可靠性，从业机构可将可能性和重要性的状态进行更细致的划分。总体而言，策略选择大体包括状态划分、政策构建、政策应用和政策复核四个步骤。

（一）状态划分

状态划分包括可能性状态划分和重要性状态划分两种情况。可能性状态划分即按风险点（集）发生的概率大小对其进行的等级划分。重要性状态划分即按风险点（集）的损失大小对其进行的等级划分。

可能性状态划分方面，可采用二分法和四分法。二分法即将可能性划分为高低两种状态，例如概率超过 50% 为高可能性，否则为低可能性；当然也可考虑概率超过 60% 为高可能性，否则为低可能性。四分法即参照会计估计对可能性的划分方法，概率小于 5% 为极小可能，概率大于 5% 小于 50% 为可能，概率大于 50% 小于 95% 为很可能，概率大于 95% 为基本确定。二分法和四分法各有优劣，对于初步实施批量性风险应对的从业机构而言，可以考虑采用二分法，减轻工作量，降低复杂程度，当然在准确性方面会有所损失。

重要性划分方面，也可采用二分法和四分法。二分法为参照审计工作重要性水平的设定方法，按"税前利润的 5%~10%，资产总额的 0.5%~1%，营业收入的 0.5%~1%"首先确定一个分界点，分界点以下为弱重要性，否则为强重要性。四分法为按前述规则确定三个分界点，根据三个分界点确定四个重要性。另外，对于信用风险等损失大小的风险承受度被量化的风险点（集），可以根据分解后的风险承受度，确定分界点，然后根据分界点划分重要性状态。

（二）政策构建

在对可能性和重要性进行状态划分之后，便可根据两者的状态组合，构建"应对策略"。构建应对策略应当遵循如下原则：

1. 完备性

应当对所有状态组合设置应对策略，以便于应对小组提出应对建议。对于确实难以确定应对策略的状态组合，风险管理总监可在外部专家或者同行的帮助下初步设定应对策略。

2. 唯一性

每个状态组合只能有一种应对策略，否则策略政策不清晰，应对小组难以决策。对于确实存在多种应对策略的组合，建议风险管理总监在外部专家帮助下优先选择其中一种策略。其他策略尤其在对应对策略进行复核时参考。

3. 双高规避

对于可能性和重要性均很高的状态组合，一般可以选择规避策略，除非能够获得极为有效的防范措施（例如实力强劲的保险公司的保险）。此时，应当尽量避免外部专家或同业者的经验。

4. 双低承受

对于可能性和重要性均很低的状态组合，一般可以选择承受策略。此时，应当尽量听取外部专家和同业者的经验。

（三）政策应用

在为每个状态组合选定应对策略之后，应对小组便可根据状态划分政策，对每个风险点（集）的可能性和重要性进行状态划分，根据状态划分的结果，依据策略政策，为每个风险点（集）选择应对策略。在政策应用环节，需关注如下问题：

1. 定性结果

在风险评估过程中，评估小组采用定量评估方法的，则可按照状态划分政策进行相关的状态划分，若其采用的是定性评估方法，则无法按照状态划分政策进行状态划分。此时，需要在定性评估等级和状态之间进行转换，具体转换工作由具体负责人提出初步意见，经应对小组讨论确定后实施。具体转换算法可参看定性评估中对每个"等级"的界定，切勿在未经分析等级具体含义的情况下，直接将等级对应为相应的状态。

2. 初步策略

在风险评估阶段，评估小组已设置了初步应对策略。对于该策略，建议部门负责人可先行进行状态划分，选择策略，然后再与初步策略两相对比分析。一来验证自身策略建议，二来出现不一致时，可触发进一步讨论。当然，初步策略毕竟不是评估小组的主要工作，其存在不当也很正常，对部门负责人在进行策略建议时也具有一定的验证意义。

3. 部门讨论

部门负责人在完成状态划分、策略选择和初步验证之后，最好组织本部门人员进行讨论复核。部分状态组合的策略，虽然完全符合政策要求，但未必符合实际情况和业务需要，对于这种合规不合理的策略，部门负责人往往需要听取本部门人员意见方可发现。对于合规不合理的策略，部门负责人应当重点记录，形成专门书面意见，报风险管理总监决策。

（四）政策复核

政策复核包括对状态划分政策的复核和状态组合策略的复核。当出现大量［例如10%风险点（集）］合规不合理策略时，通常表明策略政策存在偏差，有必要进行调整。另外，还需要复核实施这些策略后，企业的总体风险是否突破了风险承受度，若突破了风险承受度，也需要对策略政策进行调整。在进行政策调整时，应遵循如下原则：

1. 策略优先

策略政策调整应当优先考虑调整状态组合的策略，一来策略直接涉及风险承受度，二来其调整范围相对较小，工作量相对较少，对整体工作影响最小。

2. 立即复核

在对策略进行调整后，风险管理总监应当立即复核调整后的策略是否突破了企业的风险承受度，若已突破或仍突破，则应当继续调整，直至回到风险承受度范围之内。

3. 承受度优先

在合规不合理的策略大量出现和承受度突破并存的情况下，风险管理总监应当对策略进行调整，以优先降低承受度，再考虑合规不合理。在确实无法继续进行调整的情况下，应当以将风险承受度降至设定范围为唯一目标。

风险管理总监对策略政策进行复核的过程，实际上也是审核批准应对策略建议的过程。当然，在对策略政策进行复核完成后，风险管理总监还需要对影响市场份额和用户体验的相关风险点（集）进行专门复核，在风险承受度范围内，尽量减少"规避"策略。

五、措施设计

与应对策略不同，应对措施多种多样，且通常需要设计人员结合业务实际设置。在此，从措施类型、设计原则和设计过程等角度对措施设计进行简要讨论。

（一）措施类型

1. 操作措施与模型措施

根据防范措施是否依据相关数学模型，可将其划分为操作措施和模型措施。操作措施指由人工和信息科技系统采取相关业务操作，以控制风险点（集）发生，降低其发生的概率和损失大小的措施。例如对于"借款标的重复发标"风险点，可设计"对同一借款人的借款需求进行连续编号；负责发布借款标的的运营专员复核借款需求编号是否已发标；发布借款标的时业务处理系统要求运营专员录入借款需求编号；业务处理系统查询核实待发布借款需求编号是否已发标，若已发布则拒绝发布并提示运营专员"。前述防范措施均为人工或者信息科技系统实施的某种业务操作。模型措施即从业机构基于某种数学模型控制风险点（集）发生概率和损失大小的措施。例如互联网消费金融机构采用"反欺诈模型"防范借款人欺诈相关的信用风险点，便是一种模型措施。

操作措施的优点在于适用面较广，缺点在于人工实施的操作措施缺乏一贯性，有效性较差，信息科技系统实施的操作措施往往成本过高（尤其是信息科技系统上线运行后新增由其实施的操作措施）。模型措施的优点在于执行效率高、一贯性和客观性强，不足之处在于使用面较窄。

2. 内部措施与涉外措施

根据措施是否需要外部机构或外部人员参与或配合，防范措施可分为内部措施和涉外措施。

内部措施及其所有业务操作均是由从业机构内部人员（股东、董事、监事、高级管理人员、中层干部和其他普通员工、从业机构聘请的外部专家）或从业机构自身信息科技系统自行实施的防范措施。前述"借款标的重复发标"风险点的防范措施，其业务操作均有从业机构内部人员完成，为内部措施；前述反欺诈模型措施，若该模型措施由从业机构聘请外部专家设计，并由内部人员维护运行，则为内部措施。

涉外措施及其部分甚至全部业务操作需从业机构内部人员和自身信息科技系统外的其他人员或信息科技系统参与或配合方可实施。例如，前述反欺诈模型措施，若该反欺诈模型由独立第三方运行，从业机构仅接入使用，并不负责运行和维护，则为涉外措施。

内部措施的优点在于无须借助外部人员，执行和调整相对容易，不足之处在于缺乏独立方参与，效果有时较差。涉外措施的优缺点与内部措施恰好相反，不再重复。

3. 人工措施与自动措施

根据防范措施是由人工执行还是由信息科技系统自动执行，可将其分为人工措施和自动措施。

人工措施即业务操作由内外部人员执行的防范措施。例如前述"借款标的重复发标"风险点防范措施中的第一、第二和第三项防范措施，均由人员操作，为人工措施。自动措施为其业务操作由信息科技系统实现的防范措施。如前述"借款标的重复发标"风险点防范措施中的第四项以及反欺诈模型防范措施，均由信息科技系统完成，均为自动措施。

人工措施与自动措施的优劣与人工流程自动流程相似，不再重复。

（二）设计原则

部门负责人在设计防范措施时，应当遵循如下原则：

1. 多元化原则

设计防范措施时，操作措施与模型措施、内部措施与涉外措施、人工措施与自动措施均应有所涉及，尤其是后两者，就同一风险点（集）若能两两兼顾效果通常更好。

2. 一对多原则

就同一风险点（集）而言，通常不能仅设计一项防范措施，而应当设计多种防范措施，一来增加措施冗余，提升防范强度；二来为后续最终审批留足空间，避免出于成本效益考虑删除防范措施后，出现无防范措施的情形。

3. 可监察原则

防范措施的设计需要考虑可监察性，即防范措施执行与否应当有客观依据进行判断，例如信息科技系统记录操作日志，相关业务档案由操作人员进行连续编号等，便于后续监察措施的设计。

4. 成本效益原则

防范措施设计需考虑实现成本，尤其是通过信息科技系统实现的防范措施，或者需要配备专门硬件设备的防范措施。对设计防范措施的部门负责人而言，仅需具有成本效益意识即可，以免束缚其思维，该原则主要由最终决策机构遵循。

5. 集思广益原则

部门负责人在设计防范措施时，最好发动本部门人员积极参与，采用头脑风暴法等类似方法，首先收集一定数量的防范措施，其次再按前述原则选择部分防范措施，并就选定的防范措施的可行性和有效性进行讨论。

（三）设计过程

设计人员可遵循 5W "why（原因）、who（执行人）、when（时间）、where（环节）、what（防范操作）"原则设计防范措施。下面，结合头脑风暴法做简要介绍。值得注意的是头脑风暴时，实际业务操作人员最好回避。

1. 原因

头脑风暴会议的主持人（部门负责人）首先查找风险识别时记录的风险点发生的原因（如疏忽、误操作、舞弊等），针对该项原因，由参与人员进行头脑风暴提出防范其发生的初步措施。主持人逐一查找风险点的原因，进行头脑风暴，直至本次会议的风险点全部完成。当然，也可以选择风险点发生的其他情形进行头脑风暴。若头脑风暴会议出现"冷场"时，部门负责人可抛出风险识别阶段提出的"初步防范措施"，激发参与人员思路。

2. 执行人

在头脑风暴给出初步措施后，部门负责人就每项初步防范措施，确定该项防范措施的执行人。对于采用流程分析法识别的风险点而言，执行人通常从"涉及岗位"中选择，对于其他方法识别的风险点，则需要根据部门职责和岗位设置情况确定。对于自动措施，其执行人为"信息科技系统"，此时部门负责人最好确定具体的系统名称。

3. 时间

在落实防范操作的执行人之后，部门负责人还需要进一步确定该防范措施执行的时间，该项时间通常为相对时间，即在某业务操作之前、某业务操作之时或某业务操作之后。出于效果考虑，在时间设计上，最好避免某业务操作之后。例如为防范业务数据丢失风险点，需要业务人员每天定时备份，备份操作设计为"退出业务操作之前"，否则不能退出业务操作，该设计明显优于"退出业务操作之后"。

4. 环节

防范措施的环节，也就是将防范措施插入正常业务操作的哪些环节。环节常常与时间同步进行，确定了具体环节，时间也就大致确定了。例如前述备份操作防范措施，可以选择将其插入退出业务操作环节，也可将其插入 T+1 日进入业务操作环节，甚至还可以将其插入上午下班空闲时间段环节。

5. 防范操作

防范操作即防范措施的具体业务操作，例如前述备份操作防范措施的防范操作便是"数据备份"，当然该业务操作过于粗略，备份的目标数据、备份数据存放地点等尚未考虑。

在完成前述五个步骤之后，初步防范措施便得到了细化。同时部门负责人可将已被细化的防范措施与风险识别阶段提出的初步防范措施进行对比，以查漏补缺。此时，部门负责人再按设计原则对防范措施进行适当讨论和筛选。

防范方案的设计与防范措施的设计大同小异，不再重复。

六、工作机制

在讨论了体系目标、总体思路、应对小组、策略选择和措施设计之后，结合图 9-3，就风险应对体系的工作机制简要总结如下：

第一，股东（大）会确定从业机构的经营方针，明确从业机构的战略方向（战略方向不同，经营目标和风险承受度等往往不同，如互联网小额贷款机构，其战略方向不同，其自身的风险承受度当然不同）。

第二，董事会根据经营方针，制订从业机构经营计划（如中长期经营计划）。

第三，管理层根据董事会制订的经营计划，拟定从业机构的经营目标（如年度经营目标），报经董事会批准。经营目标中应当包括信用风险、操作风险等前述八类风险的风险管理目标（也就是图 9-3 中所示的风险承受度）。

第四，应对小组根据风险承受度和其他经营目标，对风险数据库（风险点表）中的风险点和相关审查报告（图 9-3 中未标示）中的风险点，按风险政策实施策略选择，提出风险应对策略建议。

第五，管理层或风险管理总监对应对小组提出的应对策略进行再次复核（主要从风险承受度和其他经营目标角度，例如是否突破风险承受度，是否导致其他经营目标无法实现）。

第六，管理层或风险管理总监复核批准风险应对建议之后，风险管理部（图 9-3 中未标示）将应对策略更新至风险数据库或相关审查报告中。

第七，对于采取"承受"策略的风险点，风险管理部应当将其更新至剩余风险数据库。剩余风险数据库实际是从业机构未采取措施应对的风险点的集合，其中的风险点累积到一定数量，可能产生风险聚集效应，因此需要择机启动风险评估工作。同时，风险管理部可定期获取剩余风险数据库中的信息，印发剩余风险手册，提交风险管理总监、管理层和治理层相关人员传阅。

第八，风险应对小组基于从业机构管理制度、业务流程、相关法律、规范、指引和行业信息等，根据选定的应对策略，设计防范措施（图 9-3 中列示为防范措施建议等内容）。

第九，应对小组的防范措施建议经风险管理总监报经管理层批准后，形成正式防范措施集（图 9-3 中列示为防范措施集等内容）。

第十，风险管理部将批准后的防范措施更新至风险数据库（风险防范表）中。

第十一，若防范措施涉及新增或修改管理制度的，风险管理部提出规章制度制定修订建议，启动管理制度系统。若防范措施涉及新增或修改业务流程的，风险管理部也应当提出业务流程制定修订建议，启动业务循环系统（图 9-3 中未标示）。

第十二，风险管理部可根据防范措施，定期印制风险防范手册和授权表（每个岗位的风险管理职责权限表），发至相关部门和相关岗位传阅。

第十三，风险管理部根据防范措施，按部门和岗位归类，落实防范措施的责任部门和责任岗位，形成防范措施责任分配建议（与授权表的区别在于责任分配强调义务），报风险管理总监复核批准。

第十四，风险管理总监批准后，风险管理部列示风险控制责任矩阵，明确各部门职责。

第十五，除风险管理部和内部审计部外的其他部门，按风险控制责任矩阵，实施风险防范措施（或风险防范方案），构建全面风险管理的第一道防线。

第四节 风险监察及披露体系

鉴于风险披露体系相对简洁，在此对风险监察体系和风险披露体系一并进行讨论。下面，先对风险监察体系进行详细讨论，再简要讨论风险披露体系。

一、体系目标

风险监察体系的目标为：风险管理业务条线，通过定期或不定期地评估全面风险管理体系的有效性，发现并去除已失效的防范措施（含防范方案，下同），新增有效防范措施，提升从业机构的风险管理水平，保证风险管理绩效，形成风险管理的第二道防线。审计监督业务条线，通过设计监察措施，定期或不定期地对管理制度、业务流程和防范措施执行情况等进行审计监督，提升从业机构业务部门的执行力，提高其风险管理水平，构成风险管理的第三道防线。

二、总体思路

风险监察体系框架如图 9-4 所示，整个体系也包括输入部分、处理部分和输出部分，与其他体系的不同之处在于，风险监察体系包括了评价条线（图中第二道防线左边部分）和审计条线（图中第二道防线与第三道防线之间部分）。评价条线的输入包括风险责任矩阵、风险数据库（风险防范表和防范方案表）、风险防范手册以及剩余风险数据库等内容。评价条线的处理部分主要是风险管理部或董事会风险管理委员会选择一定的评估方法，对全面风险管理体系的有效性进行评价。评价条线的输出部分包括风险管理部提出的改进建议和风险委员会做出的改进决定等。审计条线的输入包括《中国内部审计准则》、风险数据库（监察措施表）、管理制度和业务流程等，输入部分为审计机构（内部审计部门、外部审计师和董事会审计委员会）的工作依据。审计条线的处理部分为审计机构制订审计方案、执行审计工作的过程。审计条线的输出包括制定流程改进建议和防范措施改进建议、制度流程执行整改建议和防范措施执行整改建议等内容。

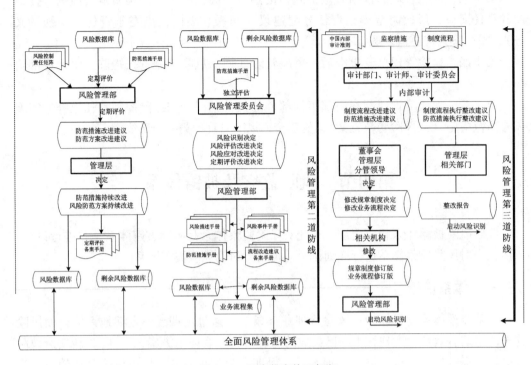

图 9-4　风险监察体系框架

三、组织机构

与风险识别体系等其他三个体系不同，风险监察体系的执行并不设置临时性或相对松散型小组。也就是说，风险监察体系的执行机构应当相对固定，监察工作为一项常规性工作。为做好风险监察工作，就评价条线和审计条线实施风险监察中所需的人员做如下建议：

评价条线由风险管理部和风险管理委员会执行，为做好风险评价工作，风险管理部参与评价工作的人员中应当包括技术人员、财务人员、法务人员等人员。技术人员负责查实技术实施制度、自动流程和混合流程、自动措施等相关制度、流程和风险防范措施的执行情况，提出评价标准和评价方法建议。财务人员负责查实资金制度、资金流程、资金相关的防范措施等相关制度、流程和风险防范措施的执行情况，提出评价标准和评价方法建议。法务人员查实合规风险和洗钱风险等相关风险点防范措施的执行情况，提出评价标准和评价方法建议。

审计条线由内部审计部门和外部审计师执行，审计委员会通常对方向性和原则性问题进行把关，其委员很少直接涉入审计监督工作。在审计监督过程中，尤其需要注意的是从业机构大多数业务均依靠信息科技系统完成，甚至其主营业务完全依赖信息科技系统，因此不管是内部审计人员还是外部审计师，均需要具备相应的 IT 技术知识和能力，否则审计监督容易流于形式。

四、评价过程

风险管理部门和风险管理委员会进行有效性评价，可划分为制订评价方案、开展评价工作、汇总初步评价意见、形成最终评价意见等步骤。

（一）制订评价方案

由风险管理部开展的定期评价，通常由风险管理部门负责人拟订评价方案，经部门内部讨论后定稿；由风险管理委员会实施的独立评价，则可由风险管理总监拟订评价方案，经风险管理委员会讨论后定稿。评价方案千差万别，但总体而言，至少应当包括评价目的、评价内容、评价时间、参与人员、评价标准、评价方法、工作底稿等相关事项。评价目的显而易见，不再讨论。

1. 评价内容

总体而言，全面风险管理体系包括基础支撑系统、业务循环系统、管理制度系统等七个系统，风险识别体系、风险评估体系等五个管理体系，还包括风险应对体系输出的风险防范措施等诸多措施。若要对全面风险管理体系的有效性进行评价，则需要对前述内容进行全面评估，在实务中因人员和时间等方面原因，往往不可行。因此，建议借鉴审计工作的做法，采用重点评价与抽样评价相结合的办法选择评价内容。对于资金相关的体系运转过程（识别、评估、应对等）和系统（含制度、流程和防范措施），与延迟履行信用风险相关体系运转过程（识别、评估、应对等）和系统（含制度、流程和防范措施）等进行重点评价。对其他体系运转过程和系统采取抽样方法确定评价内容。

2. 评价时间

时间问题实际上为两个问题：一是时间周期。风险管理部的定期评价，建议可考虑每季度开展一次。风险管理委员会的独立评价，每年度开展一次。二是持续时间。持续时间根据评估内容确定，很难给出一个准确估计，但通常而言，风险管理部的评价应当更加细致，因此持续时间可以相对较长，反之，风险管理委员会的独立评价可以相对较短。至于定期评价和独立评价的启动时间，可灵活掌握，以相关业务基本终了，避开业务部门工作繁忙期为原则确定。

3. 参与人员

关于参与人员，在本节组织机构部分已提及，通常应当包括技术人员、财务人员和法务人员。在风险管理部未配置前述人员的情况下，建议从外部临时聘用人员担任，尽量不从内部抽调，以免违反自身利益或自我评价原则，弱化评价的效果。

4. 评价标准

评价标准即判断评价对象是否有效及有效程度的具体标准，通常因评价对象的不同而不同。如前所述，通常由相关专业人员提出评价标准建议，待评价小组讨论通过后实施。对于评价标准，应当遵循如下原则：

（1）客观性。

评价标准应当以客观证据作为评价依据，根据客观证据表征的相关指标得出评价值，尽量减少主观判断。例如评价风险识别体系是否有效覆盖所有风险，可依据风险点表中的"风险类型"构建评价标准，而不能根据对风险管理人员的主观调查构建评价标准。

（2）全面性。

评价标准应当全面反映评价对象的有效性，避免仅评价其某一侧面的有效性。例如评价风险识别体系是否有效覆盖所有风险，仅仅依据前述"风险类型"构建的指标，明显过于片面，还应当根据每类风险的风险事项进一步构建评价标准。

（3）简洁性。

评价标准应当尽量简洁，评价人员通过收集评价对象的相关材料和证据，通过简单计算即可得出评价结论。当然，也可采用评价模型等构建评价标准，评价模型需做到只评价人员录入相关数据即可得出结论，而无须评价人员对相关数据做复杂转换。

5. 评价方法

评价方法指评价人员收集评价对象资料和证据的方法，与审计方法相似，评价人员也可以采用检查、调查、询问、函证、重新计算、重新执行和数据分析等方法。评价方法的具体选择与评价标准相似，由相关专业人员提出初步建议，评价小组讨论确定。

6. 工作底稿

为做到客观公正，定期评价和独立评价中，均应如实记录工作底稿，并基于工作底稿得出评价结论。工作底稿的具体内容，可参照审计工作底稿，不再重复。

（二）开展评价工作

风险管理部实施的定期评价，评价方案定稿后，由部门负责人牵头执行，部门负责人需对评价内容进行分解，形成评价任务集，对评价任务集中的每项任务，指派责任人员、启动时间、完成时间、完成标准等内容。风险管理委员会实施的独立评估，评价方案定稿后，由风险管理总监进行任务分解和任务分配工作。

在完成任务分解和任务分配之后，相关责任人按方案开展评价工作，如实记录工作底稿。值得注意的是，为保证评价工作质量，风险管理部负责人和风险管理总监应当安排人员对工作底稿进行独立复核，重要工作底稿应当由其自行进行复核。

（三）汇总初步评价意见

评价人员完成评价任务得出其负责评价部分的初步意见后，风险管理部门负责人或风险管理总监即可汇总所有评价人员的初步意见，形成总体评价意见。在完成初步意见汇总后，还应当进行意见一致性复核、意见与工作底稿一致性复核等工作。意见一致性复核主要复核初步意见之间是否存在冲突，若出现冲突应当进一步核实意见与工作底稿的一致性，以及工作底稿之间的一致性。凡出现意见冲突时，务必通过复核等查明原因，解决所有冲突。在所有冲突解决完成之后，风险管理部负责人或风险管理总监方可将初步意见提交相关机构讨论。

（四）形成最终评价意见

在所有初步意见冲突均得以解决之后，对于风险管理部实施的定期评价，部门负责人应当将初步意见提交风险管理总监，并就出现的初步意见冲突及解决过程向风险管理总监做重点说明，之后风险管理总监确定最终评价意见，涉及相关建议的，由风险管理总监提交管理层决策。由风险管理委员会实施的独立评估，由风险管理总监将初步意见提交风险管理委员会，就意见冲突及解决过程向风险管理委员会进行重点说明，后者可能视情况对相关工作底稿等进行独立复核，之后由其讨论形成最终评价意见。需要启动相关工作或修订制度流程的，由风险管理委员会提交董事会批准（或授权直接批准）后做出相关决定，风险管理部牵头实施相关决定。

以上步骤为定期评价和独立评估的大致过程，实际工作中还有诸多细节和步骤有待补充完善。

五、监察措施

风险应对体系设置相关防范措施（或防范方案）后，相关业务部门即根据风险控制责任矩阵实施风险防范工作。在风险监察环节，还需要针对每项风险防范措施，设计监察措施，以便监察人员核查该项措施是否得以执行，是否得以一贯执行。例如针对前述"业务处理系统查询核实待发布借款需求编号是否已发标，若已发布则拒绝发布并提示运营专员"防范措施，可设计"提取所有已发布借款标，查看是否存在借款需求编号重复现象；获取已发布借款标的借款需求编号，录入业务处理系统，查看是否会被拒绝；录入已发布借款标的借款需求编号的部分内容，查看业务处理系统是否提示编码不完整；录入未发布借款标的借款需求编号，查看业务处理系统是否审核通过"等监察措施，以检查该项措施是否得以一贯执行。

与防范措施设计相似，监察措施通常需要设置专门监察小组设计。在此，从设计小组、设计原则和设计过程等方面，做简要讨论。

（一）设计小组

1. 人员构成

设计监察措施，应当由审计条线主导，故设计小组应当由内部审计部门负责人担任组长，组员应当包括审计人员、技术人员、清结算人员和法务人员等人员。前面提及，防范措施包括内部措施和外部措施。对于外部措施的监察措施，通常需要外部单位配合。但通常很难协调外部单位人员参与监察措施的设计，比较可行的做法为对于需要外部单位配合的监察措施，设计完成后由从业机构相关对接人员与外部单位沟通协调，征求其意见。

2. 职责分工

设计小组的总体职责为对所有防范措施，设计多项监察措施，以便监察人员定期核查防范措施的执行情况。具体而言，组长负责就任务分解、责任人员、启动时间、完成时间、设计要求等内容起草设计方案，经设计小组讨论定稿后，监督设计方案的实施。审计人员负责核实所有监察措施是否符合可操作性要求，完成其他人员分担之外的所有监察措施的设计工作；技术人员负责设计与技术系统相关的监察措施，并对其他人员设计的技术类监察措施提出可行性意见；清结算人员负责客户资金相关的防范措施的监察措施设计工作；法务人员负责合规风险点和洗钱风险点等风险点的防范措施的监察措施设计工作。

（二）设计原则

与防范措施相似，监察措施设计也应当遵循一定原则。建议至少应当包括可操作性、低成本、全面性等原则。

1. 可操作性

监察措施应当针对防范措施执行后的客观痕迹（如相关档案、审批表、业务操作结果）等进行设计，并且一般监察人员能够获得客观痕迹进行监察判断，以使监察措施具有可操作性。例如"监察人员读取数据库表内容，分析判断是否存在重复编号"这一监察措施的可操作性明显不足，因为一般监察人员通常不具有 SQL 操作能力。

2. 低成本

监察措施的设计应当考虑监察成本，首先在设计监察措施时，应当具有成本意识。其次存在多项监察措施时，优先选择成本较低的。当然，在成本分析时，需要进行综合考虑，有的监察措施一次性投入很大，但后续成本开支较少，有的则相反。因此，低成本应当从较长期限考虑。

3. 全面性

监察措施应当覆盖所有风险点的所有防范措施，不得留下空白。对于暂时无法设计有效监察措施的，设计小组组长可先暂缓，待防范措施执行一定期限，积累一定资料和数据后，再行设计。同时，也可比照防范措施设计做法，借助外部专家力量进行设计。

（三）设计过程

监察措施的设计过程与防范措施的设计过程相同，设计人员也可遵循 5W "why（原因）、who（审计人员）、when（审计时间）、where（环节）、what（监察操作）"原则，采用头脑风暴法等方法设计。具体过程，可看防范措施设计过程，不再重复。

审计监察通常由专业审计人员进行，不管是内部审计人员还是外部审计师，通常均具备了专业胜任能力，财政部等部委对审计工作过程作出了极其详尽规范的规定。审计监察过程与通常审计并无实质区别，故不再对监察过程做相关讨论。

六、披露体系

风险披露体系为从业机构就其产品的相关风险状况、定期评价及独立评估的最终意见、审计监察的最终意见等向客户、监管机构、行业协会、董事会和股东（大）会等进行披露的一个动态过程。关于风险事件的披露，由事件系统负责，风险披露体系无须涉及。

（一）体系目标

风险披露体系的目标为：按监管机构和行业协会的要求，如实、准确、及时地向客户披露相关产品的风险信息，便于客户进行操作决策；向监管机构和行业协会如实披露风险管理相关数据和信息，实现行业数据共享，增加从业机构对监管机构和行业协会的透明性；向董事会和股东（大）会等机构如实披露风险管理和内部审计等相关信息，便于其做出风险管理相关决策，提升从业机构的风险管理水平，最终提升风险管理绩效，促进从业机构健康发展。

（二）披露依据

披露依据为从业机构开展信息披露的根据，披露依据包括如下几类：

1. 监管规则

通常情况下，对于涉及公众利益的从业机构，监管机构会通过监管规则等形式对从业机构提出信息披露要求。例如《非银行支付机构网络支付业务管理办法》规定"（互联网）支付机构变更协议条款、提高服务收费标准或者新设收费项目的，应当于实施之前在网站等服务渠道以显著方式连续公示 30 日，并于客户首次办理相关业务前确认客户知悉且接受拟调整的全部详细内容"；《支付机构预付卡业务管理办法》规定"发卡机构应当向购卡人公示、提供预付卡章程或签订协议。……发卡机构变更预付卡章程或协议文本的，应当提前 30 日在其网点、网站显著位置进行公告"。

监管规则的特点在于具有普遍约束力和强制性，所有同业态从业机构均应无条件执行。

2. 自律规则

自律规则为行业自律组织对会员单位提出的信息披露要求。自律规则的特点在于具有一定普遍约束力和强制性，其仅能约束会员单位，普遍性相对较弱。违反自律规则承担的是违约责任等民事责任，而非行政责任，强制性相对较弱。

3. 市场准则

市场准则即从业机构管理层等根据客户要求和市场拓展需要，自行制定的披露准则。与监管准则和自律准则相比，其形式上的强制性较弱，但实际约束力往往极强。因为市场准则对从业机构拓展市场、吸引客户具有重要意义，其本身执行市场准则的主动性很强。

4. 治理准则

治理准则即从业机构股东（大）会、董事会和监事会等治理层制定的披露准则。与市场规则不同，治理准则更多基于治理层了解和把握从业机构风险管理实际情况需要制定。当然，与市场规则相同，治理准则对从业机构管理层具有极强的约束力。

（三）披露原则

风险披露体系在进行风险信息披露时，须遵循如实、及时、全面等披露原则。

1. 如实原则

如实原则，即从业机构应当根据客观实际情况据实披露风险信息，不得遗漏、歪曲甚至伪造风险信息。在实务中，也会存在从业机构基于自身判断形成的风险信息，此时应当标明该等风险信息为从业机构加工形成等内容。

2. 及时原则

及时原则，即从业机构应当按照监管机构、行业协会和治理层规定的时间进行信息披露或基于诚实信用原则确定的时间进行信息披露。相关规定已经明确了披露时间的，落实该原则通常比较容易，按披露时间进行披露即可。对于没有规定披露时间的，尤其是部分市场准则，则往往须站在信息接收方角度，基于诚实信用原则确定披露时间。

3. 全面原则

全面原则，即从业机构在进行风险信息披露时，要对风险信息进行全面披露，不得故意隐瞒、遗漏风险信息，既要披露对从业机构和客户有利的风险信息，也要披露不利的风险信息；既要披露主债权相关的风险信息，也要披露从债权相关的风险信息；既要披露宏观方面的风险信息，也要披露微观方面的风险信息。

（四）披露内容

风险信息披露的内容因披露依据不同而异，对于披露依据已经明确规定了的，从业机构按其规定进行披露即可，对于披露依据未明确的，则需要从业机构遵循一定原则进行确定。至少需遵循如下原则：

1. 有用性

披露信息对信息接收者进行决策应当有用。对监管机构和行业协会披露的内容，应当有助于其开展监管和自律工作；对客户披露的内容应当有助于其进行相关使用或投资决策；对治理层披露的内容应当有助于其进行治理决策。

2. 一致性

一致性即披露信息的内容在统计口径上要前后一致、横向一致，与行业规范保持一致，以便于信息接收者进行对比决策。前后一致即前后各期的信息披露口径应当保持一致。横向一致即同期披露的不同信息的统计口径尽量保持一致。与行业规范保持一致即凡是存在行业规范的，应当按行业规范口径进行披露。

3. 最小化

最小化原则即从业机构在满足有用性的前提下，尽量减少冗余信息的披露，避免信息过载；为保护信息主体的权益，在满足有用性的前提下，尽量减少其身份信息等重要信息的披露。

以上，粗略介绍了风险披露体系。值得注意的是，风险披露体系往往是风险监察体系的后续环节，监察体系的相关内容通常需要向监管机构、行业协会和治理层披露。同时，报告系统的信用评分报告、期间报告、担保物报告等报告，实际上也是风险披露体系的披露内容。

思考题

1. 简述风险识别体系的含义。
2. 风险识别体系的目标是什么？
3. 定性评估和定量评估的概念是什么？
4. 评估小组的主要工作有哪些？
5. 风险监察体系的目标是什么？

第十章

监管沙盒

监管沙盒立足于保护消费者权益，打破了传统监管思维，创设了一套新的监管制度和监管工具，对于监管者、被监管者和金融消费者都具有重要意义。本章将从监管沙盒概念、监管沙盒运行机理与约束条件以及国内外监管沙盒比较等方面对监管沙盒进行阐述。

第一节　监管沙盒概念

一、"监管沙盒"演变进程

（一）国外"监管沙盒"演变进程

金融体系不稳定会产生外部不经济从而使得金融监管成为一种"公共物品"，该"公共物品"便成为政府弥补市场内在机制缺陷而进行的一种制度安排。统一货币发行和票据清算带来银行信用扩张，会引发金融体系连锁反应式的波动，引起货币收缩，制约经济发展，这与古典经济学和新古典经济学的"货币中性"主张相悖，使得作为货币管理者的中央银行承担起信用"保险"的责任，为其后来演变成更广泛的金融活动管制者奠定了基础。

1. 20 世纪 30 年代的大萧条催生了全面控制的金融监管理论

中央银行的职能已经转化，金融监管更侧重于政府的直接管控，丧失了完全自由的银行制度。直到 20 世纪 70 年代，愈加严格的金融监管束缚了金融创新发展的空间，在存款保险制度充分稳定、银行挤兑现象大幅下降的时期，金融市场对效益和市场配置效率的要求日益凸显，放松金融监管理论中的"金融抑制"和"金融深化"适时指出，在保持金融体系稳定的同时，解除对金融机构在利率水平、业务范围及经营地域方面的种种限制，提高金融市场活力。

2. 20 世纪 90 年代的金融危机爆发促成了安全效率并重的金融监管理论

诸多学者认为金融自由化和监管的放松并非主要诱因，事实上，存在很多高度开放的经济体，兼具较高的自由度及市场稳定度，这里的逻辑在于金融业自身的独特性对金融监管的影响、要求、反应存在差异。新金融监管理论强调安全与效率并重，注重金融监管的有效性以及经济关联性。

3. "监管沙盒"的首次产生和试点实施应用

随着经济全球化的加速，金融监管制度必将与时俱进，在兼容创新型经济的同时，稳定经济提高效率。新形势下金融科技发展更为迅猛，金融风险也愈演愈烈。英国金融行为监管局于 2015 年 11 月首次面向金融科技创新领域，提出了"监管沙盒"试点政策。英国"监管沙盒"试点政策获得了积极响应，截至 2020 年 10 月 14 日的第六批申请有 22 家企业获批。申请者中，超过一半是寻求如何解决金融排斥、如何为弱势消费者提供金融服务问题。

在英国之后，多个国家（地区）相继试行了"监管沙盒"项目，名称不一，本质相同，都是为金融创新而设。新加坡金融监管局于 2016 年 11 月发布《金融科技监管沙盒指引》，2017 年年初进行监管测试，随后澳大利亚、日本、加拿大和美国相继探索开展金融科技创新监管。

（二）中国"监管沙盒"演变进程

随后全球 50 多个国家和地区陆续开展监管沙盒实践。我国香港、台湾等部分城市也结合当地经济发展情况开展了沙盒实践。2019 年 12 月我国监管沙盒正式在北京试点，涵盖供应链金融、大数据、人工智能等多个数字金融应用场景，截至目前已陆续推广到深圳、上海、杭州等地。

2020 年 10 月底，国家金融稳定发展委员会召开专题会议，指出既要鼓励金融科技创新，又要加强金融活动监管。中国人民银行在 2020 年 1 月 14 日向社会公示了 2020 年第一批监管沙盒试点应用，标志着中国版"监管沙盒"的正式实施。根据移动支付网发布的《银行科技应用产业全景报告》，一年间，监管沙盒试点范围多次进行扩容，目前，已经扩大至北京、上海、重庆、深圳、雄安新区、杭州、苏州、成都、广州 9 个地区，共有 86 个创新项目对外进行公示（见表 10-1）。

截至 2022 年 4 月底，监管沙盒已经进行到第四批，全国 29 个省、自治区及市级地区共推出 156 项金融科技创新监管试点项目。此次试点项目具有从区域金融中心向外覆盖、针对领域重合度高、核心技术特征明显、参与机构类型分明等特点。

表 10-1　金融科技创新监管试点应用公示

项目名称	试点单位	关键技术
基于物联网的物品溯源认证管理与供应链金融	中国工商银行	物联网、区块链
微捷贷产品	中国农业银行	大数据、生物识别
中信银行智令产品	中信银行/中国银联/度小满/携程	支付标记化、大数据、API 技术等
AIBankInside 产品	百信银行	分布式微服务、API、大数据、AI 技术
快审快贷产品	宁波银行	人工智能、大数据
手机 POS 创新应用	中国银联/小米数科/京东数科	可信支付环境（TEE）、开放 API、人工智能等

二、监管沙盒的定义

沙盒（sandbox，也可译为沙箱），在计算机术语中，属于计算机安全领域，可以为运行中的程序提供隔离空间。对来源不可信或无法判定的破坏性恶意代码或程序，提供测试运行空间，沙盒中的所有改动对操作系统不会造成损失。沙盒像是一个虚拟的主机，被分配部分权限（内存、磁盘、访问注册表等）可在控制的权限范围内操作，可运行虚拟的操作系统（客户系统），但又不会对真实主机造成任何篡改或恶意软件危险，常用于分析恶意软件和编程竞赛等测试活动。

而"监管沙盒"的概念是 2015 年由英国金融行为监管局（FCA）提出的。将"沙盒"引入金融监管，能为金融科技创新提供安全的测试环境，测试阶段的项目或产品仅在盒内运行有效，并适用于盒内的授权、规定和建议，故而风险也止于盒内，不会溢出盒外。

三、监管沙盒的构成要素

各个国家和地区的监管沙盒在实施的过程中存在一定的差异，但本质上都是通过监管沙盒的主体对监管沙盒的对象进行检测和评估，监管沙盒的测试消费者对结果进行反馈。所以监管沙盒制度的构成要素主要包括监管沙盒的主体、监管沙盒的对象和监管沙盒的测试消费者。

（一）监管沙盒的主体

监管沙盒的主体一般是指金融监管机构，其主要负责金融科技监管沙盒制度的顶层设计，并对金融科技创新试点项目进行全程监测和评估。例如，英国行为金融监管局是英国金融科技监管沙盒的主体，新加坡金融管理局是新加坡金融科技监管沙盒的主体，澳大利亚证券投资委员会是澳大利亚金融科技监管沙盒的主体。金融科技监管沙盒的主体对金融机构和金融市场上的产品和服务进行监管，维护金融市场的稳定发展，保护金融科技消费者的权益。

（二）监管沙盒的对象

监管沙盒的对象主要是指参与金融科技监管沙盒测试的金融科技公司。但有一些国家和地区对金融科技监管沙盒的对象做出了一定的规定。在澳大利亚的监管沙盒中，澳大利亚证券投资委员会明确规定金融科技监管沙盒的对象主要针对未获得澳大利亚证券投资委员会颁布相关金融科技牌照的金融科技公司。而中国版监管沙盒在这方面的规定有所不同，只有持有相关金融科技牌照的金融科技公司才可以申请金融科技监管沙盒测试，如果没有相关金融科技牌照，那么可以联合持牌金融科技公司一起申请金融科技监管沙盒测试。

（三）监管沙盒的测试消费者

消费者在金融科技监管沙盒中扮演重要的角色。金融科技公司可以收集监管沙盒测试消费者对金融科技创新试点项目的反馈情况，作为参考评估，来确定金融科技创新试点项目未来投入市场的可行性。由于金融科技监管沙盒的测试只是在一个虚拟空间中进行，因此金融科技创新试点项目真正投入市场中所面临的各类金融风险问题与之会有很大的不同。因此，监管沙盒需要更加理性成熟的测试消费者，一般而言，金融监管机构和金融科技公司要对监管沙盒的测试消费者做出一定的规定和限制。除此以外，金融监管机构要健全完善对监管沙盒测试消费者的保护机制，以更加真实、有效地接收反馈结果。

四、监管沙盒的特性

（一）时限性

时限性是指在有限时间内最大限度地调动企业的积极性，筛选不合格的金融科技企业，避免劣质企业与优质企业竞争导致资源错配而造成"劣币驱逐良币"的现象。

监管沙盒作为一种新的监管工具，与资本充足率、流动性覆盖率等传统监管工具相比，其目的不仅仅局限于风险防控，更重要的是在此基础上进行金融创新。监管沙盒使现有监管体制更具有弹性，在监管控制过程中，给予被测试者有限的发展空间，测试环境下，降低风险的同时，激发了金融科技企业不断创新，同时筛选不合格的金融科技企业，让优质的企业在市场推广后，更好地适应目前市场需求并得以长远发展。

（二）主动性

传统的静态金融监管体系的主要监管方式采取的是自上而下的被动监管，强调监管主体的地位而忽视被监管者的主观能动性。传统静态监管体系以事后监管为主，大多以事后的惩罚性措施避免金融风险。如果继续采取传统静态的事后监管手段，则难以保障金融安全，保护金融消费者权益。

通过监管沙盒制度，可将所有的金融风险控制在监测范围内，监管者能够实时地从早期的准入条件、产品设计、信息披露到消费者的保护全方位掌握金融创新的动态。且在测试的整个全过程，出现的风险都处于可控状态，此种方式使监管者能够掌握创新企业的动态，及时主动提供风险解决方案。

（三）容错性

监管沙盒提供了应对技术不确定性的试错机制，在鼓励创新、包容失败的制度下，能够激励参与主体投入创新过程，充分把握前沿技术带来的发展机遇。同时，监管者能够在动态学习的过程中总结经验、吸取教训，实现监管政策的有益迭代。

监管沙盒提供了一个摸索式的实验工具，监管者可以基于实践经验主动应对创新的不确定性。以英国的监管沙盒为例，第一期测试中有75%的项目通过，其中90%的项目准备推向市场。同时，监管沙盒设置消费者保护机制使得监管者能够放心推动突破性技术的试验。换言之，安全的测试空间为监管者提供了在不确定性中寻求发展的契机，形成与被监管者相称的企业家精神，主动参与并引导金融科技的创新发展，解决"扼杀有益创新"的监管困境。

（四）多元性

监管沙盒提供了多元协商的交流机制，改变了监管机构、金融机构、初创企业、消费者等主体的对立关系。在事前准入阶段，监管者便对参与主体的企业特征、资源禀赋、行为特征、商业模式等进行初步了解，并对创新产品的适用范围、数据披露标准、技术规范等进行设定。在测试过程中，监管者与创新者之间有多样化的信息交流渠道，如FCA设置沙盒联络专员、圆桌会议、非正式会谈等。测试者实时共享数据、算法和技术等信息，监管者则动态跟踪创新的阶段和程度，及时识别并纠正可能出现的风险，防止投入市场后对经济主体和金融体系造成损伤。在事后的退出阶段，企业需提交"出盒报告"，力求为同行业或使用相同技术的经济主体提供经验与指导，强化技术溢出效应。

五、监管沙盒的主要功能

（一）促进金融市场有效竞争

金融科技下的监管沙盒通过为企业提供真实的项目测试环境，促进金融科技企业与监管机构的有效沟通，避免繁杂的监管规则阻碍企业项目测试，激发金融领域的科技创新意识，同时引导更多投资者参与金融市场，形成合理的市场竞争。监管沙盒临时性的制度安排，不会对市场竞争状态产生长期的干涉，最终实现金融创新和监管效率之间的动态平衡。

（二）保障消费者合法权益

监管沙盒为金融科技企业的项目测试提供了一个真实的金融市场环境。在这样的测试环境下，金融科技企业必须充分考虑消费者的接受程度，确保消费者的知情权、公平交易权、数据隐私权等合法权益不受到损害，同时强调消费者对各项金融服务和产品的可获得性，降低金融机构与消费者之间的风险不对称性。

（三）促进多元化发展

监管沙盒使监管者的角色定位发生改变，促进了监管者与创新者之间的良性互动。在监管沙盒模式下，监管者需要促进有效竞争，确保相关市场正常运作，包括防止市场滥用行为，帮助消费者得到公平的交易机会。监管机构在测试过程中，一方面在风险可控的情况下识别真正的金融创新，并审视监管制度的缺陷；另一方面与金融机构进行充分沟通，从"身份统治"的对抗状态转变为平等协商的良性互动关系，具体体现在监管者借助创新企业了解创新情况，市场主体通过监管者的支持和有效监管进行创新。充分的信息交互激励多元主体的协作共治，此种良性互动关系，减少了监管机构与市场主体之间的博弈，降低了政府监管的执行成本。

第二节 监管沙盒运行机理与约束条件

一、监管沙盒的运行阶段

（一）沙盒测试前，创新企业申请进入沙盒

监管机构以公司业务经营范围、实质创新、消费者权益、沙盒需求、背景研究等标准筛选申请进入沙盒的企业，即要求申请企业提交包含测试持续时间、关键里程碑、风险分析、对客户潜在风险的调查、度量指标和退出计划在内的测试计划书予以审核，通过后则获得授权进入沙盒实验。

综合英国、澳大利亚、新加坡、中国香港等国家和地区对监管沙盒的运用，孙文杰、张慧毅认为在监管沙盒申请阶段，金融科技企业应按照监管机构设定的准入门槛，

选择合适的项目并提出书面申请。

经监管机构审批后，由申请者与其共同决定测试方案。在测试阶段，监管机构应监控整个过程并且可以随时终止对金融消费者权益或者金融稳定有重大风险的测试。在测试结束后，由监管机构评估测试结果、审核测试报告，审核报告予以通过后推动产品上市。

（二）沙盒测试中，监管机构进行创新激励

监管机构根据创新项目的不同需求制订方案以及测试要求，并为其提供合规性评估指导，在此阶段对测试项目进行跟进，及时处理信息反馈和客户投诉，并根据沙盒的规则有针对性地对该项目进行调整。

监管机构的框架首先要保持地方政府部门监管的核心地位，同时充分发挥社会、行业协会等非政府主体的合作互动。其次金融科技企业自我约束也是金融监管的重要协助力量，由于企业自身具有信息优势且创新速度快的特点，因此地方部门更加难以做到及时且有效地监管，而企业主体的自我约束却能有效降低监管成本。最后监管沙盒参与其中，为金融科技企业创新及部门监管提供"试验空间"（见图 10-1）。

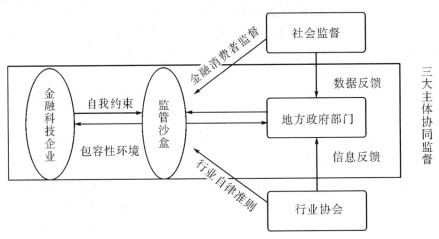

图 10-1　监管沙盒运行框架

当创新金融科技企业进入沙盒测试后需要有一系列保护创新的激励机制。如英国行为监管局主要设置五类工具以提供宽松、自由的发展环境，包括：

（1）限制性牌照：企业在规定的业务和时间范围内拥有牌照，以帮助企业在短时间内以低成本开展创新业务。

（2）个别指导：监管机构对被测试产品或服务相关的特定规则做出解释并给予指导，进一步促进监管双方信息传递与交流，提升创新效率。

（3）豁免无异议函：在不违反既定强制性成熟法规的前提下，当创新活动违背既定规则时，监管机构可以豁免或针对该企业修改业务特定规则。

（4）无异议函：在确保创新活动始终与监管目标保持一致的前提下，监管机构为部分企业提供免除强制执行监管条例的函件。

（5）非正式引导：监管机构会针对一些处于非常早期的创新型产品或商业模式，给予非正式的监管方面的引导。

监管机构需要在测试的全过程进行监管，若在入盒测试过程中，发生损害消费者权益的情况，或造成其他风险，应当及时终止项目测试，同时明确对消费者的赔偿，以使损害最小化。

（三）沙盒测试后，监管机构评估成果，决定退出机制或推向市场

在沙盒测试中，不仅创新活动具有高风险特性，监管机构的评估能力有限也会导致筛选创新企业存在"选择性偏差"，增加测试失败概率。因此，为保障消费者利益需要合理的退出机制，目前主要有以下三种做法：

（1）事前约定。将创新企业必须赔偿消费者所有损失（包括投资损失）列为进入沙盒实验的资格条件之一。

（2）事中缩小风险扩散范围。包括创新企业仅能将新的测试方案提供给限定范围内的消费者，同时消费者享有被告知测试的潜在风险以及可获得的补偿的权利；监管机构同意在测试活动中逐项进行披露、保护和赔偿。

（3）确保沙盒内的消费者享有同等权利，即参与沙盒实验的消费者和与其他授权公司存在争执的消费者享有同等权利。

二、监管沙盒的运行机制

（一）准入标准机制

在准入阶段，监管机构要根据地方实际发展情况，设置地方入盒门槛和入盒标准。由于目前金融科技创新种类多样，在鼓励创新的同时，又要降低风险确保安全的前提下，准入盒的设置需要具有弹性。综合目前各国监管沙盒推行准入的门槛和标准，其核心要素包括：客户端资质限制、额度限制、项目创新性、消费者保护措施、补偿措施、争议解决措施以及对监管沙盒的需要程度。

监管机构对申请入盒的项目进行可行性评估，不仅需要对项目本身进行评价，还需要对行业发展前景、从业人员专业性等内容进行审查，防止部分企业以金融创新为名实施金融诈骗，使经过审查的金融创新进入沙盒监管，挑选出真正有利于消费者的创新。

（二）消费者保护机制

在测试过程中，需要以消费者保护为制度构建的核心，测试企业需要建立入盒前、入盒内和出盒后，全部流程的消费者权益保护机制。考虑到处于沙盒虚拟空间内的测试项目可能会损害金融消费者的权益，监管沙盒内的消费者保护机制应比在真实市场中更为严格。

在测试开始前，申请者应选择能够承担合理风险且自愿参与的金融消费者。在测试过程中，监管机构应监督企业保护金融消费者的知情权、自主选择权和隐私权，并确保其充分了解相关内容。

测试完成后，即便参与测试的企业已安全退出沙盒，测试过程中获取的消费者个人信息也应得到充分保障，以避免数据外泄。并且监管机构应督促企业建立风险准备金、损害赔偿基金等补偿机制，确保消费者遭受损失时得到及时补偿。

（三）退出机制

在测试阶段后期，根据不同情况选择不同的处置机制，各国监管机构对测试企业

的退出机制安排基本分为三类：终止、延期、推向市场。

终止：测试期未能呈现良好表现的企业，则测试不通过。在保证消费者权益的基础上，企业需自行或被强行终止运作。

延期（豁免机制）：个别国家和地区可以向监管机构申请延长测试时间。对于延期的企业，若在规定的测试期限内，由于项目本身的特点难以达到评估标准，在此项目有一定发展前景，并可以为消费者带来效益的情况下，可以考虑准许延期，在完成测试后再对其进行评估。

推向市场：对于监管机构认为沙盒测试结果满意的企业，可能会进一步申请全牌照并在处理好和现有监管制度不相容的部分后推向市场。

三、监管沙盒的约束条件

监管沙盒虽然具有诸多优势，但并不是解决金融科技发展的万能工具。从各国的异质性实践可以看出，监管沙盒虽然提供了客观真实的测试环境，但沙盒的规则、参数、标准仍是基于监管者的主观意志制定的，这些内容会调节沙盒的作用机制，影响最终效果。

（一）规则设置的公平性

监管机构在决定参与资格、技术范围的过程中，很可能违背竞争中性和技术中性的原则。从测试主体来看，目前典型的沙盒实践呈现出对准入主体极具异质性的偏好，但无论是偏向传统金融机构还是新兴科技企业，都会因部分企业受到豁免特权出现市场不公平竞争的现象，削弱沙盒推动新旧部门技术融合的作用。从技术范围来看，本应秉承技术中性原则为各类技术创新提供平等的测试环境，但各国在实践过程中通常根据有效创新原则筛选技术类别，监管机构在此过程中扮演"守门人"的角色，在经过主观选择的作用后，沙盒结果可能无法客观反映有益创新，也会因遗漏掉部分技术类别而无法避免监管真空的问题。

（二）测试主体的适用性

监管沙盒的试错机制更适合毫无市场经验的初创企业，或者技术经验欠缺的传统金融机构。对于技术创新能力强劲、拥有丰富市场经验和强大客户基础的大型平台，监管沙盒的适用性较弱。因此，应对大型数字金融平台的快速发展和风险积累时，应注重发挥正式监管手段与其他试验性监管措施的有机结合。

（三）反馈信息的有限性

监管沙盒目前测试的时间较短，涉及的空间范围也有限。同时，为了保证风险可控，监管沙盒设置了有限的样本容纳量，例如在用户数量、金额总量等方面都有诸多限制。因此，在时间、空间、体量均受到约束的条件下，测试结果未必能反映真实市场的运作情况。小范围试点的结果在推广放大的过程中也可能出现不适应的问题。即使创新业态通过沙盒测试，也依然需要对相应的产品和服务进行密切追踪。

（四）信息搜集的碎片化

沙盒本应充分发挥信息交互机制来化解各类经济主体间的矛盾，但在实践过程中依然存在信息阻塞的问题。一方面，应当强化企业的群体互动，即让所有参与沙盒的企业有流畅的交流机制。当前沙盒更多地注重构建监管者与被监管者的对话机制，忽略了参与企业之间的信息交互需求，抑制了多元协商机制的作用效果。另一方面，监管者针对每项沙盒提出的个性化建议也应脱敏后披露给大众。当前沙盒测试结果和信息依然不透明，无法为更多经济主体提供借鉴学习。

第三节　国内外监管沙盒比较

一、国外监管沙盒

（一）总体情况

本书以监管沙盒试行较早的英国、新加坡和澳大利亚为例，从监管主体、申请对象、监管模式、评估机制四个方面进行了对比分析，总体情况如表 10-2 所示。

表 10-2　英国、新加坡和澳大利亚监管沙盒总体情况

类别	英国	澳大利亚	新加坡
监管主体	英国金融行业监管局	澳大利亚证券和投资委员会指定监管框架，同时设立创新协助金融科技企业在该框架下运作	责任主体：新加坡金融管理局；实施主体：下设的金融科技发展办公室
申请对象	所有金融机构和提供金融服务支持的非金融机构	金融科技创新机构（非金融机构）	金融机构以及任何金融科技企业（非金融机构）
监管模式	"双峰监管"：由金融行为监管局、审慎监管局协商指定监管沙盒工具，根据需要签订备忘录、安排后续测试	"双峰监管"：澳大利亚证券和投资委员会负责行为监管，澳大利亚审慎监管局负责审慎监管	"放松监管"：任何在沙盒中注册的 Fintech 公司，允许在事先报备的情况下从事和目前法律法规有所冲突的业务，即使以后被终止，也不会追究相关责任
评估机制	测试期间每周向英国金融行为监管局汇报项目运行情况，说明关键时点、重大发现、风险管理情况	测试期评估：监控企业运行状况；测试后评估；测试企业在测试期结束后两个月内提交运行经验报告	在事前 MAS 收到完整的评估信息后依标准评估，在 21 个工作日内通知申请人是否获批并为其匹配相应的监管沙盒；在事中 MAS 依据创新产品的性质和特点以及相应的法律法规来评估企业

（二）监管理念

1. 主动型监管

英国在 2016 年年初正式实施监管沙盒，是最早实行金融科技监管沙盒制度的国家，同年 7 月和 12 月，新加坡、澳大利亚政府宣布实施监管沙盒模式。为了推动科技在金融领域的创新发展，以上三个国家的监管机构选择主动型监管模式，鼓励金融科技企业进行项目测试，以便更好地为消费者提供金融服务和保障，巩固本国金融市场的地位。在具体的监管体制上，英国和澳大利亚实行的是双峰监管体制，即审慎监管

和行为监管由不同的部门执行，而新加坡实行的是统一监管，由新加坡金融监管局总揽监管重任。

2. 审慎型监管

美国于 2018 年提出构建全国范围内统一的监管沙盒体系，并采取审慎监管策略。随着信息技术的发展，美国的金融科技技术也逐渐成为资本市场的助推器，但为了稳定本国的金融体系，美国对金融科技创新持谨慎的态度，还设置了不同的部门对其进行审慎监管。

（三）准入差异

1. 普通审批制

金融科技企业申请入盒前对其资质、资源、符合条件进行审核评估，满足入盒条件方可进行测试。其主要考虑金融机构所申请项目的创新性、对消费者的影响以及测试前的准备。以英国、新加坡为例，具体如表 10-3 所示。

表 10-3　英国、新加坡准入差异对比

经济体标准	英国	新加坡
准入前提	审批制、创新面向英国市场	审批制
创新程度	与市场上金融产品有明显差异	要有足够的创新程度，若申请者提供的金融服务与现有类似，则不适用监管沙盒
消费者保护	对消费者有益；已确定所有消费者风险并采取安全措施；能促进市场有效竞争	要求该服务能为消费者解决至少一个问题，改善消费者福利
对监管沙盒的需求程度	具备在沙盒测试的必要性；该项创新不适应现有监管框架；短期的可行性测试会使得授权过程难度加大	暂无明确规定
测试前准备	已制定明确测试计划；已预先进行了测试；拥有一定的测试资源；有充分的消费者保障及补救措施	申请人事前须评估市场风险并准备应对策略，充分了解与所申请的金融服务相关的法律和监管要求

2. "豁免" 审批制

澳大利亚的准入机制却有较大差异，ASCI（澳大利亚证券和投资委员会）主要从客户端限制、额度限制、消费者保护、补偿措施、争议解决这五个层面来考量，这是因为澳大利亚特有的 "豁免机制" 使得监管沙盒的准入较为宽松自由。"豁免机制" 是指金融科技企业具有申请入盒测试的资格，符合资格认定以及有关条件者，在法律上可享受 1 年的豁免期（见表 10-4）。

表 10-4　澳大利亚监管沙盒准入机制

准入条件	准入条件细节
客户端限制	零售客户：≤100 个；机构客户：无客户端限制

表10-4(续)

准入条件	准入条件细节
额度限制	零售客户：对其产品款项进行存款；机构客户：无额度限制 测试期间最大风险敞口为 500 万美元，与测试服务有关的一般保险合同金额不超过 50 000 美元，与提供测试服务有关的证券，政府债券及付款产品不超过 10 000 美元
消费者保护	公司须遵守"负责人贷款"的义务，测试业务须满足特定信息披露要求
补偿措施	最低要求：PI 保险单必须对任何一项索赔和合计索赔有 100 万美元的额度；公司须按合理步骤在 1 年内完成保险流程
争议解决系统	符合 ASIC 制定的标准和要求的争议解决机制，测试业务期间、持续时间和测试后的 12 个月保持 EDR 成员资格

（三）退出差异

1. 固定退出期限

各国测试期限有较大差异，对于测试结果，英国和澳大利亚采用固定推出期限，英国为 3~6 个月，澳大利亚一般为 1 年（见表 10-5）。

2. 无固定退出期限

对于测试结果，新加坡无固定推出期限，它能有效地针对不同企业不同项目产品的特殊性，为测试周期较长的产品提供在沙盒内继续实践的机会。

表 10-5　英国、澳大利亚和新加坡准入推出机制对比

经济体推出细节	英国	澳大利亚	新加坡
测试期限	3~6 个月	一般为 1 年	依项目而定，不固定
通过测试	根据最终测试结果做出反馈，不会直接认证商业模式	企业获得相应牌照	企业可将从事后的产品、服务广泛运用到金融市场
未通过测试		企业停止运行，不得从事相应金融或信贷活动，但保留企业申请个别豁免权	在保证消费者权益的基础上，企业自行终止运行或被 MAS 强制终止运行

（四）消费者保护

1. 原则型保护

消费者保护机制方面，从监管沙盒实施的情况来看，首要目的是在保护消费者权益的基础上，为金融科技企业提供创新测试的环境，英国、澳大利亚、新加坡和中国均采取不同方式保护消费者的权益。

英国主要采取四种方式：①确保消费者对测试情况完全知情；②为每个项目设置特定的信息披露、保护和赔偿方案；③确保消费者享有正常同等权利；④规定企业需要有足够的赔偿能力以赔偿消费者所有损失。

新加坡的消费者保护机制，如 MAS（新加坡金融管理局）规定的事前告知消费者风险、测试时间，事中的客户风险化解计划，事后消费者退出监管沙盒的处理以及争议解决机制都比较详细，也是值得借鉴的。

2. 具体型保护

澳大利亚对于消费者的保护更加注重细节：零售消费者不超过 100 人，测试期间最大风险敞口为 500 万美元，对测试服务有关的信贷合约的贷款金额，保险合同金额，证券、政府债券及付款产品的金额有明确限制，还包括消费者 PI 保险机制的确定，争议解决系统，等等。

二、监管沙盒国际经验总结

（一）准入退出机制方面

根据以上国家准入退出机制的比较可以看出，在监管沙盒的准入机制方面，创新程度、消费者保护机制、测试前准备是必不可少的准入原则，由于金融科技浪潮愈演愈烈，也需要构建多元化的准入标准。可放宽对项目种类的限制、企业的限制，扩大企业产品的类型，比如可借鉴英国对企业准入考核的正负指标评分的方法，澳大利亚的特殊豁免机制来优化准入条件。在退出机制方面，首先需要有明确的测试期限，其次对于评估后企业的去向、消费者权益的保护、更进一步地优化监管沙盒未来发展方向等，都需要相关法律的支撑。

（二）具体监管机制方面

监管机制需要有一定的灵活性，主动改善整个金融体系效能的技术变革。小微企业股权众筹能有效解决初创企业融资难、融资贵的问题，从事贷款业务的金融科技企业可以通过 CCR（综合信用报告制度）推动金融科技赋能传统金融机构，实现信用数据的实时获取与多方共享。长期以来我国对金融业的监管陷入"放任发展—过度创新—风险过高—创新压制"的循环，往往是出于对监管和创新一方的考虑所致，因此金融科技监管要"创新性"和"风险性"并重。

（三）消费者保护机制方面

首先，消费者保护机制是对消费者在沙盒内各测试阶段的保护。在进入沙盒测试前，消费者需要对其面临的风险有充分了解；在监管沙盒运作过程中，各国监管主体应注重信息披露、保险赔偿方案的规划；在退出沙盒后，对消费者利益造成的损害需要由测试企业全额赔偿。其次，消费者保护机制是通过立法保证消费者的知情权、财产安全权，运用大数据、信息披露、强化资金沉淀管理等手段保障消费者的利益。

三、中国监管沙盒

（一）总体情况

相比较其他国家（地区），中国的监管沙盒准入机制，需要申请机构严格遵循现行法律法规、部门规章、规范性文件等要求，遵循《金融科技创新安全通用规范要求》（JR/T0199-2020）文件精神，建立健全内部管控、安全防控、应急处置、服务退出等机制，采取风险拨备资金、保险计划等措施最大限度地补偿风险事件给用户造成的损失，切实保障金融消费者的合法权益。

监管主体方面。中国的监管沙盒主体是"一委一行两会"：金融稳定发展委员会、中国人民银行、中国证券监督管理委员会、中国银行保险监督管理委员会。

申请对象方面。中国的监管沙盒申请对象是金融服务创新的持牌金融机构和相关业务系统、算力存储、算法模型等科技产品研发的科技机构。

监管模式方面。中国的监管沙盒监管模式是央-地双层金融监管：以垄断性的中央垂直管理体制使地方金融领域的全部监管权力归中央所有，而地方金融监管权力则主要以中央政策、部门规章等方式委托或授予"一委一行两会"等中央金融监管机构行使。

评估机制方面。中国的监管沙盒评估机构从创新价值、服务质量、用户满意度、业务连续性保障、合法合规、交易安全、数据安全、风险防控等方面，全面评估创新应用是否严格履行声明书相关承诺、是否惠民利企、是否满足监管要求、是否商业可持续。

监管沙盒准入方面。申请机构应按要求填写"金融科技创新应用声明书"，通过金融科技创新管理服务平台提交申请。该声明要求对创新应用基本信息、创新应用服务信息、合格合规性评估、技术安全性评估、风险防控、投诉响应机制六个层面进行考量。

中国监管沙盒申请流程见图10-2。

申请	•填写"金融科技创新应用声明书"，通过金融科技创新管理服务平台提交
受理	•组织测试的金融管理部门、自律组织对申请机构报送声明书的规范性、完整性、公平性、合理性进行核实
公示	•测试管理部门、自律组织应将声明书在金融科技创新管理服务平台进行公示
监督	•在公示期内，申请机构应就声明书的合法合规性、合理性等接受公众监督
意见处理	•自律组织应及时将公众意见汇总并反馈给申请机构
登记	•评估通过后，申请机构应按本文件进行登记
自声明	•完成登记后，申请机构应按本文件进行自声明
用户明示	•申请机构在用户签约时，应按本文件进行用户明示
测试运行	•以上流程均审核评估通过，则进入测试运行，如其中一个环节变更或未通过，则回到申请环节

图10-2 中国监管沙盒申请流程

监管沙盒退出方面。中国监管沙盒退出机制，在对测试结束后，需要自评自测、外部安全评估、第三方审计、专家论证四方机构进行评估。评估机构从创新价值、服务质量、用户满意度、业务连续性保障、合法合规、交易安全、数据安全、风险防控（风控措施、补偿措施、应急处置、退出机制）等方面，对测试产品全面评估创新应用是否严格履行声明书相关承诺、是否惠民利企、是否满足监管要求、是否商业可持续。

其测试退出方式分为三种：

（1）主动退出：申请机构出于战略定位、业务发展等方面考虑，拟终止创新应用运营服务的，可按退出流程主动申请退出。

（2）强制退出：对于未能严格落实本文件要求、未能履行声明书承诺且情节较为严重的创新应用，申请机构应按照要求执行退出流程，在保障金融消费者合法权益的前提下实现创新应用平稳退出。

（3）逾期退出：对于测试运行 2 年以上仍未能通过测试评价的，申请机构应按流程进行退出测试。

（二）运行情况

1. 项目分布

（1）按地域分布分析。

截至 2022 年 4 月底，城市试点项目中，北京的试点项目最多，达到 23 项（20.4%）；其次是上海，有 19 项（16.8%）；天津试点项目最少，仅有一项且启动时间最晚，其项目于 2022 年 1 月 26 日启动第一批项目。在其他城市的项目数量上，苏州共 14 项（12.4%），重庆共 12 项（10.6%），广州共 11 项（9.7%），杭州共 9 项（8.0%），成都共 9 项（8.0%），深圳共 8 项（7.1%），雄安新区共 7 项（6.2%）（见图 10-3）。

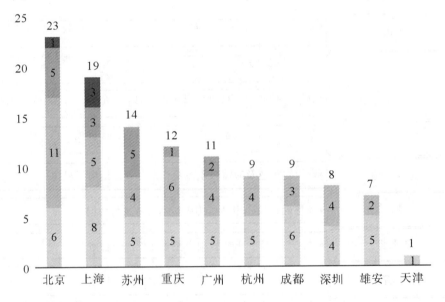

图 10-3 城市金融科技创新监管试点地域分布

（数据来源：中国人民银行，零壹智库）

各省份申报通过的试点项目开始时间较晚，山东省于 2021 年 6 月 4 日启动了第一批共三项试点项目。在各省份试点项目中，山东和湖北的试点项目最多，均为 4 项，广西、河北、辽宁、海南的试点项目达到 3 项，河南、陕西、吉林的试点项目均只有 1 项。各省（区）试点项目启动时间晚、数量较少、分布分散（见图 10-4）。

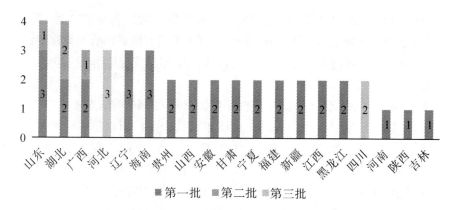

图 10-4　省/自治区金融科技创新监管试点地域分布

（数据来源：中国人民银行，零壹智库）

试点项目集中分布于北京、上海、重庆、深圳四个城市，并以这四个城市为中心，分别在我国北部、东部、中西部、南部产生辐射效应，带动所在省份及周边地区发展金融科技创新监管试点。与此同时，省份试点项目普遍晚于城市试点项目。

可见，在金融科技创新监管试点项目的发展过程中，核心城市先行发展，启动试点项目，带领所在省份探索金融科技创新监管领域，省份则进一步增加试点项目数量并扩大覆盖范围。未来，金融科技创新监管试点覆盖范围将进一步扩大，全面维护我国金融行业健康发展。

（2）按批次分析。

截至 2022 年 4 月底，城市申报通过的试点项目已经进行到第四批，省（区）申报通过的试点项目已经进行到第三批。目前，第一批共 84 项（53.8%），第二批共 47 项（30.1%），第三批共 21 项（13.5%），第四批共 4 项（2.6%）（见图 10-5）。

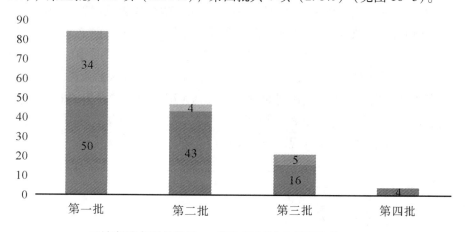

图 10-5　金融科技创新监管试点批次分布

（数据来源：中国人民银行，零壹智库）

其中，城市项目的进行时间相对较长，进行试点项目的城市基本发展到了第三批或者第四批，未来继续增加的趋势较小。而各省（区）试点项目发展时间较短，于 2021 年下半年开始密集启动，2022年第一季度开始陆续有各省（区）启动第二批、第三批试点项目，但大多数省份仍处于第一批，未来，预计有更多的省份启动后续批次的试点项目，促进试点项目向全国范围覆盖。整体而言，试点项目数量呈现稳健增长的趋势。

（3）按试点类型分析。

截至2022年4月底，四批金融科技创新监管试点共156项试点项目中，有108项（69.2%）属于金融服务，48项（30.8%）属于科技产品。而根据零壹智库截至2021年6月底的统计数据，90项试点项目中有47项（52.2%）属于金融服务，43项（47.8%）属于科技产品。可见，在2021年下半年和2022年第一季度新增的66项试点项目基本为金融服务项目，仅有5项为科技产品项目。金融科技创新监管试点由金融服务优化和科技产品研发并重逐渐转向以赋能业务优化、提升金融服务为主（见图10-6）。

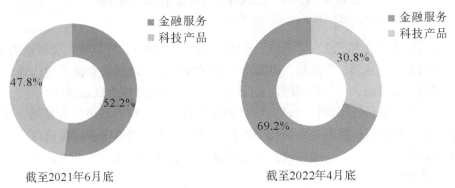

图10-6 金融科技创新监管试点类型分布

（数据来源：中国人民银行，零壹智库）

（4）按试点业务领域分析。

截至2022年4月底，据不完全统计，在108项金融服务类试点项目中，涉及信贷融资的有55项、涉及风控的有47项、涉及业务优化的有37项，前三大业务领域的出现频率在所有业务中占比达到86.3%。在48项科技产品类试点项目中，涉及信贷融资的有26项、涉及风控的有23项、涉及业务优化的有11项、涉及产业链数据的有8项，前四大业务领域的出现频率占比达到86.1%。可见，试点应用针对领域的集中度较高，信贷融资、风控和业务优化是金融科技创新监管的主要服务领域，同时，金融产业链数据在监管中的重要性也不可忽视（见图10-7）。

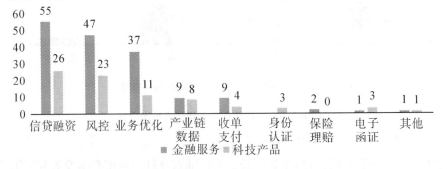

图10-7 金融科技创新监管试点业务领域分布

（数据来源：中国人民银行，零壹智库）

（5）按试点主要技术分析。

截至 2022 年 4 月底，据不完全统计，四批金融科技创新监管试点应用的主要技术中，涉及次数最多的是大数据技术，共有 110 项试点涉及该技术，其次是人工智能、区块链、物联网等。人工智能领域中，涉及次数较多的技术有机器学习（45 项）、图像识别（30 项）、OCR 技术（24 项）等。试点应用普遍涉及三种及以上的核心技术，可见其符合金融科技创新监管的发展要求，有助于推送传统金融业信息化、安全化。

（6）按参与机构分析。

截至 2022 年 4 月底，四批金融科技创新监管试点的参与机构共计 218 家。其中，银行类金融机构有 121 家，占比 55.5%，科技公司有 52 家，占比 23.9%，其余主要有支付公司、征信公司、金融服务公司等（见图 10-8）。

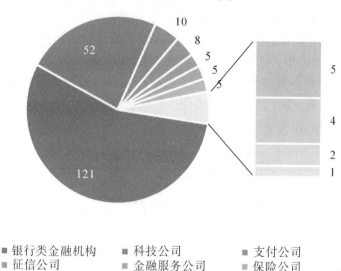

图 10-8　金融科技创新监管试点参与机构分布

（数据来源：中国人民银行，零壹智库）

前四大参与机构类型合计有 191 家，占比 87.6%。可见试点应用的参与机构虽然种类众多，但类型集中度较高，主要是金融机构和科技公司。

其中，银行类金融机构中参与试点数量前十的公司中，中国工商银行（15 项）、中国建设银行（14 项）、中国农业银行（11 项）和中国银行（7 项）位列前四名，另外的两家国有六大行，中国邮政储蓄银行和交通银行参与的试点项目均为 5 项。股份制银行中，上海浦东发展银行表现亮眼，参与的试点项目达到 7 项，中国民生银行参与的试点项目达到 6 项。除此之外，苏州银行和上海银行各参与 4 项。

相比之下，科技公司、支付机构等其他企业分布要分散得多。科技公司中，参与试点项目达到 2 项及以上的企业只有 8 家，其中，同盾科技参与试点项目数量最多，达到 4 家，建信金融科技和腾讯云计算各参与 3 项试点项目。可见，在以银行为实施主体的金融科技创新监管试点中，银行寻找的科技公司合作伙伴较为分散。

（7）按"出箱"情况分析。

截至2022年4月底，北京、深圳、重庆三地共有7个创新应用项目通过测试顺利"出箱"。其中，北京完成测试顺利"出箱"的创新应用有3个，分别是中国工商银行的"基于物联网的物品溯源认证管理与供应链金融"、中国银行的"基于区块链的产业金融服务"、中信百信银行的"AIBankInside产品"。深圳"出箱"的创新应用为百信征信公司的"百行征信信用普惠服务"。重庆有3个顺利"出箱"的项目，分别是重庆农村商业银行的"支持重庆地方方言的智能银行服务"，厦门银行、重庆富民银行、博雅正链（北京）科技有限公司、中国互联网金融协会共同推出的"基于区块链的数字函证平台"，度小满（重庆）科技有限公司和光大银行重庆分行的"'磐石'智能风控产品"（见表10-6）。

"出箱"意味着试点项目在金融科技创新监管领域中的应用已经成熟，能够逐步进入落地阶段，在具体的业务流程和场景中发挥更大的价值。7个"出箱"项目中银行参与度达到100%，其中"AIBankInside产品"作为唯一一个互联网银行"出箱"项目，通过微服务架构将多类型、标准化、通用化的金融服务进行解耦合模块化封装，将金融服务嵌入消费互联网和产业互联网，广泛链接合作伙伴，提高了金融服务交付效率和质量，同时确保安全性和合规性。

表10-6 "出箱"试点项目一览

地点	名称	参与机构
北京	基于物联网的物品溯源认证管理与供应链金融	中国工商银行股份有限公司
	AIBank Inside 产品	中信百信银行股份有限公司
	基于区块链的产业金融服务	中国银行股份有限公司
重庆	支持重庆地方方言的智能银行服务	重庆农村商业银行股份有限公司
	基于区块链的数字函证平台	中国互联网金融协会
		厦门银行股份有限公司
		重庆富民银行股份有限公司
		博雅正链（北京）科技有限公司
	"磐石"智能风控产品	度小满（重庆）科技有限公司
		中国光大银行股份有限公司重庆分行
深圳	百行征信信用普惠服务	百行征信有限公司

数据来源：中国人民银行，零壹智库。

2. 运行特点

（1）从区域金融中心向外覆盖。

金融科技创新监管试点地域分布范围广且集中度较高，多分布在区域金融中心，北有北京、雄安，南有广州、深圳，东有上海、苏州、杭州，中西部有成都、重庆。随着金融科技创新监管的不断发展，已经推动周边省级地区开展金融科技创新监管试点，大大提高了试点项目的地域覆盖度，未来，试点项目将全面覆盖我国各地区的金融机构并提供监管支持。

（2）针对领域重合度高。

试点项目分为金融服务和科技产品两大类，随着金融科技创新监管的不断发展，目前的试点项目多属于金融服务。同时，信贷融资始终是金融科技创新监管试点的主要服务领域，其次是风控、业务优化、产业链数据、收单支付等。虽然试点项目整体的服务领域广泛，但其领域重合度高，随着金融业的不断发展，线上业务、自动化业务的需求也逐渐增加，金融科技创新监管试点进入运营管理、支付、多场景等领域，有助于推动传统金融业的转型。

（3）核心技术特征明显。

金融科技创新监管试点所涉及的核心技术都是新兴的信息技术，如大数据、人工智能、区块链、物联网等。此类技术契合金融监管的要求，能够提高金融业在信贷、信用风险监控、精准营销、支付转账等领域的经营效率和风险防控能力，有力推动银行等金融机构进一步深化数字化改革，将数字化应用到各大业务流程，加速金融科技深化，促进技术与产业相结合，赋能金融业务发展。

（4）参与机构类型分明。

参与金融科技创新监管试点的机构主要为银行和科技公司，其中银行类金融机构占比超过一半，显示金融科技创新监管试点的应用主体是银行机构，试点应用主要为银行业服务。同时，也有征信机构、保险公司、通信企业等参与试点应用。新一轮启动的资本市场金融科技创新试点，将监管领域拓展到券商、基金公司，参与的机构主要为券商、基金公司和科技公司。

（三）中国监管沙盒的发展趋势

1. 国家政策继续支持引导发展

中国人民银行于2022年1月发布《金融科技发展规划（2022—2025年）》，这是央行第二次印发金融科技发展规划，该规划依据《中华人民共和国国民经济和社会发展第十四个五年规划和2035年远景目标纲要》而制定，为新时期金融科技发展给出指导意见。从试点项目新增的整体时间线中可以看出，我国试点项目始终处于稳步增加的状态，覆盖面不断扩大。

2. 逐步重视在普惠、小微、绿色、农村金融中的应用

《金融科技发展规划（2022—2025年）》指出，金融科技发展要坚持"数字驱动、智慧为民、绿色低碳、公平普惠"的发展原则，以加强金融数据要素应用为基础，以深化金融供给侧结构性改革为目标。在最近批次的试点项目中，出现了农村信贷、绿色信贷、蔬菜产业融资等试点服务领域，可见金融科技创新监管正在不断将功能渗透到与基础民生相关的金融领域。

3. 全方面推动金融机构数字化转型

四批金融科技创新监管试点应用服务场景越来越多样，从信贷融资、风控、业务优化到产业链数据、收单支付、身份认证等，基本实现银行领域全面覆盖。从而进一步深化数字化改革，将数字化应用到各大业务流程。与此同时，金融科技创新监管试点以银行为核心，逐步向各类金融机构延伸提供服务，推动金融机构数字化转型。

4. 金融科技监管标准持续细化渐成体系

2021 年中国人民银行、银保监会等陆续下发《关于规范商业银行通过互联网开展个人存款业务有关事项的通知》《关于进一步规范商业银行互联网贷款业务的通知》《关于进一步规范保险机构互联网人身保险业务有关事项的通知》等规范性文件，对存贷款、保险、理财等业务领域的金融科技监管标准进行细化，促进了互联网业务的绿色、稳健发展。

5. 进入资本市场领域不断扩大监管范围

2021 年 3 月，中国证监会决定在北京地区开展资本市场金融科技创新试点工作，加快推动大数据、云计算、人工智能、区块链等新一代信息技术在资本市场业务领域的应用实施，促进资本市场金融科技健康发展。未来，金融科技创新试点将在银行、券商、基金以及更多的领域进行监管，不断扩大监管范围，维持金融业健康稳健发展。

思考题

1. 简述监管沙盒的定义。

2. 简述监管沙盒的主要元素。

3. 简述监管沙盒的特性。

4. 简述监管沙盒的首次产生和我国首批监管沙盒试点启用时间。

5. 监管沙盒其多元性体现在哪些方面。

6. 简述监管沙盒运行的三个阶段。

7. 为保障消费者利益，合理退出机制主要方法有哪些？

8. 监管沙盒的主要三个机制是什么？

9. 监管沙盒的主要功能有哪些？

10. 监管沙盒作用机制的约束条件有哪些？思考如何去优化。

11. 监管理念差异有哪些？并指出监管理念对应哪些典型的国家和地区。

12. 目前中国监管沙盒退出机制，其测试退出方式分为哪三种？

13. 目前中国监管沙盒的《金融科技创新应用声明书》是在哪六个方面进行考量的？

14. 从三个方面总结国际监管沙盒经验。

15. 结合国际监管沙盒经验和目前中国监管沙盒的发展，思考中国监管沙盒未来趋势和机制优化。

第十一章

监管科技

科技创新的进步与金融产品的演化给金融监管部门带来诸多挑战，监管科技通过现代、前沿的科学技术逐步减少监管成本、提升监管效率、降低监管风险，从而为监管部门提供系统解决方案。本章将重塑监管科技的定义，厘清监管科技的历史沿革，详解其特征、功能，最后列举代表性案例系统性阐述监管科技在管控风险中的具体应用。

第一节　监管科技的内涵、历史沿革与特征

监管科技最早于 2015 年由英国金融行为监管局提出，监管科技原本表达为"Reg Tech"，具体含义是"利用新技术促使达到监管合规要求"。国际金融协会（IIF）认为监管科技是"运用新技术以更加高效地达成监管和合规要求"。我国学界普遍将其翻译为"监管科技"，但其具体内涵并未得到广泛认同，同时也未形成统一定义。本章将在现有研究的基础上，对监管科技进行明确定义，并详细阐述监管科技的历史沿革与特征。

一、定义

（一）各种定义

关于监管科技，不同的国家、机构、组织和专家学者对其定义不同。本书将从国际组织层面、监管机构层面、专家学者层面对监管科技的定义进行阐述和总结。

从国际组织层面，国际金融协会（Institute of International Finance）将监管科技定义为：一类有助于高效达成监管、合规要求的技术应用。互联网投资教育网站（Investopedia）将其定义为一类提供典型服务的企业，这些企业运用技术手段帮助金融服务机构高效、低成本地满足金融管理者的合规要求。

在监管机构层面，我国对监管科技的研究成果相比国外较少。美国"监管科技实验室"认为监管科技是帮助企业处理与监管合规相关逻辑问题的技术解决方案的统称。

英国金融行为监管局（FCA）将监管科技定义为"金融科技子集"，是"采纳新科技实现监管目标较目前更有效和高效地达成"。西班牙对外银行认为监管科技是指一系列融合创新技术和法规要求的解决方案，这些方案可以处理跨行业的监管要求。

在专家学者层面，杨东（2018）则将监管科技（RegTech）定义为"科技驱动型监管"的手段。"科技驱动型监管"指的是在去中介、去中心化的金融交易现状下，在审慎监管和行为监管等传统金融监管维度之外增加了科技维度而形成的双维监管体系；蔺鹏（2017）等从本质上解释了监管科技，认为监管科技是以数据为核心和驱动的金融监管解决方案，体现了数据逻辑的内涵；蔚赵春和徐剑刚（2017）认为，监管科技本质上是一种数据中介，是应用技术手段服务于监管，主要是通过大数据应用发挥监管作用，包括监管数据的收集、存储、分析处理以及共享，重点在于了解数据 KYD（Know Your Data）、数据主权和算法监管。

目前专家学者对监管科技的理解主要形成三种主体学说："金融机构主体说""监管机构主体说"和"双重主体说"。具体阐述如下：

（1）金融机构主体说。金融机构主体说强调监管科技是金融机构满足自身合规性、内部性监管要求的手段，该观点最早由英国金融行为监管局提出。如人工智能、大数据、区块链、云计算等不仅是促进科技金融的重要推手，而且是变革金融企业内部监管的关键。将金融科技应用于合规监管层面，可以加速合规自动化、智能化的应用，创建先进的以技术为中心的监管基础设施，提高合规效率，提升监管能力。

（2）监管机构主体说。与金融机构主体说相对应，监管机构主体说认为监管科技的服务对象是监管机构，而不是金融机构。金融机构主体说所强调的监管科技即合规科技的代名词，合规科技是金融科技的子集，合规科技并没有显著的独立性，将监管科技解释为合规科技有待商榷。监管科技属于技术驱动的监管创新，目的是提升监管机构的监管能力与效率，应为行政治理科技的代名词。

（3）双重主体说。监管科技概念的产生之初便被赋予了双重内涵，即监管科技既包含监管机构的监管要求，也包括金融企业的合规要求。前者强调监管机构对技术的运用，属于监管实施端的体现；而后者则关注被监管机构对科技的运用，属于金融机构合规端的体现。

（二）本书定义

根据国际组织、监管机构、专家学者等对监管科技的概念解释，本书将监管科技界定为：监管科技是指金融监管机构将技术运用于监管执法的行为，目的是应对金融科技创新发展中不断暴露出的挑战而采取的监管解决方案。

国内外大部分学者均将监管科技理解为金融企业合规科技或监管机构治理科技与金融机构合规科技的总和。其一如果将监管科技置于在法制语境中，监管是公权主体的监督管理行为，行为主体是法律规定的国家机构，行为对象是金融机构，这即和金融机构合规监管运行机理相违背，因此将监管科技解释为外部监管和内部合规不合理，而更倾向于将其视作监管机构和科技创新结合的产物"治理科技"。其二从监管科技作用的角度分析，将监管科技视作保障合规运作，即将监管科技作为金融科技的工具，是金融科技的子集。监管科技是金融机构降低合规成本、适应外部监管的重要手段，还扮演着推动整个金融科技市场监管范式转变之"助推器"的角色，即金融监管模式由事后的、静态的监管转向实时的、动态的、预防的监管。因此若将监管科技简单视作金融科技的工具是狭隘的，监管科技的内涵应当侧重于行政治理。其三从监管科技的范围来看，其并不仅限于金融领域，其外延广阔，还可以涉及医药、通信等诸多领域，若将监管科技视作企业合规的手段，则是将其等同于监督科技，较为片面。

首先理清金融科技、合规科技和监管科技的关系，才能更准确地理解监管科技的含义。金融科技包含合规科技，金融科技与监管科技是并列关系，金融科技中"科技"的服务对象是金融机构，目的是创新金融模式，监管科技中"科技"的服务对象是监管机构，目的是公权机关监管能力和效率的提升。以下将具体阐述金融科技与监管科技的异同，为后续理顺监管科技的发展演进奠定基础。监管科技的出现基本可归因于金融危机后错综复杂、成本高昂、效率低下的金融监管变革，这种金融监管变革又进一步促进了监管科技的发展演进。21世纪初兴起的金融发展自由化和金融管监管宽松化，直接导致了"次贷危机"，间接促进了全球范围内以数据为中心的监管，监管科技的核心表现为数据主权（data sovereignty）和算法监管（algorithm supervision）等方面。

在相同的方面，金融科技和监管科技兴起动因具有同源性。2008年国际金融危机先后促成了金融科技与监管科技的兴起。一方面，金融危机发生后，对金融业的监管要求大幅提升，挤压了金融机构的业务范围及空间，其创新动力大为减弱，因此这为互联网公司创造了以金融科技方式提供金融服务的机会。另一方面，严格的监管要求使金融机构向监管机构报送的监管数据规模急剧膨胀，金融机构必须借助科技手段降低合规成本，提升市场竞争力，因此面向被监管方的监管科技随之兴起。由此，金融科技与监管科技是金融危机带来的"一因两果"，监管科技将伴随金融科技同步发展和壮大。

在不同的方面，详见表11-1。根据应用领域不同，可将监管科技分为应用于金融监管合规领域的金融监管科技和应用于其他监管合规领域的非金融监管科技。一方面，金融科技和监管科技是同类信息技术在不同需求场景下的应用，金融科技侧重依托新兴技术创新金融机构与金融消费者之间的服务模式，提升金融服务普惠性与多样性，监管科技侧重提升金融监管合规效率、效用并降低实施成本，通过创新金融机构与监管机构间的协作模式，以更好达到金融监管合规目标。另一方面，金融科技与监管科技的产业驱动主体存在差异。金融科技产业驱动主体主要是初创公司和意图跨界经营的中大型互联网企业，它们有些可以提供技术能力辅助金融机构加快金融创新，还有些借助技术自主或协作创造新金融业务模式及金融产品。监管科技产业驱动主体大多为金融机构和金融监管机构，前者受降低合规运营成本经济效应驱动，后者则是为了在有限人力下更好地提升监管能力。在金融科技注入新的金融活力时，监管机构也在推动监管科技发展以注入监管制衡力，实现创新与安全兼顾。随着信息技术在金融业务中的应用，各类金融信息主要以数字化形式存储，更多地借助技术手段提升信息采集和分析能力，进而提高监管覆盖面和效率，是完善金融监管长效机制的必然选择。

表 11-1　监管科技和金融科技的不同点

项目	监管科技	金融科技
起源	控制金融稳定和市场完整、降低成本、满足合规要求、运用新技术监管	金融市场效率低、用户需求多元、信息通信技术、市场应用成熟
应用方式	从顶往下	从底往上
中介作用	数据中介	金融中介
外延	金融科技、环境监管、交通运输监管、航空监管等	支付结算清算、存贷款和资本筹集、投资、保险、基础设施等
侧重	提升金融监管合规效率	提升金融服务普惠与多样性
驱动主体	金融机构和金融监管机构	初创公司和意图跨界经营的中大型互联网企业

　　金融科技和监管科技不是非此即彼的关系，是交叉孪生关系，科技应用到金融创新发展时是金融科技，此时可能伴随金融风险等，当科技应用于防范金融风险时，此时可以叫作监管科技。金融科技和监管科技是并列关系，两者相辅相成，金融科技或监管科技并不是单一的形式，金融科技与监管科技的交叉点即金融监管科技，其关系详见图 11-1。

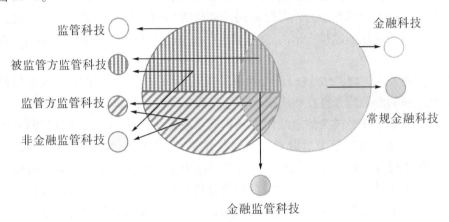

图 11-1　监管科技与金融科技的关系

二、历史沿革

　　在金融科技大发展、金融数据大爆炸和金融监管大提升的背景下，监管科技应运而生，监管科技的产生离不开金融科技，在监管科技的历史沿革中，必定不能排除金融科技的发展。从金融监管发展历史来看，各国金融发展的实践在宏观层面表现为：从初始的自由放任导致金融危机的产生，到危机后的加强金融监管与协调，周而复始。金融不断发展、监管制度变革、信息技术进步三者的相互作用推动监管科技实现高端跨越。本书根据监管科技发展时间历程，将监管科技的历史沿革分为三个阶段，监管科技 1.0、监管科技 2.0 和监管科技 3.0。

（1）监管科技 1.0。金融市场电子化开始至 2008 年这一时间段。1970 年随着金融全球化，带来了全球性的通货膨胀和债务危机，在这个背景下，产生了《巴塞尔协议Ⅱ》，这也陆续构成了微观审慎监管的基础。随着全球金融市场国际化程度凸显，金融业务和服务的不断延伸，面对金融市场的挑战加剧，部分发达国家实施金融监管条例或组建国际机构以此强化全球金融监管协作。但此阶段监管技术停留在使用工具层面，监管和科技的结合程度低，此阶段金融机构进入规模快速扩张，金融服务范围从国内延伸到国际。与此同时监管层面也制定了相应规则与制度，成立专门机构进行监督，进行国际监管合作。

量化分析模型与金融工程技术发展是支撑监管科技不断进步的主要因素，一方面可以促进全球金融市场的发展，推动全球性金融市场的实现，减少跨境支付与结算风险；另一方面可量化管理从实体经济中分离出来的风险，满足监管需求。在信息技术大发展的背景下，发达国家借助信息技术的优势实现金融电子化，在结算与支付领域"独占鳌头"，但信息技术的快速发展亦给监管机构、金融机构带来强有力的挑战，甚至导致监管科技并未跟上金融发展的步伐，信息技术进步会推动监管科技发展，从而使得监管机构在安全、有效的环境中进行信息共享，这可防止信息泄露，继而提高监管效率与水平，增强不同监管主体间的协调性。杨东（2015）在《互联网金融的法律规制——基于信息工具的视角》一文中提出信息共享机制对于促进国际金融监管合作也发挥着重大作用，有利于减少国际金融风险，预防金融犯罪。

（2）监管科技 2.0。在 2008 年至金融科技产生这一时间段。2008 年金融危机爆发，为实施更加严格的金融监管，由《巴塞尔协议Ⅱ》催生出《巴塞尔协议Ⅲ》，但在此背景下，合规成本的增加使得大型金融机构面临复杂的合规经营问题，中小金融机构面临更大的竞争压力和可能退出市场的风险。该阶段监管科技的应用主要是反洗钱、实时审慎监管报送、KYC（Know Your Customer）合规要求、资本评估和压力测试、交易账户风险管理等。怎样保证金融机构报送数据的真实性、监管对象多样性、合理降低监管成本等是这一阶段需迫切思考的问题，与此同时目前的监管手段很难确保全面合规，金融危机后一系列监管改革为监管科技的发展奠定了基础。

监管机构需要防范系统性金融风险的发生，传统的监管手段无法满足要求，具体表现在：一是如何保障金融机构上报数据的真实性。金融科技发展的根本目的并不是为了降低风险，而是获取更高的利润，因此风险会以新形式或者某种方式展现出来，如果监管技术落后于金融机构的技术，那么在识别风险方面将失去效力。二是监管对象的多元化，如监管场外交易等行为。在证券交易所内进行的场内交易一般存在完整的监管制度，但是场外交易则更多取决于双方的私下约定，这导致交易行为不透明，场外交易被认为是 2008 年金融危机的主要原因之一。三是关于监管成本问题，如果监管成本过高，监管就失去了意义。监管科技在金融机构的应用从 1.0 时代过渡到 2.0 时代，合规监管在监管机构的应用成为一个独立的方向，即监督科技。监管科技 2.0 主要体现为各种新技术在满足合规监管要求，以及加强合规监督效力方面的应用。

（3）监管科技 3.0。监管科技 3.0 可被定义为未来的应用框架，这主要是因为金融信息化和数字化的过程已经基本完整，监管科技 2.0 最主要的体现和应对都是针对这一浪潮。未来更严峻的问题在于，随着金融科技的发展，整体的金融业态产生了翻天覆地的变化，例如，区块链技术带来的货币数字化。在金融科技产生之后这一时间段，金融科技从货币数字化向货币化方向推进，同时金融监管范围外延。信息技术的进步、大数据、云计算、人工智能等 IT 技术在金融领域的应用，使得金融科技实现爆发式发展，产生了创新的金融产品和服务模式，这类"新产品"又需要相应的监管规则保障运行，在带来金融科技发展的同时，也伴随金融风险的监管挑战，从而进一步推进监管科技的发展。

该阶段我国监管科技发展日渐清晰，如我国在 2014 年首次提出监管科技相关工作；2016 年颁布《"十三五"国家信息化规划》，将区块链技术列入国家信息化规划；2017 年中国人民银行成立了集内容科技委员会，提出强化监管科技实践，监管科技正式起步，同年 10 月，党的十九大提出数字中国、智慧社会的创新发展思路，明确指出需要创新监管方式；2018 年中国证监会发布实施《中国证监会监管科技总体建设方案》；2019 年中国人民银行发布《金融科技（FinTech）发展规划（2019—2021 年）》；2020 年中共中央通过《关于制定国民经济和社会发展第十四个五年规划和二○三五年远景目标的建议》，提出完善现代金融监管体系，提高金融监管透明度和法治化水平；2021 年政府工作报告明确提出要"强化金融控股公司和金融科技监管，确保金融创新在审慎监管的前提下进行"，同时，在"十四五"规划纲要中，也提出"探索建立金融科技监管框架，稳妥发展金融科技，加快金融机构数字化转型。强化监管科技运用和金融创新风险评估，探索建立创新产品纠偏和暂停机制"。

2021 年 10 月，习近平总书记在中共中央政治局第三十四次集体学习时强调：近年来，互联网、大数据、云计算、人工智能、区块链等技术加速创新，日益融入经济社会发展各领域全过程，数字经济发展速度之快、辐射范围之广、影响程度之深前所未有，正在成为重组全球要素资源、重塑全球经济结构、改变全球竞争格局的关键力量。近年，数字经济和数字金融发展迅速，监管科技在数字经济时代，将综合利用先进的技术手段，重点服务国家金融战略，使得监管机构、金融机构、公共服务机构和技术供应方等协同发展，形成标准化数字体系。数字经济时代下监管科技生态详见图 11-2。数字经济和数字金融都需要监管科技，金融领域是高新数字技术的试验田，金融业日益成熟的数据要素流动和融合体系，为其余行业提供了典范，与之标准化对接的行业将更加快速地享受数字金融的便利，在飞速发展的过程中，如何防范风险，如何借助海量数据服务实体经济等问题，在未来发展数字经济则需要与之相适应的监管治理能力，同时监管科技将为数字经济时代金融高质量发展持续助力。

除以上对监管科技的划分方式外，部分国内学者从技术层应用到数据监管角度，将监管科技演进分为加强技术层的监管应用、监管数据报送自动化和以数据为中心的算法监管三个阶段，其中第一阶段由于金融市场愈加全球化，金融机构进入快速扩张期，其服务范围从一国延伸到多国，从国内延伸到国外，此时成立了诸如国际清算银行、巴塞尔委员会等，该阶段技术手段对监管方面的影响更多的是技术工具层面的应用，监管与科技结合得不够紧密；第二阶段是"次贷危机"的爆发，使得监管机构陆续采取措施，如成立金融稳定委员会（FSB），加大违规金融机构的惩罚力度等，该阶段监管科技实现了监管合规与信息技术的结合；第三阶段是以数据为中心的算法监管，其核心是数据主权和算法监管，该阶段监管科技的发展表现在监管数据共享与集成、建立数据驱动和算法监管，最后实现审慎性监管和防范金融风险。

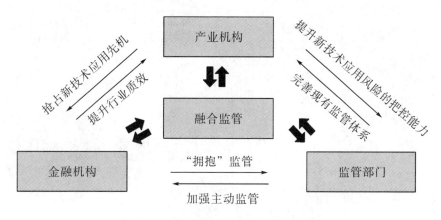

图 11-2　数字经济时代下监管科技生态

三、特征

监管科技经过高潮迭起的各类事件发展起来，是近几年的重要研究课题之一。区块链的出现将监管科技分为两大类，一是使用大数据、云平台、人工智能、KYC 技术、AML 技术的传统监管科技，如《中国监管科技发展报告（2019）》里面所提到的大部分都是传统监管科技；二是基于区块链和传统监管科技合并的新型监管科技，于 2020 年趋于成熟，新型监管科技将传统的大数据平台、人工智能等机制与网络系统结合，进行全方位智能化监管，逐渐显示其智能化特征。2020 年旅行规则信息共享架构（travel rule information sharing architecture，TRISA）系统提出一个重要概念"监管网"，交易和监管同时进行，体现出监管科技的共享性、快速敏捷和实时监控等特征。

本书将监管科技的特征主要归纳为信息的规范化、数字化，能够快速敏捷地分析数据配置和生成报告，对交易情况进行实时监管掌控，数据信息可共享，能自主从监管数据中学习规则，智能识别风险等。以下将具体阐述监管科技的主要特征，随之列举相关案例充分理解监管科技的主要特征。

（一）数字化

数字化特征主要表现在，基于报告数字化和合规流程自动化，主要利用大数据、区块链等技术，能够快速收集和分析处理复杂数据，实现由了解客户 KYC（Know Your Customer）到了解数据 KYD（Know Your Data）的转变，有效提升监管水平和沟通效率。

【案例 11-1-1】如奥地利国民银行开发的数据转换平台，是一套连接监管实体和机构的 IT 系统。奥地利国民银行将数据输入 AuRep 基本数据库，一组连续的标准化转换规则将自动对基本数据空间中的数据进行验证，验证的过程包括识别分析、数据评分和输出结果（系统可对输出结果进行数据评分，对包含违规操作的数据发出警告），最终转换为可以进入奥地利国民银行的数据，转换后的数据称为 Cube（数据立方体）。数据转换平台运行机制详见图 11-3，即运行机制首先是外部数据进行标准化，标准化后的数据在数据仓库进行验证，验证后的正确数据通过加工转换成数据立方体以供使用。

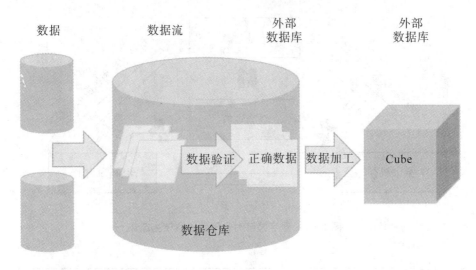

图 11-3　数据转换平台运行机制

（二）快速敏捷

监管科技可充分利用云计算、容器、适配器等新兴技术，掌握历史数据及规律，具备快速部署应用能力，能够以最小扰动融入对错综复杂的数据组进行解耦合组合。

【案例11-1-2】卢旺达国家银行的电子数据仓库（EDW），EDW编制数据字典，要求每个受监管的商业银行、保险机构等运营商，每24小时甚至每15分钟自动提交数据，EDW系统自动对接口进行维护和验证，EWD系统灵活快速分析大量数据，卢旺达国家银行则使用EDW系统进行实时监管工作。

（三）实时监控

能实时监控各种指标，降低流程化时间成本，实现监管原则等的实时提示和反馈，及时灵活地调整合规分析评估模型及参数，自动及时生成报告和解决方案，提高风险识别和处理效率，用最小成本实现监管和合规要求。

【案例11-1-3】荷兰中央银行用自行开发的动态网络可视化来监控欧洲TARGET2银行间支付系统中荷兰部分的所有支付交易。根据图形空间位置实时监控交易活跃和不活跃银行，还可以观测银行交易量、银行行为、交易对象、交易单向双向、交易价值等问题。另外该网络图还可以调整时间窗口和加载速度，将静态问题动态化，动静结合，使得监管者能在宏观和微观两个层面进行跟踪和分析。

（四）共享性

共享多种维度的监管数据，如监管部门内部、监管机构和金融机构之间等，并对监管合规数据形成结构统一的标准，实现整个宏观监管和单一机构内部微观监管的有机统一，提升综合监管能力和监管协同度。信息共享机制对促进国际金融监管合作也发挥着重大作用，有利于减少国际金融风险，预防金融犯罪。

【案例11-1-4】瑞泰格公司是建立在区块链基础上的智能化风险管控平台，搭建分布式监管科技协同平台，构建"区块链技术与产业结合"解决方案，提供分布式监管服务，建立监管机构、科技创新公司和专业投资者间的互信机制。

（五）智能化

充分应用机器学习、深度学习等各种技术，减少人工监管环节和流程，自主从监管数据中学习各种规则，高效快速地识别风险、深度挖掘风险、释放数据潜力，智能掌握监管尺度和制定合规要求。

【案例11-1-5】数行科技公司推出产品数信淘客，数信淘客基于监管科技的技术，收集和分析企业信号大数据，利用机器学习算法模型，帮助监管机构、企业、金融机构等洞察和预测企业经营业务中的风险，通过四维度，专家规划分析、行业数据对标、机器学习反欺诈、第四报表进行财务报表分析和相互交叉验证，提前进行风险控制或者风险防范。

第二节　监管科技的功能

监管科技发展至今还远不是其最终形态，监管科技将随着大数据、人工智能、区块链等新兴技术的飞速发展和市场的发展变化而不断升级。从监管者和被监管者的角度，监管机构运用监管科技制定标准使得监管和合规处理数字化、自动化等，同时加强风险处置、强化国际协同监管，保护金融消费者。金融机构等被监管者在发展满足合规要求的同时，运用监管科技加强内部管理，更了解客户 KYC（Know Your Customer），提升防范市场风险、信用风险、操作风险等管理能力，降低监管合规成本。在金融创新方面，能快速准确地识别和捕捉违规操作，降低监管成本的同时提高风险防范的准确性。

本书将监管科技的功能主要分成整体的降本增效、安全性、弥补金融法规滞后性、降低传统监管中的道德风险、规避监管套利、提高被监管者经营效率和保障金融创新等方面进行阐述，最后列举案例进一步阐释监管科技的功能。

一、提升效率降低成本

在整体监管过程中，一方面，运用监管科技可以实时监控管理被监管对象的数据，各监管部门可以实现信息共享、识别和处理等，可以较大限度提高监管效率。同时信息技术进步会推动监管科技的发展，使监管机构能在安全、有效的环境中进行信息共享，继而提高监管效率与水平，增强不同监管主体间的协调性。另一方面，运用监管科技在监管部门和被监管机构之间构建数据共享平台，将数据进行标准化传送和实时共享。比如，央行构建一个能连接被监管对象 IT 系统和监管机构的信息平台，这一平台经过中间公司将银行报送数据进行标准化转换，这些具备精确、统一性质的数据再传送到央行，供监管机构使用。这一过程大大提高了数据采集和分析的效率，同时这类标准化数据将为大数据提供数据来源，减少人工监管环节和流程，利用机器学习，自主从监管数据中学习各种规则，自动进行分析，有效降低人力成本，报送过程的数字化也可大大提高监管工作效率。

【案例11-2-1】瑞泰格公司打造的"数字资产监管科技平台"，以数字资产全生命周期管理为核心，以物联网技术、大数据实现实物资产数字化，再利用区块链将数字资产上链，同时借助第三方增信机构增信，建立监管机构、科技创新公司以及专业投资者之间的互信机制。在数字资产监管上体现出透明化、可溯源、可信任的特征；其结合物联网技术，实现实物资产的可视化、数字化和金融化。

二、弥补金融法规的滞后性

社会实践证明法律具有一定的滞后性，金融行业的发展和创新必然先于金融法律，并且金融法规不是自发产生的，纵观传统监管模式，均是事后监管，金融法规是历史的经验及教训的总结，因此金融法规对金融科技创新的预见具有滞后性，与此同时，由于金融创新，传统金融监管也会因为科学技术的发展而优化改变，否则监管无法跟上金融的发展将会产生金融风险。监管科技的出现可以实时监控管理数据的传递与共享等，在数据信息方面能迅速减少信息壁垒，保证信息的准确性和敏捷性，使得监管机构在初期及时防范风险，降低风险发生概率，防止产生系统性金融风险。因此，监管技术和金融法律双管齐下，良性互动增强监管有效性，同时监管技术也弥补了金融法规带来的滞后性。

【案例11-2-2】中央财经大学法学院教授黄震对《中国互联网金融安全发展报告2018——基于风险防控的金融科技与监管科技》进行了解读。他表示该报告围绕"风险防范"这一主题，呼应了党中央、国务院的部署及要求，将直面防范金融风险的主战场。金融科技发展开始转向：由开拓市场到防范风险。金融风险的防控倒逼监管科技崛起，在企业和市场高速发展的同时，以监管机构为代表的监管端也在运用监管科技迭代监管理念、监管手段和监管机制。科技在高速发展的过程中解决了旧的问题的同时衍生新的风险，金融科技与监管科技健康发展必须双轮驱动：一手抓制度创新，一手抓技术创新。同时利用技术破解法律不完整性困境——软法先行、硬法托底、刚柔并济、混合为治、动态合规。

三、降低传统监管中的道德风险

传统监管模式中，监管机构与被监管对象是对立的，被监管对象提供数据给监管机构进行监管，但被监管对象可能为了逃避监管处罚，而不提供真实数据或者不主动公开各类信息，监管机构利用不真实数据将导致决策错误，最终产生"不管则乱，一管就死"的现象，被监管对象产生道德风险，金融稳定也出现风险。运用监管科技，可以优化传统监管模式，通过构建的数据平台，使被监管对象能公平获取数据，同时监管机构能准确实时地获取数据信息，而不再依靠被监管对象主动提交数据，运用大数据、区块链等技术，可以提高数据的识别、分析和共享等，监管机构可以自主搜集数据，最终降低甚至规避被监管对象的道德风险，实现有效监管。

【案例11-2-3】金丘科技是一家准独角兽企业，以区块链及数据智能为特色，专注在交易合规、账户合规、运营合规、政务监管方面提供基于监管科技的解决方案。公司自主研发了安全可控自主的区块链底层技术平台海星链，基于其上推出了商用级区块链数据协同平台 ChainDB、新一代监管数据管理系统 RDMS、开放联盟链平台等金融科技、监管科技解决方案。通过其构建的各类数据平台，可以规避被监管对象提供不实数据，提升监管有效性，降低监管道德风险。

四、规避监管套利

在监管者的角度，面对金融科技的快速发展，业务模式的不断创新，监管者为更好地进行金融监管，仅靠当前的监管方式和技术则无法适应金融科技的发展。通过金融科技和监管科技的内涵及联系可知，两者关系相辅相成，互相作用。对金融科技监管程度的把握将成为监管难点，如为追求金融安全而采取过度监管，将会忽略金融科技的发展效率，限制金融科技创新活力，或不加强监管，又会产生"创新性破坏"从而导致外溢性风险。在监管者角度解释监管科技功能，其一，监管者利用监管科技制定监管标准，实现监管流程化、数字化、自动化和监管合规，能实时监控和分析情况，使监管者能有效规避监管套利；其二，监管者利用科学技术领域各类新兴技术实现监管需求，达到准确迅速实时地监控违规操作；其三，监管者运用监管科技对违规操作和风险事件的处置从事后处置转变为事前预防，将金融科技监管被动式响应转变为主动式响应；其四，目前的监管模式无法满足金融科技的迅速发展、金融全球化、跨市场等要求，监管者需应用监管科技协同多边合作发展，强化国际协同监管，满足金融全球化发展态势。

案例11-2-4：在零壹财经推出"央行金融科技发展规划解读"专题中，金信网银总经理李崇纲对央行发布的《金融科技（FinTech）发展规划（2019—2021年）》（以下简称《规划》）进行解读，其中他表示《规划》中强调对金融科技的监管，将会减少监管套利的空间。大浪淘沙，真正服务实体经济、调高金融业务效率的创新产品和机构将成为市场的中流砥柱。市场分化仍会加速，在这个过程中，持牌经营、合规创新、有序竞争的新格局将得到确立。

五、提高被监管者经营效率

在复杂多变的市场环境下，监管趋势从严，金融机构等需要在信息报送、风险管理等领域充分运用监管科技，保证被监管者在满足监管合规要求的前提下，提高其经营效率和盈利能力。站在被监管者角度，监管科技的运用是被监管者自身发展的需要，功能表现在：其一，运用监管科技，既可以加强被监管者内部管理尤其是合规管理，也可以对交易过程进行实时监控和干预，对财务信息进行监控管理，对风险进行分析和测试，对内部合规风险进行管控等；其二，运用监管科技使得被监管者更加了解客户KYC（know your customer），能够迅速获得客户交易情况和客户社交等数据，从而能更好地识别和分析融资领域的反欺诈行为、反恐怖融资和网络支付反洗钱等。

【案例11-2-5】数行科技推出的产品数信淘客（财务反欺诈和风险分析平台），一键式大数据企业风险控制与经营决策工具产品。基于数据监管科技技术，收集和分析各种企业信号大数据，利用机器学习算法模型，帮助监管机构、企业、金融机构等洞察和预测企业经营业务中的各种风险，提前进行风险控制或者风险防范。除可以进行信息查询和筛选之外，还可以进行供应链风控、评估授信、风险跟踪和财务分析，在财务分析功能上，详见图11-4，通过财务报表分析企业盈利、偿债、经营和发展四大能力，还可以自定义指标进行分析，可以帮助被监管企业做出较科学的经营决策，防范财务风险，同时也为监管者提供财务审查方便，反财务欺诈等。

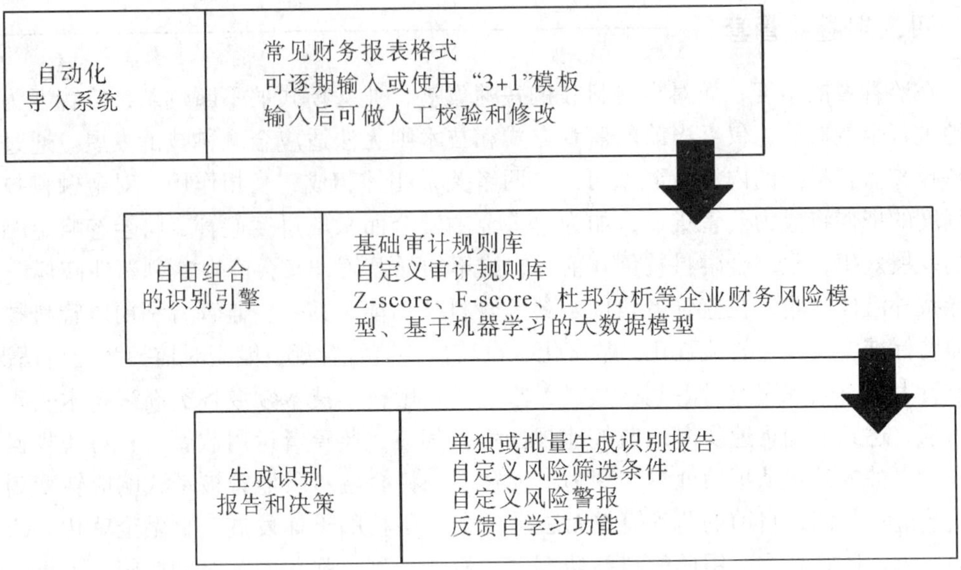

```
┌──────────────┬─────────────────────────────────────────┐
│  自动化      │  常见财务报表格式                        │
│  导入系统    │  可逐期输入或使用"3+1"模板               │
│              │  输入后可做人工校验和修改                │
└──────────────┴─────────────────────────────────────────┘
                          ↓
┌──────────────┬─────────────────────────────────────────┐
│  自由组合    │  基础审计规则库                          │
│  的识别引擎  │  自定义审计规则库                        │
│              │  Z-score、F-score、杜邦分析等企业财务风险模│
│              │  型、基于机器学习的大数据模型            │
└──────────────┴─────────────────────────────────────────┘
                          ↓
┌──────────────┬─────────────────────────────────────────┐
│  生成识别    │  单独或批量生成识别报告                  │
│  报告和决策  │  自定义风险筛选条件                      │
│              │  自定义风险警报                          │
│              │  反馈自学习功能                          │
└──────────────┴─────────────────────────────────────────┘
```

图 11-4　数行财务分析流程

六、保障金融创新安全

根据第一节对监管科技与金融科技的逻辑关系解释，结合监管科技发展目的，本书认为监管科技是应对金融科技创新发展中不断暴露出的挑战而采取的监管解决方案。一方面，监管科技是驱动金融业和监管双重创新的动能，监管科技运用大数据、云计算和人工智能等技术，准确捕捉违规操作并及时干预和制止，提升跨行业、跨市场等金融风险快速敏捷识别能力，达到精准防范风险、实时监管且降低监管成本的多赢化效果。另一方面，将以人为主的监管手段转化为以监管科技为主的技术手段，从而大大提升监管能力和水平，以此促进金融机构等在监管科技下进行合规有序发展、创新发展，最终建立起安全、创新的管理机制和风险防控体系。

【案例 11-2-6】零壹财经推出零壹兵器谱项目的调研报道中，对金信网银总经理李崇纲进行了专访，金信网银最早服务于北京市金融工作局，2013 年承接金融工作局的应用大数据来监测预警金融风险，打击非法集资的项目。随着行业发展，金信网银又开发出了国内最早的打击非监测预警平台，通过该平台可以监测风险和辅助监管机构，提升监管效能。随着金融科技的发展，以及监管科技被熟知，近年，金信网银又开发出了监管科技系列兵器谱——火眼金睛、定海神针和天罗地网三款产品，并不断完善对金融风险的防控治理。因此监管科技的发展与运用将为金融科技创新保驾护航。

第三节　监管科技在管控风险中的具体应用

目前对监管科技在管控风险中的具体应用还未成体系，面对现实应用难题还没有系统阐述。本书将监管科技在管控风险中的具体应用分成两个方面进行分析，即监管端的应用和合规端的应用，在如何使用监管科技管控风险方面以代表性案例形式进行补充分析。

金融机构和监管机构提出监管需求，针对该需求监管科技公司设计与需求相对应的操作系统，金融机构可以通过该操作系统了解客户需求，可以对客户信息进行识别和分析，为客户提供更好的服务。同时监管科技公司还会设计合规评价系统（regcomp）和监管接口协议（regport）为金融机构和监管机构服务，金融机构合规端的合规评价系统与监管机构监管端的监管接口协议对接互通，可以实现信息及时传递和共享的功能。当发布新的合规要求或法律时，合规评价系统和监管接口协议互联互通形成监管科技电子化协议书（EAG），被监管机构根据新的监管科技电子化协议书对业务流程、经营方式和发展战略等进行合规调整。参与方具体运作情况详见图11-5。

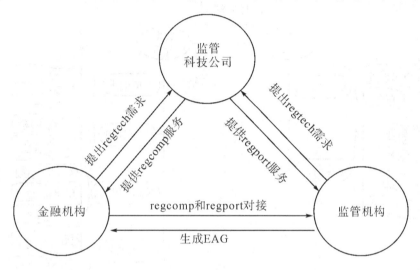

图 11-5 监管科技运作

另外，京东金融研究院发布的监管科技系列报告《Suptech：监管科技在监管端的运用》中提出，监管科技（regtech）有两大分支，一是运用于监管端的监管科技（suptech），二是运用于金融机构合规端的监管科技（comptech）。即"regtech = suptech +comptech"。目前多数专家学者在界定监管科技时，均强调新技术的应用，普遍将新技术表现形态划分为运用于监管端的监管科技和运用于合规端的监管科技（也有部分学者定义为合规科技）。

一、监管科技在监管端的应用

从目前监管科技在监管端的应用实践来看，主要呈现出以下发展趋势：监管科技将应用于金融监管全链条，监管端与合规端合作发展将成为监管科技的主要路径，区块链技术正成为监管科技的重要组成部分，监管科技制度化进程正在加快。面对金融科技背景下更加复杂多变的金融市场环境，监管部门有运用监管科技的充足动力——"金融科技带来了新的风险场景和风险特征，也需要监管机构'以科技对科技'去积极应对"。

（一）监管科技在监管端的应用及分类

监管科技在监管端的应用驱动力主要是金融危机后金融监管受到重视和发展，迫切需要更加准确的数据，以及监管机构需要借助科技手段提高处理大量数据的效率和能力。监管科技在监管端的应用主要表现在数据收集和数据分析两方面。数据收集分为形成报告和数据管理两方面，形成报告主要是自动化报告和实时检测报告，数据管理主要包括对数据进行确认、整合、进行可视化和云计算大数据等；在数据分析方面可应用在虚拟助手、市场监管、不端行为检测、审慎监管四个领域，其中虚拟助手包括企业和消费者，市场监管包括操纵市场和内部交易行为，不端行为检测主要是反洗钱、反欺诈，反恐怖主义和其他违规操作，审慎监管主要分为宏观审慎监管和微观审慎监管两个方面，具体分类详见图 11-6。

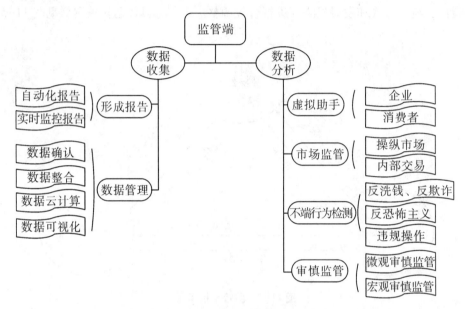

图 11-6　监管科技在监管端的分类

在数据收集方面，如奥地利中央银行，采用中间公司设计的平台，通过平台将数据统一化、标准化，最后形成标准化报告；又如卢旺达国家银行利用"电子数据仓库"，可以从 IT 系统中获取被监管机构的数据，为监管者等提供真实有效的信息，确保决策者尽可能做出有效决策。在数据管理和数据分析方面，如英国金融行为监管局，采用监督学习工具 ML 分析每天接受的超过 2 000 万笔交易信息，从而获取市场操纵情况。

（二）监管科技在监管端管控风险案例

【案例 11-3-1】蚂蚁科技集团股份有限公司（以下简称"蚂蚁集团"），通过"互联网推进器计划"，助力金融机构和合作伙伴加速迈向"互联网+"，为小微企业和个人消费者提供普惠金融服务。其以移动互联、大数据、云计算为基础，为中国践行普惠金融的重要实践。在风险控制方面，从事风控工作的员工约占总员工人数的四分之一，蚂蚁集团目前有较为完善的风控系统：其一是蚂蚁集团建立了自己的风险防控体系 TRaaS（Technological Risk-defense as a Service），关注整个研发运维过程可能产生的稳定性风险，从流程制度、文化宣导、技术方案、平台体系多个方面提供稳定性风险防控方案，实现风险的主动发现和自我恢复能力。TRaaS 可以实现实时支付宝系统资金业务核对，是一个把支付宝整个分布式架构和技术风险能力组合在一起的免疫系统，将高可用和资金安全能力结合智能运维（AIOps），使系统实现故障自愈，自愈可以在5分钟发现且5分钟自愈，以及100%异地容灾率，速率可达到每秒处理25.6万笔交易，做到对千亿级资金实时内部账、证、实的核对，从而保障资金安全。其二是蚂蚁集团的大数据征信系统，目前已拥有较完善的信用系统，其信用系统主要采用云计算、大数据等技术，根据行为偏好、人脉关系、履约能力、身份特质和信用历史五个维度进行综合评估得到信用分，该分值可以解决融资双方信息不对称情况，并且蚂蚁集团和公安部门等机构合作，进一步完善了社会信用体系。其三是蚂蚁集团结合各地监管实践与监管部门合作建立的智能监管系统，通过知识图谱，对金融机构的经营和合规风险进行监测，建立风险指数，辅助监管部门进行风险监测。2019年上交所技术有限责任公司与蚂蚁金服（2020年7月蚂蚁金服正式更名为蚂蚁集团）、阿里云在上海签署《监管科技战略合作协议》，三方将合作构建监管科技平台，为上交所技术及行业用户提供防控风险、稳定发展的监管科技支撑，为保护投资者合法权益提供支持，进而推动落实监管科技3.0。

【案例11-3-2】国内最大"老鼠仓"案件。博时基金经理马某曾多次利用自己管理的"博时精选"非公开信息进行股票交易非法获利。深交所在日常监控中发现多个异常账户，相关异常表现在某账户十亿重仓一只小盘股，某账户通过股票操作从不到1 000万元炒到3 000万元等，幕后操纵者均是马某，深交所遂上报证监会立案侦查。深交所大数据检测系统自动关联账户并聚类，持续跟踪和分析各类交易数据。

深交所设立异动报警指标，对个股异动信息严密监测，实时监测查询，绘制报表监测分析，进行适时调整交易情况。在老鼠仓案件后，针对基金公司从业人员老鼠仓调查启动"捕鼠行动"。深交所通过对日常监控及大数据分析，通过数据建模设定算法模型，筛选交易账户关联数据（基金账户和资产账户），将数据样本进行比对，根据交易时间、交易种类等指标，锁定异常账户，着重关注交易账户特征和资金动态，挖掘历史数据以此判断交易者偏好和风格，如账户交易习惯的分析：账户活跃度、频繁撤单和哄抬股价等行为，或对账户交易动机的分析：盈利较多的用户、挖掘交易背后的受益人、利好前能提前买进大量股票等行为。

二、监管科技在合规端的应用

监管科技侧重金融监管合规效率、降低成本，创新各机构间的协作模式，达到金融监管合规目标。监管机构和金融机构是监管科技的技术需求方，监管科技公司是监管科技的技术供给方，监管科技公司可以根据需求，开发与之相适应的技术平台，为需求方提供满足监管合规的技术服务，在提高监管效率的同时也为需求方降低了合规成本。同时金融机构可利用监管科技及时掌握监管机构的最新监管政策，在业务调整上更具针对性，高效满足监管要求。

（一）监管科技在合规端的应用及流程

在2008年金融危机后，合规风险迅速增加，金融机构面则临更加严格的监管，此时需要更有效的方式提升合规能力，新型业态的涌现倒逼科技赋能合规建设，现有合规业务急需转型升级，成为监管科技的驱动力。监管科技在合规端的应用驱动力主要表现在，一是金融危机后更加迫切地需要有效的方法防范合规风险，稳定金融市场；二是金融创新、新业态出现等迫使监管趋势更加严格，监管规则越来越细并且监管体系也越来越完善，监管机构为避免管理标准滞后市场发展，金融机构将及时更新纳入新法规，导致合规成本增加，同时也增加了金融机构的合规风险，与此同时，新法规对违规行为判定更加严格，导致风险成本增加；三是金融科技发展的同时产生新的合规需求，金融创新快速发展导致监管无法完全，金融机构逃避合规义务比遵守合规义务成本低，导致金融机构逆向选择；四是科技发展催生科技企业跨界金融服务，我国混业经营现状和分业监管使得合规风险关联性提升，跨行业和跨产业合作增加，导致第三方合规监管难度提升，均促使监管合规进入科技时代，新技术将成为监管科技在合规端应用的重要手段。

监管科技在合规端主要的实践工作流程主要是：预防机制、发现机制和反馈机制。即事先将法规转换为内部规章，落实到业务开展环节并进行事先预防、事中检查和事后检查整改。以系统化视角将单个场景扩展到整个业务流程进行监管，实时监测在业务流程中产生的数据环流（交易数据、监管数据和风险数据等），将事后问题分析反馈，形成预防方案。

预防机制的任务是为实现数据分析提供规则，即建立合规操作规章制度资料库，在各环节运行中生成交易数据，对有偏离预警线的监测指标进行数据分类；发现机制主要是以合规操作资料库为基础，整合系统传送的交易数据，排查交易异常情况，审核不合规指标并生成监管数据，降低金融机构经营风险；反馈机制任务是运用数据识别和分析，形成跨部门、跨类别等的分析报告，最后推送给相关联方进行决策，将决策转换为约束添加到合规操作资料库。具体监管科技在合规端的实践工作流程详见图11-7。

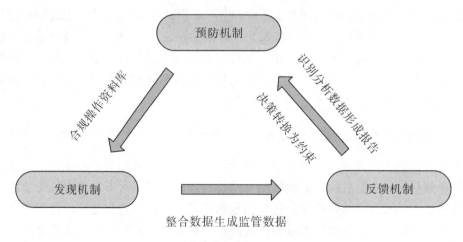

图11-7　监管科技在合规端的实践工作流程

（二）监管科技在合规端的管控风险案例

【案例11-3-3】英国金融行为监管局（FCA）是一个独立公共机构，目前对超过6 000家公司的金融行为进行合规管理，正作为超过18 000家公司的审慎监管人，其目的是保护和增强英国金融系统的信心，保护消费者权益、保护英国金融市场和金融体系、保护市场竞争性，保证金融市场较好地发挥效能。

英国金融行为监管局使用的监管工具主要是金融机构系统性评估框架（firm systematic framework，FSF）、专题审查（thematic review）、市场分析（market analysis）等。金融机构系统性评估框架是英国金融行为监管局监管的核心工具，是确保金融消费者利益和市场诚信被金融机构摆在核心位置，强调从多个维度对金融机构进行考察并且评估时要进行提前干预；专题审查（thematic review）以某一特定主体或一类产品为对象，是一种功能监管工具，分析金融产品是否存在危害消费者权益或市场诚信风险，风险程度大小、深层次原因，并倾向于从行为规则层面给出政策建议；市场分析主要从金融机构市场势力、金融机构和消费者等市场参与者信息公开的充分程度和信息获取的难易程度、消费者在不同金融机构之间选择产品或服务转换率，以及产品价格和消费者需求匹配状况等几个方面，分析当前市场是否存在抑制或扭曲竞争的市场失灵，评估采取干预措施的必要性。

英国金融行为监管局除广泛与本国监管机构合作外，还与消费者团体、行业协会、企业主体、欧盟相关机构以及大量利益相关者合作，对不同的合作对象运用上述监管工具，采取更严厉、更先发、更多元化的金融行为监管。例如，发布研究报告促进消费者有效决策，采取盈利分析推动金融机构优化经营，与各种团体合作保障消费者信息获取能力等。

除以上对监管科技分别在监管端和合规端的风险管控案例分析外，本书将列举基于区块链的角度，在国内从事互联网金融方面、证券监管方面、票据监管方面、合规端的合规区块链实践等方面，在国外，列举如美国纳斯达克推出交易平台 Ling、澳大利亚证券交易所（ASX）、德勤公司的一站式区块链平台 Rubix 等，综合分析监管科技在风险管控中的具体应用。

【案例 11-3-4】2008 年区块链的出现，带来的重要信息为新金融科技需要分布式处理，而不仅是中心化处理。传统银行系统提供金融服务均在银行服务器上，即中心化处理的系统，区块链作业也是在互联网上运行，但参与交易的各方需要在流程上达成共识，如交易方的银行、服务商等都需要参加该流程，是分布式进行，此时监管也需在网络上分布式运行。在国内，区块链技术在监管科技中的运用主要表现在以下几方面：

一是在互联网金融方面的实践。互联网和金融在交互融合的状态下存在交叉和并发风险，互联网既复杂，又形式多样，通过区块链技术将数据加密，保证数据安全共享，例如在监测 P2P 网贷平台非法集资案例中，以区块链等为基础的"冒烟指数"的研发具有重要作用，在监管科技中运用区块链技术，打通各网站和软件的 API（应用程序接口），连接财经网站、工商税务网站、P2P 网站等网络，提取整理出关联后、结构化的数据并分析，最终得出"冒烟指数"，得分越高则非法集资风险越大，反之越小。如北京市金融局、北京市互联网金融协会，协同公安部门，运用"冒烟指数"对 e 租宝等 P2P 网贷平台进行实时动态监测，最后预测了 e 租宝的风险，成功控制了风险的扩散。

二是证券监管方面的实践。我国证券市场发展历史较短，交易规则和相关法律正处于完善阶段，加之我国特殊的证券市场特性等，证券市场不合规现象，如内幕交易、操纵市场、虚假信息披露、IPO 虚假上市等，违法违规交易、监管套利等仍然存在，新技术给传统证券业带来了改善。我国也积极布局区块链等新兴技术在证券业的运用，如大力实施人才战略、积极参与国际合作、进一步发挥证券交易所的监管作用（如交易所可以通过区块链进行事前 KYC、事中交易监控、事后异常报道跟踪记录）、利用区块链技术对数据进行加密，可以保障数据真实性、安全性、可溯源等。

三是票据监管方面的实践。传统的票据市场中纸质票据交易存在灰色地带，中国农业银行、邮政储蓄银行等都曾因票据不透明而惨遭损失，票据市场操作不规范、不透明、高杠杆和错配等均会产生重大风险。央行在 2016 年下半年启动研发基于区块链的数字票据交易平台，于 2016 年底正式上线上海票据交易所。央行主导的票据交易所采用数金链（smart draft chain）的区块链实现加固，实现对票据交易和数据监测的穿透式触及，在数字票据区块链上，每一张票据和票据资产都上链，满足一定的代码条件，通过智能化合约，可以自动化交易、转账和背书。央行、票据交易所等监管部门控制的联盟链和 API，可以实现票据交易所与央行、商业银行、企业之间数据对接，智能合约调用和监管政策智能化控制，保障票据信息真实性、可溯源、保护交易者隐私等，并且监管机构可实时对票据交易环节进行审计，很大程度上节约人力物力。

四是在合规端的合规区块链实践。以地方政府为代表的监管科技试点建立，如在赣州市政府发布的《合规区块链指引》，其中首次提出合规区块链的概念，发行代币、通证的企业需要在合规区块链上登记各种信息（如项目流程、私募信息、发行和运作情况等），赣州市政府、金融办审核备案信息，防止伪区块链对消费者和市场带来风险。

在国外，美国纳斯达克推出交易平台 Ling（基于区块链的私人证券交易平台），通过分布式账簿将企业股票发行、分红等信息转换为数字化记录上链，为企业提供接口，保证数据透明可查，避免操纵市场、虚假买卖等违法违规交易。除美国的纳斯达克 Ling 系统基于区块链技术外，澳大利亚证券交易所（ASX）也在探索区块链在证券交易监管中的运用，如 ASX 和一家区块链初创公司合作发布区块链项目，用以改进现金股票清算和结算流程，简化证券交易后的流程。ASX 还与环球同业银行金融电讯协会（SWIFT）进行磋商，使区块链平台功能等符合 ISO20020 标准，通过数据标准化及自动化降低风险，减少合规和审计费用。另外德勤公司的一站式区块链平台 Rubix，不同企业可以根据自身组织架构、商业模式、合规要求、行业环境和风险等情况搭建符合需求的区块链配置的综合解决方案，并且搭建初期和后期迭代升级成本小且适应性强。早期，德勤公司运用区块链助力银行达成合规要求，如运用区块链技术帮助北爱尔兰银行的数据上链，建立分布式报表系统，实现数据公开透明，不可篡改，该报表让北爱尔兰银行提前达到《欧盟金融市场法规》要求，达到监管合规要求。

思考题

1. 简述监管科技的定义。
2. 简述监管科技的发展历程。
3. 监管科技的特征有哪些？

4. 简述监管科技和金融科技的关系。

5. 监管科技的功能有哪些？

6. 监管科技是如何运作的？

7. 简述监管科技在监管端的分类主要有哪些。

8. 简述监管科技在合规端的实践工作流程。

参考文献

[1] 杨东. 监管科技：金融科技的监管挑战与维度建构 [J]. 中国社会科学，2018（5）：69-91，205-206.

[2] 蔚赵春，徐剑刚. 监管科技 RegTech 的理论框架及发展应对 [J]. 上海金融，2017（10）：63-69.

[3] 蔺鹏，孟娜娜，马丽斌. 监管科技的数据逻辑、技术应用及发展路径 [J]. 南方金融，2017（10）：59-65.

[4] 杨东. 互联网金融的法律规制：基于信息工具的视角 [J]. 中国社会科学，2015（4）：107-126，206.

[5] 夏诗园，汤柳. 监管科技的理论框架与完善路径研究 [J]. 西南金融，2020（11）：86-96.

[6] 程雪军，尹振涛. 监管科技的发展挑战与中国选择：基于金融科技监管视角 [J]. 经济体制改革，2022（1）：135-142.

[7] 宋汉光. 区块链在数字票据中的应用 [J]. 中国金融，2018（10）：42-43.

[8] 黄震. 区块链在监管科技领域的实践与探索改进 [J]. 人民论坛·学术前沿，2018（12）：24-32.